21 世纪财经专业规划教材

应用文写作教程

主　编　赵军花

副主编　邓　玲

立信会计出版社

图书在版编目(CIP)数据

应用文写作教程/赵军花主编. —上海:立信会计出版社,2004.8(2007.8重印)

ISBN 978-7-5429-1320-3

Ⅰ.应… Ⅱ.赵… Ⅲ.汉语—应用文—写作—教材 Ⅳ.H152.3

中国版本图书馆 CIP 数据核字(2004)第 080475 号

应用文写作教程

出版发行	立信会计出版社		
地　　址	上海市中山西路 2230 号	邮政编码	200235
电　　话	(021)64411389	传　真	(021)64411325
网　　址	www.lixinaph.com	电子邮箱	lxaph@sh163.net
网上书店	www.shlx.net	电　话	(021)64411071
经　　销	各地新华书店		
印　　刷	常熟市梅李印刷有限公司		
开　　本	850 毫米×1168 毫米　　1/32		
印　　张	10.25		
字　　数	249 千字		
版　　次	2004 年 8 月第 2 版		
印　　次	2014 年 8 月第 10 次		
印　　数	29 201—31 300		
书　　号	ISBN 978-7-5429-1320-3/H		
定　　价	21.00 元		

如有印订差错,请与本社联系调换

再 版 前 言

　　承蒙大家厚爱,《应用文写作教程》出版仅两月即告售馨。

　　为使本教材更加符合应用文教学的要求,我们精益求精,进行了改版修订。在改版修订过程中,我们更注重学生应用性技能的培养。在《通用文书》一章,本书增加了一节演讲稿写作,因为,我们认为这种文体在社会生活中使用频率很高,高职高专学生应该具备演讲稿的写作素质。第五、第六章《商经类文书》,本次修订合为一章,删去了几节内容,主要是基于教学时数的考虑。我们希望经过本次改版修订,《应用文写作教程》能更加完善,也真诚地希望同行多提宝贵意见。

编　　者

2005 年 1 月

前　言

为了适应我国高等院校财经专业改革与发展的需要,我们组织了数十所院校,历时一年多编写了这套统编教材。

这套教材由多所院校富有教学经验的骨干教师精心编著而成,它从体系上满足了培养应用型人才的要求;从内容上吸取了各课程领域的新成果、新生知识。《应用文写作教程》是这套统编教材中的一本。

本着知识性、实用性的原则,本教材概括介绍了应用文写作的基本知识,系统讲授了公务文书、通用文书、公关礼仪文书、商经文书和毕业论文的写作知识,要求学生掌握在实际工作中使用频率较高的37种应用文体的概念、作用、特点、结构和写法。同时,在每种文体知识后面都附有经过精心筛选的例文作范本,例文的选择标准主要考虑两个因素:一是规范;二是新鲜。相信这些具有示范性的例文,定会为学生和自学者提供帮助。

提高应用写作能力,不仅需要掌握必要的写作理论和知识,同时还需进行大量的写作模拟训练。因此,我们在每节后设计了多种多样的思考题和练习题,供教学或自学时选用。

本书由赵军花主编(执笔第一、第六章),陈萍副主编(执笔第三章),参加编写的人员有刘新(执笔第二章),邓玲(执笔第四章、第五章第四节,第五章第五、第六节),赵严俊(执笔第五章第一至第三节)。全书由主编总纂定稿。

这套书的大纲得到了上海国家会计学院的专家、教授的审订。对此,我们表示衷心的感谢。

为了能使广大读者更方便地使用这套教材,我们将尽快推出与之配套的电子教学课件。

本教材如有错误、疏漏之处,敬请读者批评指正。

编　者

2004 年 9 月

目　录

第一章　应用文概述

第一节　应用文的概念和沿革

一、应用文的概念

应用文是国家机关、企事业单位、社会团体以及公民个人在日常生活中办理公务或个人事务时所使用的、具有某些惯用格式的文章的总称。

应用文使用范围广泛，几乎涉及社会生活的各个方面。在社会生活中，一切组织或个人都和应用文有着或多或少的联系，它是国家机器得以运转、单位与单位之间、个人与个人之间、个人与单位之间进行联系和沟通的重要工具，因而，使用频率最高。

二、应用文的沿革

应用文的沿革，是指应用文发生、发展、变迁的历史过程。

我国的应用文源远流长，经历了3000多年的历史。殷商时期的甲骨卜辞、《尚书》中的《盘庚》、《汤誓》等篇，就是应用文。秦汉以后，陆续出现了制、诏、策、戒、章、表、奏、议（秦汉时期），册、敕（隋唐），圣旨（元朝），题、启、揭、帖（明清）等应用文体。从古代文体的发展种类看，其类别是越分越细，至明清时期，已经十分烦琐。1911年辛亥革命后，南京临时政府颁布了一个公务程式条例，其文体极为简要，只有令、咨、呈、示、状，废除了几千年封建王朝使用的制、诏、刺、题、奏、表、笺等名目，表现了革命党人反封建专制的思想，也是公文文体上的一次革命。1928年国民党中央政府对公文程式又作了一些规定，其中比较重要的一点是规定公文的写作要用白话文,使用新式标点符号。中华人民共和国成立后,为了统一全国的文书工作制度,1951 年召开了全国秘书长会议,通过了《公文处理暂行办法》,《办法》中规定了七类十二种公文。1964 年国务院办公厅颁发的《国家行政机关公文处理试行办法》(修改稿),又规定为九类十一种。1987 年国务院办公厅根据多年来的经验,对公文的种类又作了新的规定,发布了《国家行政机关公文处理办法》,1993 年 11 月 21 日国务院办公厅对这个办法作了修订,重新发布,自 1994 年 1 月 1 日起施行。2000 年 8 月,为适应新形势的需要又对《公文处理办法》进行了修订,规定公文种类为十三类,自 2001 年 1 月 1 日起施行。这些对于提高机关公文质量和公文管理水平起了重要作用。随着我国经济的发展和对外交往的日益频繁,应用文的种类也越来越多,新的文种不断涌现。

思 考 与 练 习

1. 什么是应用文?

2. 在日常生活、学习、工作中,你常接触到的应用文有哪些?

3. 开学初,为了搞好今后的学习,请你写一篇有关的应用文,注明文种及制作者。

第二节 应用文的特点、种类和作用

一、应用文的特点

(一)实用性

实用性是应用文最重要的特点。应该说,任何文章都有实用性,但在各种文章中最能体现实用性的则是应用文,因为它和具体的工作、具体的事务、人们的日常生活结合得最为紧密。应用文的实用性主要表现在:

在内容上,它以解决现实中存在的问题作为其写作目的,有的放矢,对象具体,要求明确,旨在应用。比如,条据、合同是双方约定的凭证;书信、广告用来传递信息;规章制度用来规范人们的行为,维护正常秩序;调查报告、总结,既反映情况,又交流经验;公文则是发布政策法令、处理公务的依据。

在形式上,有一套为内容服务的相应的体式,包括结构、格式、语言,都带有一定的法定性和惯用性。

内容上要求实用,不尚空谈,形式上要求得体,不求新奇,这就是应用文实用性的精髓。

（二）程式性

各类应用文一般都有惯用的格式和语体风格。这些惯用格式,有些是约定俗成,即人们在长期的使用中形成的。有些则是由国家有关部门为了实际需要而统一进行规定,要求统一贯彻。不论任何程式,都是为了便于应用,更好地发挥它的效用。例如,撰写公文就必须严格按照国务院办公厅2000年8月发布的《国家行政机关公文处理办法》规定的格式要求去做,不能另行其是。

（三）时效性

应用文是为解决和处理现实生活中的具体问题而写的,因此有很强的时效性。拖拖拉拉,不及时行文,或时过境迁,再去写就,就会失去它的实用价值,于事无补。

二、应用文的种类

应用文广泛应用于各种不同的社会交际领域,因性质、使用范围、目的、格式的不同,而形成众多文种。应用文的分类,不像文学分类那样成熟和统一。应用文中除公文,国家有明确的规范以外,其他类别的划分尚无统一标准。

（一）按使用范围分,可以分为通用类和专业类

通用类:各类机关、团体、企事业单位经常使用的应用文,如公文、计划、总结、规章制度等。

专业类:某一领域使用的应用文,如司法领域使用的文书、财经领域使用的文书等。

（二）按作者身份和行文性质分,有以组织名义发文、用以处理公务的公务文书和用以处理个人事务的私人文书

本教材从学生将来工作和实际需要出发,将应用文分成公文、通用文书、公关礼仪文书、商经文书、毕业论文等几大类别逐一讲授,目的是让学生掌握这些在实际工作中使用频率较高的应用文的写法,为工作打下良好的文字基础。

三、应用文的作用

各类文章,因其社会职能的不同有其不同的社会作用,如文学作品具有认识作用、教育作用和美感作用。应用文的作用,简要地说,它是社会生活中处理公私事务不可缺少的工具,具体地说,主要有以下五个方面的作用:

（一）规范和准绳作用

公文是应用文的重要组成部分。凡经过国家最高权力机关或最高管理机关颁发的公文,均为法律文件。具体地说,凡经过全国人民代表大会通过的文件为法律文件;经过全国或地方人民代表大会常务委员会通过的文件为法令文件;经过国务院和地方政府通过的文件为行政法规。这三种文件总称法规文件。法规文件是依据宪法和各种法律条文的要求而制定的,对所涉及的单位和个人都具有规范和准绳的作用。法规文件使国家的各项活动有法可依、有章可循,从而做到令行禁止、步调一致。国家以法律手段或行政手段来保证它的实施,这是由公文的法定权威性所决定的。

（二）领导和指导作用

为使各行各业的工作有组织、有领导、有条不紊地进行,大量的下行文发挥着领导与指导作用。公文是传达贯彻党和国家的方针政策、施行行政措施、布置工作的重要工具。同其他传播手段相比,运用公文传达领导指示,履行领导职能,更为庄重、严肃。领导

与指导作用是行政公文最基本的作用。

（三）宣传和教育作用

传达贯彻党和国家的方针政策，是公文所担负的重要任务。很多公文在发布行政法规和规章、指导布置工作时，都要阐明指导思想、客观依据、工作性质和意义，使干部群众提高认识，统一思想。例如通报这个文种，不论是表彰性通报，还是批评性通报，其宣传教育作用都是十分明显的。

（四）联系和知照作用

社会是一个网络系统，上下左右都要发生各种公务联系。行政公文、事务文书和公关文书等应用文是各种政务、业务信息的主要载体。下情上知，上情下达，横向沟通，协作共事，这些都需要应用文书的往来。正确、及时、全面、完整的信息，有利于沟通全局情况，推动工作的开展；有利于领导作出科学决策，解决实际问题。应用写作的联系和知照作用，使得全社会这个网络系统成为协调运转的有机整体。

（五）依据和凭证作用

行政机关处理公务所需的各种信息，通过应用写作得以记载并存贮，因而各种应用文成为各级机关行使职能的依据与凭证。一份公文，既是制发机关意图的凭证，又是收文机关贯彻执行、开展工作的依据。各种应用文在完成其现行效用之后，还可以转化为档案。有的还可能成为反映某一时期政治、经济、文化、军事、外交等方面状况的珍贵的历史资料，供后人取证查阅。

应用文写作的五大作用是互相联系的。一种应用文的作用并不是单一的，但也不是同时兼有各种作用。

思 考 与 练 习

1. 应用文最主要的特点是什么？请举例说明。

2. 阅读下面两篇文章,指出其各自的文种,并从文章的作者、主题、语言、表达方式等方面作对比分析,从而说明应用文写作的特点和作用。

金 色 花

[印度] 泰戈尔

假如我变了一朵"金色花",只为了好玩,长在那树的高枝上,笑哈哈的在风中摇摆,又在新生的树叶上跳舞,母亲,你会认识我吗?

你要是叫道:"孩子,你在哪里呀?"我暗暗的在那里匿笑,却一声儿不响。

我要悄悄地开放花瓣儿,看着你工作。

当你沐浴后,湿发披在两肩,穿过"金色花"的林荫,走到你做祷告的小庭院时,你会嗅到这花的香气,却不知道这香气是从我身上来的。

当你吃过中饭,坐在窗前读《罗摩衍那》,那棵树的阴影落在你的头发与膝上时,我便要投我的小小的影子投在你的书页上,正投在你所读的地方。

但是你会猜得出这就是你孩子的小影子么?

当你黄昏时拿了灯到牛棚里去,我便要突然地再落到地上来。

关于支票挂失止付的函

宜供[2000]37 号

农行县支行:

我社于 2000 年 12 月开出贵行承兑支票一张,号码为

0103537号,金额伍万元,收款人为全佳装饰公司,支票到期日2000年12月25日。由于持票人不慎,该票于公共场所被窃。特紧急致函请求挂失,声明此票作废,请予止付。

宜安供销社

二〇〇〇年十二月二十二日

第三节　应用文写作的一般过程

应用文写作一般要经过这样几个阶段:

准备阶段:主要是搜集、选择材料,提炼正确观点。

写作阶段:主要是编写写作提纲,选用合适的表达方式和规范语言。

审核修改阶段:主要是对整个文稿从内容到形式进行全面审视,力求使文稿做到观点鲜明、正确,材料充实,条理清晰,格式规范。

一、准备阶段

(一)收集材料和选择材料

材料是应用文构成的基本要素之一,是作者为完成某种写作目的,从社会实践、理论文献、业务部门、职能部门搜集积累的一切事例和资料。材料是应用写作的基础。应用写作的材料可分为直接写入的材料和非直接写入的材料两类。直接写入的材料是主旨赖以存在和体现的依附对象,非直接写入的材料和直接写入的材料一起对主旨的形成和确立起着重要作用。因此,在应用写作过程中,必须重视材料的搜集和选择工作。

1. 搜集材料

搜集材料的途径主要有两条:一是通过查阅现有的资料,如各种记录、报表、统计数字、报刊、书籍、部门或企业的档案等,占有大量的间接材料;二是通过实地调查,运用观察、访问、问卷、开调查会等方法收集各种直接材料。

2. 分析材料

分析材料是材料工作中不可缺少的一环。对材料进行分析时:一要鉴别材料的真伪,不得有失实和浮夸现象,因为虚假和浮夸的材料必然导致错误的结论;二要鉴别材料是否符合国家的法律规章和方针政策,因为依法行文是应用写作的基本原则。分析材料的总原则是:去粗取精,去伪存真,由此及彼,由表及里。

3. 选择材料

选择材料是作者在搜集和分析材料的基础上对众多材料的一种"取舍"。取舍的原则应是根据表达主旨的需要,选择那些典型的材料、真实的材料、新颖的材料和必要的材料。典型的材料能够提示事物的本质,具有广泛的代表性和强大的说服力。真实的材料能够为处理事务、解决问题提供强有力的依据。新颖的材料能够满足人们追异求新的心理,使应用文有新意、有价值。必要的材料是指应用文必须使用的材料,一旦缺少它们,文章就成了无米之炊,无源之水,必然空洞无物。

4. 使用材料

使用材料时,要依据主旨的需要,恰当地安排材料的先后顺序,确定其详略程度,选择适宜的表达方式。使用材料时,常用的方法有列举法、综合法和列举综合结合法。列举法是按照主旨的要求,将材料分条列项地列举出来。综合法是将所使用的材料按照内在的逻辑关系综合加以运用。有的应用文常常是将列举法和综合法结合在一起使用。

(二)提炼正确的观点(或称主旨)

观点是作者对客观事物的看法、认识、判断或评价。它是应用文作者立意谋篇的基本依据,也是构成文章内容的主要因素。

应用写作,内容广泛,种类纷繁。各类应用文章观点的表达不尽相同。批令性、法规性、契约性文件的观点主要表现为命令和规定。一般公务文书的观点，主要是对所述情况的认识和处理意见。总结之类的观点，主要是对成绩与问题，经验与教训的估价和判断。报告之类的观点，则主要是对事实的看法和评价。学术论文的观点就是论点。提炼正确的观点，要坚持如下原则：

1. 政策性原则

方针政策是党和国家根据国情和工作需要，在一定历史时期条件下所规定的行动依据和准则。应用写作，尤其是各种类型的公务文书写作，都直接受方针政策的制约，担负着发布、宣传、贯彻政策和为施政出主意、想办法，提供经验，宣布措施等任务。作者必须以鲜明的政策意识来确立提炼文章观点，使其符合党的方针政策及有关规定，这样才能保证文章质量，发挥社会作用。

2. 实际性原则

提炼确立应用写作的观点，主观认识必须符合客观实际，使主客观高度统一，而不能"想当然"。必须以客观实际作为确立观点的基础，从事物存在及发展的实际出发，实事求是地对事物的客观性、联系性、变化性进行系统、完整的分析，从而把握事物的本质及其规律性。对事实的逻辑概括，要准确无误；对事物的说明、判断、评价要恰如其分，不能杜撰或随意发挥。

3. 针对性原则

应用写作是指导工作和实行科学管理的重要工具，其写作目的十分明确。因此，构思文章时，应确立什么观点，怎样确立观点，要从怎样的高度总结经验、制定办法、说明问题、明确方向等，都必须按照写作任务有针对性地提出认识或进行判断。

4. 可行性原则

可行性原则指应用写作注重实用效果，无论是发布命令、法规，宣传方针政策，还是布置工作任务，推广成功经验，都是为了让人们严格遵守或贯彻执行。所以在确立观点时，要从实用可行出发,实事求是地考虑落实的顺逆条件,这样观点在实施中才能够确见实效。

二、写作阶段

(一)编写提纲

1. 编写提纲的重要意义

编写提纲是应用文写作过程中不可省略的一道工序。尤其是一些比较复杂的应用文体,如"调查报告","经济活动分析"、"审计报告"等,要用大量的资料,较多的层次、严密的推理来展开论述,要从各个方面来阐述理由,说明、论证自己的观点,因此必须编制写作提纲,以便有条理地安排材料、展开论证。

提纲是文稿的逻辑图表,或者说,是帮助作者考虑文章全篇逻辑构成的写作设计图。它不仅表现出文章的整体构架,而且体现出文章的层次系统。在提纲中安排好整体框架,布局好详略深浅,写稿时才不至于顾此失彼或本末倒置。

编写提纲,最重要的是安排层次结构。应用文结构的基本内容与其他文体大致上是一样的,也包括层次和段落,过渡和照应,开头和结尾等几部分,只是在具体运用和要求上有自己的特点。应用文的结构特征,大致有以下五点:

(1)多样性。应用文种类繁多,作用不一,对象有别,内容迥异,于是就形成了多样性的结构形式。比较简单的应用文,如一些篇幅短小、内容单一的条据、启事之类,有时仅有一两句话,就谈不上什么篇章结构。而一些大型文书,却有十分复杂的结构形式,如"总结"、"调查报告"、"毕业论文"等。由此可见,应用文的结构复杂而多样。谋篇布局时,应根据具体的文种及主旨、内容、功用、表达的需要,选用恰当的结构形式。

(2)程式性。虽然从整体上说,应用文的结构形式是复杂多样的,但是从一些具体文种看,应用文的结构形式又是较为固定、讲究程式的。一般说来,应用文中每一种特定文种,都有区别于其他文种的相对稳定的结构程式。这种程式有的是法定的,有的则是约定俗成的。

（3）平直性。一般说,应用文的篇章结构较为单一、平直,没有曲折变化,悬念巧合,不以奇巧取胜。

（4）条理性。不少应用文常采用分条列项或加小标题的结构方法。它的好处是章节清楚,条款分明,主次得宜。阅读起来,直观明了,易懂易记。

2. 应用文结构的基本内容与技巧

（1）层次和段落。层次是指应用文主旨的表现次序,也称"部分"、"意义段"或"结构段",它主要体现应用文内容相互间的逻辑联系。段落指的是应用文中以另起一行空两格为标志的一个自然段,它是应用文篇章的最小单位,是应用文在表达主旨时由于转换、强调、间歇等情况所造成的文章停顿。

应用文中层次的安排方式主要有以下几种:

并列式。即层次之间呈并列关系,没有隶属或因果关系。例如,一些法规性文件,常常是一条一个层次,条与条之间呈并列关系。

递进式。即各层次之间是进层关系,彼此互为因果,其顺序不能颠倒。例如"意见"、"报告"、"通报"、"议案"、"经济活动分析报告"等文种就常常表现为提出问题、分析问题、解决问题这样的递进层次模式。

总分式。即层次与层次之间是总述与分述的关系。可以先总后分,也可以先分后总,还可以总—分—总,多数情况下是先分后总。

时间顺序式。即按照事件发生、发展、结局的时间顺序来安排层次。例如,对某个事件的通报、对某项工作进展的报告、对某些事物或事故的调查报告等,就常常是按照时间的顺序来安排层次。

就段落而言,有两种方式值得注意。

篇段合一式。即全篇仅一段,而在这一篇(一段)中又往往包含着几个意思,实际上是几个层次。这种情形,在公文中屡见不鲜。如"转发性通知"、"请示"、"批复"、"函"等。

段旨撮要式。即较长的段落,往往把这一段的中心要点,即段旨,用一两句话概括出来,写于该段之首。

(2)过渡和照应。过渡和照应是使文章在结构中承前启后,脉络通畅,前后呼应的一种重要手段。过渡,是指上下文之间的衔接转换;照应,是指前后内容的关照呼应。过渡在应用文中主要用于两种情况:一是层次与层次之间由总到分或由分到总,中间一般需要过渡;二是段与段之间的对比转折处常常需要过渡;过渡形式有:"综上所述"、"总之"、"因此"、"另外"、"鉴于"、"总的看来"、"概括地说"、"实践证明"、"会议认为"、"会议希望"等。常见的过渡句有:"现将有关事项通知(通告)如下"、"现将有关问题函复如下"、"我们的主要做法是"、"今年下半年应做好以下几项工作"等。

照应在应用文中最常见的是首尾呼应,开头与标题呼应,前后呼应和前后内容的呼应。如有些"总结"、"报告"等应用文,除了在开头部分概述文章的要点外,在结尾处也总结一下,这就是首尾呼应。

(3)开头和结尾。应用文的开头最常见的写法是开门见山。它的作用主要是统领全篇,展开下文。由于写作内容、文体、目的等的不同,应用文的开头方式也不尽相同。常用的开头方式有:

概述式。即在开头部分用叙述的方法,概括地写出写作对象的基本情况,或写出工作的基本过程。这种开头,多见于"报告"、"调查报告"、"总结"、"经济活动分析报告"等文种。

目的式。即在开头部分以简明的语言,说明行文的目的。常用"为了"、"为"等词作发端。"通知"、"条例"、"计划"、"报告"等文种常用这种方式。

原因式。即在开头部分交代行文的原因,或对文章内容的背景、基本情况作简要的介绍。这种开头方式有时用"因为"、"由于"、"鉴于"等表示原因的词语表达,有时用所阐述的情况予以表述。"调查报告"、"经济活动分析报告"、"总结"、"通报"、"通知"等文种常用这种方式。

规定式。即那些有明文规定如何开头、或虽无明文规定,但大家习惯上用法比较一致的文种的开头方式。如:"合同"、"协议书"。一些司法文书和各种制度的开头部分常用这种方式。

提问式。即在开头部分先提出问题,然后引起下文。"调查报告"、"学术论文"的开头有时用这种方式。

引叙式。即在开头部分引用上级文件精神,或下级来文,或有关法令,以此作为撰写该文的根据。"报告"、"批复"、"公函"、"通知"等文种常用这种方式开头。

在实际写作时,以上这些开头方式,可以灵活选用。不论选用哪种方式,都要根据主旨表达的需要,文种的要求和结构安排的整体需要来决定。

结尾在应用文中有重要的作用。好的结尾不仅能使文章结构完整严谨,还能突出文章主旨,加深读者印象。与开头一样,应用文的结尾方式也是多种多样的,常用的有以下几种:

总结式。即在结尾部分对全文主旨进行简要的概括,使读者对全文有一个总的印象。"总结"、"调查报告"、"学术论文"等篇幅较长,内容较多的文种常用这种方式结尾。

希望式。即在结尾部分提出希望,展望未来,昂扬斗志。这种方式常用于"决定"、"计划"、"总结"、"报告"等文种的结尾。

说明式。即在结尾处交代说明一些与文件内容有关的问题,以引起读者的注意。

请求式。即在结尾处提出请求指示,请求批准,请求批复,请求给予解决等要求。"请示"、"函"等文种常用这种结尾方式。例如,"以上意见当否,请批示","意见如无不妥,请批转有关单位执行"等。

规定式。即有明文规定如何结尾,或虽无明文规定,但是大家习惯上用法比较一致的。例如,"合同"、一些行政公文、司法文书和规章制度的结尾写法就比较正规,不得随意更换其他内容。

结尾的方式还不止以上几种,具体选用哪一种,要根据实际情况而定。有的应用文主要内容写完后,事尽言止,就不再写结尾,这叫自然收结。这种无结尾的结尾方式在应用文中也很常见。应用文的结尾最忌当断不断,画蛇添足,拖泥带水。

(二)选择恰当的表达方式

表达方式,即对文章内容进行表达时所采用的表述角度与方法。在文学作品中,常用的表述方式要有五种:叙述、描写、抒情、议论和说明。应用文作为一种实用性的文种,主要是为了解决实际的问题,它的表达方式主要是三种:叙述、议论和说明。描写和抒情,除了在一些广告、演讲等少部分应用文中适当使用外,大部分应用文中基本不用或很少使用。

1. 叙述

把人物的经历、行为或事情的发生、发展、变化的过程表达出来叫叙述。它的作用主要是写人记事。写人,就是介绍人物的经历和事迹;记事,就是揭示事情的来龙去脉,前因后果,以再现事情的全貌。叙述是文章中最主要、最常用的一种表达方式,各种文体的写作几乎都要用到叙述,但实际写法有所不同。应用文中的叙述不像记叙文中的叙述那样要求详细具体,而是要简明概括。也不像记叙文那样可以灵活使用插叙、倒叙、追叙,而主要使用顺序,更不像文学作品那样追求悬念和情节的曲折,而是抓住主要,直截了当,平铺直叙,使人一目了然。概要精当是应用文中

所有叙述方式的特点。请看下面这篇《××省人民政府关于×
×市发生特大交通事故的通报》(×政发[1996]12号)中的一段
叙述文字:

今年2月12日上午9时许,×市公共汽车公司一辆东风牌大
客车,从留坝县青桥铺返回×市途中,在××市316国道247KM
+500M处翻入约61.5米深的崖下,车上92名司乘人员当场死
亡26人,抢救过程中又死亡7人。至当日下午16时,共死亡33
人,伤59人,其中重伤15人。经有关方面初步调查,此次特大交
通事故主要是由于该班车严重超载所致。

事故发生后,省政府主要领导同志立即指派省长助理×××
同志带领有关部门赶赴现场指挥事故处理工作;并责成××地委、
行署要全力以赴抢救伤员,做好死亡者的善后工作;要求各地市要
加强安全工作,搞好车管和司机教育,防止事故的再发生。××地
委、行署和市委的有关领导同志及时带领有关部门赶往现场组织
了紧急抢救工作,并协调组织当地技术力量强的医疗单位开展了
伤员救治工作。

这段文字就是概括叙述,叙述简明、朴实,没有过多的描述。

2. 议论

对客观事情进行分析和评论,以此表明作者观点和态度的表
达方式就是议论。议论运用的是抽象思维。作者通过事实材料和
逻辑推理阐明观点,明确表示赞成什么,反对什么。

在应用文中,不少文种都离不开议论,如"总结"、"调查报告"、
"经济活动分析报告"、"学术论文"等,都需要通过议论来分析原
因,判断是非,发表见解,表明观点。但是,应用文的议论不像一般
议论文章那样综合运用多种论证方法,进行多层面、多角度的分
析、论证,而是抓住实质、一语道破,简明扼要。也不引经据典推导
出结论,而是就事论理,依靠真实典型的客观事实,来直接证明观
点。除了"学术论文"以议论为主要表达方式外,一般应用文的议

论都不是长篇大论,不需要旁征博引,反复论证。例如,《林业部关于进一步加强森林防火工作的报告》(1993)中论述森林防火工作的重要性,是这样议论的:

森林防火是关系林业全局的大事,属于抢险救灾性质,是国家公安消防工作的重要组成部分。搞好森林防火工作,有利于保护森林资源,有利于林区安定,有利于集中精力抓改革开放和经济建设,有着巨大的经济效益、生态效益和社会效益。

这是一段典型的议论文字,就事论理,阐明了森林防火工作的重要性。

3. 说明

用简洁明快的文字,把事物的形状、性质、特征、成因、关系、功用等说清楚,或把人物的经历、特点等表述明白就是说明。应用文中常常使用这种方式,如商品介绍、产品说明、商业广告、财务会计报告、司法文书、规章制度以及公文等文种中都离不开说明。可以说,说明是应用文的基本表达方式。应用文中的说明,主要采用客观、平实的说明方法,如定义法、表达法、分类法、数字法、图表法等,对事物作简要的概括的说明。例如,《国务院关于特大安全事故行政责任追究的规定》(2001年4月21日)第二条运用的就是说明的表达方式:

地方人民政府主要领导人和政府有关部门正职负责人对下列特大安全事故的防范、发生,依照法律、行政法规和本规定的规定有失职、渎职情形或者负有领导责任的,依照本规定给予行政处分;构成玩忽职守罪或其他罪的,依法追究刑事责任:

(一)特大火灾事故;

(二)特大交通安全事故;

(三)特大建筑质量安全事故;

(四)民用爆炸物品和化学危险品特大安全事故;

(五)煤矿和其他矿山特大安全事故;

（六）锅炉、压力容器、压力管道和特种设备特大安全事故；

（七）其他特大安全事故。

地方人民政府和政府有关部门对特大安全事故的防范、发生直接负责的主管人员和其他责任人员，比照本规定给予行政处分；构成玩忽职守罪或者其他罪的，依法追究刑事责任。特大安全事故肇事单位和个人的刑事处罚、行政处罚和民事责任，依照有关法律、法规和规章的规定执行。

以上文字清楚地说明了地方人民政府各级领导、各主要部门对七类特大安全事故所负有的责任和因失职、渎职所应受到的处罚，措辞精要、恰当、言之有序。

上述三种表达方式，在实际运用中常常是互相交织，相互融合的，不能截然分开。叙述中往往包含说明、议论；说明中往往穿插着叙述、议论。特别是在解决一些比较复杂问题的财经应用文中，必然要运用多种表达方式，且这些方式常常互相配合起来使用。这样，才能充分完善地表达全部的内容。

（三）规范运用语言

应用文写作，也是对语言的实际运用。应用文写作在进行书面交际时形成了与其他语体有明显区别的事务语体。这种事务语体是社会集团或个人之间处理事务、沟通信息的一种直接交际性语言系统，因此，它以实用性为本，其语体特征主要表现在三个方面：少文饰，求明晰，重程式。"少文饰"就是要求语言表述要庄重、平实；"求明晰"要求语言要准确、简明；"重程式"要求要重视对特定的语言格式、惯用的句法结构、固定的习惯用语的运用。应用文语言的表达特点下一节有专门论述，此处不再赘述。

总体上讲，应用文写作在运用语言时应符合不同文体的要求。不同的文体语言个性色彩各不相同。应用文写作应准确把握具体的文种特点与语言环境，力求口吻、语气等都恰切得体。

三、审核修改阶段

(一)审核修改的重要性

修改是对文章初稿进行增、删、改、调的过程,也是对初稿的再认识、再整理、深加工,是文章完善的重要阶段。

应用文草稿拟就后,要进行认真修改。修改是应用文写作过程中一个必不可少的环节,也是提高应用文质量的一个重要方法。古人讲:"善作不如善改","文章不厌百回改"。人们对客观事物的认识有一个由不够深刻到比较深刻的过程,选择表现形式也有一个由不够恰当到比较恰当的过程。初学写作者有这个过程,"作家"、"笔杆子"也要经历这个过程。要把曲折的事物反映得准确、恰当,就要"反复研究"。修改文章就是这"反复研究"中的重要一环,是作者对自己的产品仔细琢磨、认真加工、精益求精的过程。企图一次就把客观事物认识透彻,把文章写得十全十美,既违背人们的认识规律,也是不可能办到的。

(二)审核修改的内容

应用文审核修改的内容,主要有四个方面:

(1)观点是否正确、鲜明,材料是否得当。

(2)结构是否合理,条理是否清楚。

(3)遣词造句是否贴切简洁,格式是否规范。

(4)书写、标点、文面是否合乎要求。

(三)审核修改的方法

(1)"热处理"。即在起草之后,立即着手修改。这种方法的特点是:由于写作主体思维的兴奋程度尚未降低,有利于对文稿内容进一步深思,使表达更为确切。

(2)"冷处理"。即在起草之后(最好是经过一次"热处理"之后),将文稿搁置一旁,转移思维兴奋中心,然后以旁观者的身份进行修改。这种方法有利于写作主体以冷静、客观、全面的眼光和新的思路审核文稿,发现毛病,往往有可能对文稿进行较大改动。

"热处理"和"冷处理"两种方法各有所长，在实际修改活动中，往往两法并用，先"热"后"冷"，反复修改。

（3）反复通读，在通读过程中修改细部错误，并进行宏观评价。运用这种方法，可以加深对文稿的总体印象，有利于从内容方面进行改动。

（4）诵读文章，同时咬文嚼字，进行语言上的修改。运用这种方法，不仅有利于避免默读修改难免的遗漏，而且有利于提高语言的音律美。清人何绍基说："自家作诗，必须高声读之，理不足读不下去，气不盛读不下去，情不真读不下去，词不雅读不下去，起处无用意读不下去，篇终不混茫读不下去。"此处说的是作诗，修改应用文也同此理。文稿的毛病通过朗读极易发现。

（5）会诊定夺法。即文稿写好后，自觉听取各方面意见、批评，采纳其中正确的意见。采用此种修改方法，需要有一个正确的态度，既要虚心，又要有主见，不能盲从，要慎重地分析研究，凡正确的都要接受，哪怕是一个字、一个标点也好，要做到千锤百炼。

思 考 与 练 习

1. 应用文写作一般要经过哪几个阶段？

2. 应用文的结构包括哪些内容？

3. 什么是篇段合一式结构？

4. 应用文主要有哪几种表达方式？

5. 阅读下面一段文字，指出它的"观点"和使用的"材料"。

我国旅游业经过一年多的重振工作，随着国内整个形势的稳定，出现了可喜的重大变化。旅游收汇计划超额完成，客源市场打开局面，旅游业的治理整顿取得了很大的成效，旅游有了新的发展势头。目前存在的问题主要是旅游市场秩序紊乱，旅游服务质量下降;对外随意削价竞争,造成国家收入严重损失;旅游社经营不规范,致使商业信誉下降等。这些问题如不尽快解决将影响我国旅游业的振兴,不利于改革开放和国家创汇、创收。由于旅游业综合性很强,旅游企业和相关行业,分属不同部门和不同层次,具有头绪多、环节多的特点,旅游行程又依托性大、连贯性强,因此,旅游业实行行业管理难度较大,加强旅游行业管理更为迫切。根据党的十三届六中全会提出的大力发展国际旅游业的要求,为了保证我国旅游业得以持续发展,现就加强旅游行业管理若干问题提出几点意见。

6. 修改下面这篇报告的开头。

财政部税务总局:

关于税务部门管理城镇集体所有制企业财务的问题,我们接到了总局的×学×号文件《关于税务部门管理城镇集体所有制企业财务的意见》,知道文件的精神是为了整顿城镇集体所有制的企业的财务工作,克服无统一管理、无统一规章制度、漏洞很多、浪费严重等现象,并保证国家税收,增加积累,以利四化的实现。所以我们根据文件的精神,在一个星期内就召开了全体基层干部会议,进行了广泛深入的座谈。大家一致意见基本上认为总局提出的由税务部门管理这项工作是合适的,也是及时的。现将对于如何管理城镇集体企业的几点意见,集中汇报总局。基层同志认为,总局发下的意见比较原则,不够具体,要求修改时更明确些。这些意见是:

一、……

二、……

三、……

以上意见,谨供参考。

××市财政局

19××年×月×日

第四节 应用文语言的表达特点

在应用文写作中,语言的表达至关重要,不掌握其特点,就无法遣词造句。

语言是人类最重要的交际工具。不论任何体裁的文章,都离不开语言这个工具。应用文的性质、特征和作用决定了应用文的语言具有不同于其他类文体的风格和特色。概括地说,其特点是:庄重得体、朴实平易、准确规范、言简意赅。这些特点是相对于文学语言、科技语言、议论语言而言的。

一、庄重得体

应用文,特别是应用文的主体——行政公文,是国家行政机关的喉舌,是有鲜明的政治性和政策性,具有法定的强制性和行政的约束力,所以,反映在语言特色上,就是必须庄严郑重。只有庄严得体的用语,才能体现出发文机关处理公务的严正立场和严肃态度。为使语言庄重得体,常用的手法有:

（一）使用规范化的书面语言

规范化的书面语言是应用文的主要表达形式,也是应用文语言庄重得体的最主要的标志。一般说来,口语比较亲切、活泼,书面语言比较庄重严谨。应用文要体现内容的严肃性,就必须使用规范化的书面语言,而不宜用口语。例如:

（1）要注意积累资金。

（2）切实解决好个体商业者的执照问题。

（1）例中的"资金"、（2）例中的"个体商业者"既是专业词语也是和口语相对的一种较为庄重的规范化了的书面语。这里的"资金"、"个体商业者"在日常生活中的俗称,就是"钱"和"做小买卖"（或曰"个体户"）;所谓"积累资金"也就是我们平时说的"攒钱"。如果有一篇反映商业或经济活动情况的应用文,在里面不时出现

"攒钱"、"做小买卖"这类俗语,显然是不妥当的。因此,要体现公文的严肃性,其用语必须使用规范化的书面语言。

（二）使用文言词语

文言词语是指古文中使用的词语。应用文以现代汉语为主,但恰当使用某些约定俗成的文言词语,可以简洁地表达特殊的意义,使应用文语言庄重严肃。例如,"兹有"、"兹定于"、"收悉"、"知悉"、"业经"、"业已"、"特此"、"致以"、"为荷"、"恳请"、"届时"、"鉴于"、"光临"等文言词语就在应用文中经常使用。

（三）使用祈使句

在公文的种类中,下行文占绝大多数。下行文要传达贯彻党和国家的方针政策,要发布行政法规和规章,要指导布置工作,因此遣词造句必须庄严郑重、坚决肯定、不容置疑。祈使句是表示命令、请求或禁止时使用的句子,正符合下行文的这些要求。表示肯定的祈使句,常用"必须"、"坚决"、"要"、"应该"等词语。表示否定的祈使句,常用"严禁"、"不得"、"不准"、"不能"、"不要"、"不许"等词语。通过祈使句,公文赞成什么、反对什么、提倡什么、禁止什么的严正立场和郑重态度得以鲜明的体现。

（四）使用全称和规范化简称、统称

应用文在涉及机关、企事业单位的名称、人名、职务名称、时间名称、地点名称以及有关事物的名称时,为了表达庄重,往往使用全称,而不宜用简称。有些文种,不宜用简称,如"命令"、"决定"等。而有些文种却可以使用规范化的简称、统称,像公文的主送单位名称就常使用规范化的简称、统称。例如"外经贸部"、"国家计委"等。这是从语言的简练角度考虑的,而且规范化的简称、统称也不失庄重的基调。如果使用非规范化的简称,应当先用全称并注明简称。

（五）使用敬词、谦词

语言的运用,总是受特定的内容、目的和对象的限制并为特定的需要服务。应用文的撰写意图和行文关系不同,使用的词语也有所不同。下行文,要体现领导机构的权威与政策水平,用词明确、具体、讲究分寸;上行文,用词宜尊重、简要,体现出下级机关对上级机关敬重负责的态度;平行文,用词应谦和、礼貌,要体现出诚恳合作、协商共事的愿望。敬词、谦词通常多用于文尾或开端。如:

（1）以上意见,请领导批示。

（2）遵照部领导的指示,于×月初开始对××问题进行了一个月的调整,现将调查结果报告如下:

（3）拟同意,请×主任核定。

（4）希予接洽为荷。

（5）承蒙贵厂大力支援,特表谢意。

以上五个例子中的"请"、"遵照"、"拟"、"为荷"、"承蒙"、"贵"、"谢意"等,都是敬词。例（1）的"请",上下可通用,如"××事情,请贯彻执行"体现了一种上下平等的关系。例（2）中的"遵照",一般是下对上用。例（3）的"拟",是打算、想的意思,含有敬重之意。例（4）的"为荷",有表示感谢的意思。例（5）中的"承蒙"、"贵"、"谢意",其中"承蒙"是"受到"、"得到"的意思,含谦敬之意。应用文常用的敬词、谦词还有很多,例如"拜托"、"烦交"、"恭候"、"敬请光临"、"表示最诚挚的感谢"等。恰当的使用敬词、谦词,不仅是应用文内容的需要,而且也使得应用文的语言庄重得体。

二、朴实平易

应用文是为了解决工作中的实际问题而制发的。应用文语言的价值,只有在社会活动的实际应用中才能体现出来,这与文学语言是截然不同的。应用文的语言自然朴实,通俗易懂,不矫揉造作,不堆砌词藻,不需要言外之意、弦外之音。其具体写作方法为:

（一）用直笔,不用曲笔

应用文语言开门见山,观点突出。从句式上看,多用比较平和、率直、朴实的陈述句,有时也用祈使句和疑问句,基本上不用感叹句。从句子的组织来看,以常式句为主,成分易位、倒装的句式极少出现。

(二)叙述概括,说明客观,议论精辟

应用文中的叙事质朴而概括,绝不渲染铺陈;文中的说明客观而真实,绝不虚构加工;文中的议论也与一般的政论文和学术论文不同,它要求平正透彻,几句话就点破实质,而不必旁征博引,多方论证。

有些同学不懂得应用文体的语言规范和表达要求,常将文学语言以及抒情、描写等艺术手法滥用到应用文写作之中,致使表达失体。例如,有一个同学写了一份《〈邓小平文选〉学习总结》,开头段是这样写的:

吃完晚饭,太阳已完全隐没在西方的地平线上,然而天还没有完全黑下来。晚霞那淡淡的红光仍然照射着疲劳了一天的大地。我来到校园,依偎着古老的紫藤萝,打开《邓小平文选》。一缕红黄色的光,穿过浓密的树叶照在书上,书上出现一个小小的光环,我精神一振,分明看到光环中央清楚地呈现出"依法治国"四个大字。随着阳光的移动,我想像的翅膀在高空翱翔,仿佛看到社会主义祖国的四个现代化,由于"依法治国"而早日实现的光辉前景。

可以看出,作者有一定的语言基础,描写的手法也掌握得不错,如果是写散文,这样写还可以,但对于"总结"这种应用文,这样写就叫做表达失体。究其原因,除了没有把握总结的一般写法以外,就是语体不对,不知道应用文的语言应质朴无华,一般不需要写景抒情,更无需"情景交融"。

三、准确规范

准确是应用文的生命。应用文的政策性、实践性很强,一句话不准确,甚至有一个词、一个字用得不当,都有可能造成重大损失。因此,规范地使用词语,准确地表达意图,是应用文语言最基本的要求。为使应用文的语言准确规范,常用的语法修辞手段有:

（一）使用限制性词语

应用文要准确如实地反映客观事实,就必须对反映客观事实的词语的外延和内涵作出精确限定,使语义具有确定性。例,《语言文字法》中对广告用语等的监督管理的规定:

县级以上各级人民政府工商行政管理部门依法对企业名称、商品名称以及广告的用语用字进行管理和监督。

这句话从监督职能部门、依据以及监督的范围三个方面对"管理和监督"进行限制和说明,使得"管理和监督"的具体职责非常明确。

（二）使用模糊词语

应用文在反映情况、评析事物、表述决策时都要掌握好分寸。分寸感是应用文语言的重要标志之一。讲分寸,就不能把话说"绝",而要留有余地。模糊语言正是一种外延不确定的、表意上比较含糊、在运用上具有弹性的词语。例,中共中央办公厅、国务院办公厅联合下发的一份文件中的一段文字:

党中央、国务院一直高度重视减轻农民负担工作,制定了一系列政策措施,各级党委、政府和有关部门认真贯彻执行,做了大量工作,取得了一定成效。但是,农民负担重的问题还没有从根本上解决,涉及农民负担的案(事)件时有发生,有的地方问题还相当严重。

文中加点的词均为模糊词语。孤立地看,它们的含义是模糊的,但和相关词语联系起来,即把它们放在具体的语言环境中去看,其含义却是明确的。模糊词语不是含混不清、模棱两可,而是模糊之中有准确,模糊之中有智慧。

（三）使用专业术语

应用文写作涉及各个部门、各种行业中的各种问题,因此,它总是和一定数量的专业术语相联系。例如:

阻挠政府有关部门依法进行检查,拒绝、隐匿、谎报或不如实提供会计凭证、会计账簿、会计账表和其他会计资料,情节严重的。

文中加点的词都是专业术语,这些具有特殊含义的专业术语一般是无法用别的词语代替的。为了语义上的准确性,使用专业术语是必不可少的。因此,不断学习科学知识、专业知识,对于增强应用文语言的表达力,与时俱进,体现时代特色是十分必要的。

（四）使用专用词语

长期以来,人们在应用文中沿用一些使用频率较高的专业词语。这些专业词语用途稳定,约定俗成,词义确定,有助于语言的准确与简练。常见的专用词语有以下几类:

称谓词——本、我、贵、你、该等

领叙词——根据、据、本着、奉、为……特、现……如下、兹介绍、兹定于、关于、为了、遵照等。

追叙词——经、业经、并经等。

承转词——为此、据此、对此、有鉴于此、综上所述、总之等。

告诫词——不得有误、以……为要、引以为戒等。

表态词——应、理应、应于、本应、同意、准予、拟于、缓议、暂缓、可行、不可行、以……为妥、以……为宜等。

询问词——当否、是否妥当、可否、是否可行、是否同意、意见如何等。

判定词——是、系、显系、以……论等。

时态词——兹、届时、行将、值此、如期、按期、亟待等。

结尾词——此复、此令、此致敬礼、特此报告、特此公布、谨此、望……执行、自……执行、自……起施行、请查收、请予批准等。

（五）造句符合语法与逻辑

要使应用文语言准确无误，经得起推敲，就必须合乎语法与逻辑。遣词造句时，要注意句子的成分和位置，主、谓、宾、定、状、补该有的一定要有，不能残缺不全；该按什么顺序就按什么顺序，不能颠三倒四；该和谁搭配就和谁搭配，不能"乱点鸳鸯谱"。要使撰写的应用文概念明确，判断恰当，推理有据，没有语病。

四、言简意赅

应用文是用来解决实际问题的，为加快交流速度，提高办文效率，语言上必须平和利索，简明扼要。常用的语法、修辞手段有：

（一）使用介词结构

大量使用介词结构，将目的、根据、条件、范围、对象、方式、时间、地点等繁复内容纳入简单的介词结构之中的笔法，是应用文用语严密化、简练化的重要手段。例如，"为"、"为了"、"根据"、"依据"、"遵照"、"在"、"对"、"对于"、"除了"、"于"等就是应用文中常见的介词。例如，下面这段话：

为了维护党和国家的利益，同涉外活动中的一切违犯纪律的行为和腐朽现象作斗争，根据党章和国家的有关法规，特制定本规定。

文中加点的词都是介词，分别从目的、对象、根据等方面表达内容，直截了当，言简意赅。其他文体造句时也用介词结构，但不像应用文这样大量地使用介词结构。

（二）使用简缩词组

简缩词组是指通过一定方式省略若干语素或词而简缩了的专用名称。恰当地运用简缩词组，可以收到以少胜多、以简驭繁的效果。简缩词组大致有以下三种类型：

1. 数字概括式

例如,"三个代表"、"三农"、"一国两制"、"三教统筹"、"八个坚持、八个反对"等,都是把几种并列的事物、现象归纳概括起来,省略概况对象,保留共同词语,并在前边加上数词,形成数词加共词的格式。

2. 分合式

例如,"进出口"、"离退休"、"节假日"、"出入境"等都是两三个并列的词素同一个共用的词素结合而成。

3. 缩合式。例如,"纪委"、"体改办"、"农科教"、"责权利"、"扫黄打非"等,都是从一词组里取出几个词素缩合而成的。

运用简缩词组要以不产生歧义为前提,不能随意缩简。例如,"开封刀具厂"就不能简称为"开刀厂";"上海吊车厂"也不能简称为"上吊厂"。运用简缩词组必须遵循必要性和明确性原则。

(三) 使用短句

句子有长有短。长句成分复杂,限制、修饰语多,显得繁冗,读起来比较费劲。因此,应用文中应当尽量多用短句。例如,《中共中央纪律检查委员会关于共产党员违反社会主义道德党纪处分的若干规定》(中纪发〔1989〕16 号)中的一段话主要使用的就是短句,显得比较有力量:

共产党员必须全心全意为人民服务,坚持党和人民的利益高于一切,为了共产主义理想和人民的利益,吃苦在前,享受在后,克己奉公,艰苦奋斗,忠于职守,勇于献身,发扬社会主义新风尚,模范地遵守社会主义道德。

(四) 撮要

即对一些较长的篇或段,在首句写出该篇、段的要旨。所提要

旨,文句一般都简短明了,并能说明全篇或全段的目的或结论,因而显得简明扼要。例如,下面这段话:

　　建立不拘一格的用人机制。不论资历深浅,不论年龄大小,不论学历高低,只要有能力、有水平、有政绩,就会被提拔重用。这种用人机制,为广大员工提供了平等竞争、施展才华和抱负的良好环境,也增强了员工的竞争意识和创新意识。

　　这是一篇经验性总结中的一段话。段的开端即是段的撮要。全段的意思因为有了撮要而显得非常明了。
　　使应用文言简意赅的方法还有很多,如使用联合词组、的字词组、成语等,都可以收到简洁、凝练的表达效果。

思 考 与 练 习

　　1. 应用文的语言有哪些特点?
　　2. 按照准确简练、突出重点的原则,为下面各段分别拟制一个小标题(从第二自然段始)。
　　为了进一步推动内部审计工作,促进增产节约、增收节支运动的开展,我署最近召开了内部审计工作会议,研究提出以下意见:
　　一、内部审计是我国社会主义审计制度不可缺乏的重要组成部分。内部审计人员熟悉本部门、本单位的生产、经营、财务等情况,在挖掘内部潜力,提高经济效益方面能够更好地发挥监督作用。特别是各部门的内审机构对所属单位进行审计监督,有利于扩大审计覆盖面,使审计工作迅速走上正常化、制度化的轨道。
　　二、内部审计机构要围绕增产节约、增收节支和深化改革、搞活企业、提高经济效益开展工作。当前工作的重点是：审计盈利下降和亏损的企业，分析原因，促进企业挖掘潜力、增产节约；揭露和纠正铺张浪费、造成国家资产严重损失问题；制止向企业乱收费乱摊派，保护企业的正当利益；查处弄虚作假、钻改革空子、损害国家利益等违反财经纪律问题。

三、按国务院规定应建立内审机构的部门和企业、事业单位，结合自己的情况，设立内审机构。已经建立的内审机构但力量薄弱的，要充实人员。

四、各部门和企业、事业单位要把内部审计置于主要负责同志的直接领导下，定期布置和检查工作，及时解决工作中遇到的问题，支持内审人员依法独立行使审计职权。

3. 下面两篇都是有关党纪教育的文章，一篇是议论文，一篇是应用文。读后请从文章的语言、表达方式两方面作对比分析，从而说明应用文语言和表达方式的特点。

中共中央关于印发《中国共产党纪律处分条例》的通知

中发[2003]18 号

各省、自治区、直辖市党委、各大军区党委，中央各部委，国家机关各部委党组（党委），军委各总部、各军兵种党委，各人民团体党组：

现将《中国共产党纪律处分条例》（以下简称《纪律处分条例》）印发给你们，请认真贯彻执行。

《党纪处分条例》的颁布实施，是加强党的建设的一个重要举措，对于严肃党的纪律，纯洁党的组织，保障党员民主权利，教育党员遵纪守法，维护党的团结和统一，保证党的路线、方针、政策和国家法律、法规的贯彻执行,推动反腐倡廉工作的深入开展,具有重要的意义。

《党纪处分条例》是我们党一部十分重要的党内法规,全党一定要认真学习、广泛宣传、严格遵守。党的各级组织对本地区、本部门、本单位学习贯彻《党纪处分条例》的工作作出具体部署。要认真进行宣传教育,进一步增强广大党员特别是领导干部的纪律观念,自觉做到遵守党的纪律不动摇,执行党的纪律不走样。要加强贯彻执行《党纪处分条例》情况的督促检查,加大查处违反《党纪处分条例》行为的力度,切实维护党的纪律的严肃性,不断增强党的创造力、凝聚力和战斗力。

各地区、各部门在执行《党纪处分条例》中有哪些问题和建议,请及时报告中央。

中共中央

2003 年 12 月 31 日

切实加强纪律修养

党的纪律是党的生命。党章规定了党员的义务和权利,规定了党的宗旨和奋斗目标,规定了党内生活和党的活动的基本原则等,遵守党章就是党的最高纪律。党中央和各级党组织针对某些问题所制定的专门性的党规、制度和条例细则等,也是党的纪律。每个党组织和党员都必须切实加强纪律修养,严格遵守和维护党的纪律。

党的纪律一经制定,就对每个党组织和党员个人都适用。某个党组织和党员个人不能以某一纪律对自己是否有利而作为遵守与否的前提;不能合意的就执行,不合意的就不执行;不能口头上拥护,执行中却打折扣;更不能搞"上有政策,下有对策"。要把对党的纪律的遵守与维护作为一种重要的责任,认真地履行,不能有丝毫的马虎。谁违犯了党的纪律,谁就要受到纪律的制裁。

党的纪律是统一的纪律。在党的纪律面前人人平等,不允许有任何不遵守纪律的特殊党员。党员干部随着自己职位的升迁、地位的提高、环境的变化,遵守和维护党的纪律的责任和义务也应当更大、更重。因为,权利和义务是对等的。党员领导干部切不可自恃位高权重,就放松对自己的纪律约束,甚至只用党纪管别人,而不让别人用党纪来约束自己,更不能在执纪问题上亲疏有别、内外有别、宽严有别。这些都是十分有害和危险的。

加强纪律修养,严格遵守和维护党的纪律,是新形势新任务对党的各级组织和党员干部的迫切要求。纪律是执行路线的保证。严明的纪律,促进和推动着党的思想、意志和行动的统一,维护和保证着党的有机整体。在全面建设小康社会、加快推进社会主义现代化的新的历史阶段,更需要严明纪律,更需要各级党组织和全体党员干部严格遵守和维护党的纪律。

第一,严格遵守和维护党的纪律是应对不断变化的国内外形势的需要。新中国成立以来,特别是改革开放以来,我们党之所以能够应对复杂的国际国内形势,战胜各种困难和风险,经受住一次又一次严峻的考验,排除各种干扰,保证改革开放和现代化建设事业的顺利进行,很重要的一条就是党的纪律严明,各级党组织和全体党员干部思想统一、行动统一。当前,国际国内形势正在发生深刻的变化。正确处理各种利益关系,保持社会稳定,还有大量的工作要做,事关改革发展稳定的许多深层次问题还有待进一步去认识并逐步加以解决,在前进的道路上,我们还可能面临更加复杂、更具挑战性的考验。在这样的情况下,我们党要团结带领人民抢抓机遇,迎接挑战,深化改革,扩大开放,争取有利的国际国内环境,加快推进现代化建设,更加需要进一步严明党的纪律。有了严明的纪律作保证,我们就能不断地从胜利走向胜利。

第二,严格遵守和维护党的纪律是实现全面建设小康社会奋斗目标的需要。紧紧抓住本世纪头二十年这个重要战略权遇期,努力实现全面建设小康社会的宏伟目标,任务十分艰巨。实践证明,严明的纪律是党的重要政治优势之一。没有严明的纪律,再好的目标和思路也得不到落实;没有严明的纪律,就只能是一盘散沙,没有统一的意志和行动,全面建设小康社会的目标就只能是一句空话。

第三,严格遵守和维护党的纪律是反腐倡廉的需要。当前,我国正处在经济体制转型时期,新旧体制的转换从客观上给一些违法乱纪的人提供了"可乘之机"。同时,为完善社会主义市场经济体制,必须深化各方面的改革。改革必然带来利益关系和利益格局的变化。而要摆正整体和局部、集体和个人、眼前和长远的关系,真正做到在任何情况下,都能从大局出发,自觉服从党和国家的整体利益,一方面要靠宣传教育;另一方面更要靠纪律和制度的约束。严肃党的纪律,增强全党同志遵守党的纪律的自觉性,已成为新形势下改进党的作风,消除消极腐败现象,保证改革开放和现代化建设有一个良好环境的迫切需要。近几年我们加大了反腐败工作的力度,但腐败现象仍没有从根本上得到遏制,腐败问题仍然存在。这从另一个角度也要求我们必须进一步严明党的纪律,坚块克服在纪律问题上失之于软、失之于宽的现象。

第五节　应用文写作的文面规矩

文面,就是文章书写的面貌。它是一篇文章在读者视觉印象上所显示的总体面貌。人们阅读文章最先看到的就是文面,它反映了作者的文字素养和写作基本功,因此,应用文写作要讲究文面的修饰,要遵守社会上约定俗成的文面规矩。凡规矩都有明显的规定性,它不因个人好恶为转移。了解文面规矩,遵守文面规矩,是写好应用文的前提和基础。应用文写作的文面规矩大体上包括行款格式、标点符号、文字文书等方面的内容。

一、行款格式

(一) 标题

应用文标题的正确位置,应写在第一页稿纸的第二行的正中,标题前后留出的空格要相对匀称。如果标题字数较多,可将部分文字移到下一行,但一般应上少下多、上短下长,并使上行"骑坐"于下行的正中位置。如果标题字数过多,可按三行安置,三行中,第一、第三行字数较少,第二行字数较多,整体上要做到匀称、整齐。长标题的分句与分句之间不加标点,用空一格的方式表示"断句"。除少数应用文在标题末尾加问号、感叹号和省略号外,一般标题不用标点符号,如果需要使用副标题,则应紧接正题下一行书写,其前用占两格的破折号表示,破折号不能超过正题的第一个字。如果副标题较长,回行时要同上行副标题的第一个字对齐。标题写完后要空一行,以示醒目。

(二) 署名

不同文种要求署名的位置往往是不同的。有的在文前署名,有的在文后落款。调查报告、经济活动分析报告、经验总结、学术论文等文种常常是文前署名,其正确位置是在标题空一行的下一行的正中或稍偏右的位置上写作者姓名或单位名称。署名后要再空出一行或两行,然后开始写正文。

(三) 正文的结构层次

正文中的第一层次标题或序数(如一二三等),一般都单独占一行,空两格开始写,有时为醒目则居中书写,并上下各空一行。

正文中的第二层次标题,空两格写,如果下面还有第三层次则要单独占一行,一般不必居中,不必上下空行;如果下面没有第三层次可以单独占一行,也可以不单独占一行,空两格写完序数和小标题后,就接着写下文。

正文中的第三层次标题，书写格式同第二层次标题。

正文中如果有第四层次的标题或段落主句，一般不单独占行，空两格写序数，序数后写标题或段落主句，标题或段落主句后直接写下文。

正文的结构层次整体示意如下：

一、××××××××××（第一层次标题）

（一）×××××××××（第二层次标题）

1. ×××××××××××（第三层次标题）

（1）××××××××××（第四层次小标题或段落主句）。×
××××（接写下文）

为使层次清楚，序数的使用是非常重要的。使用序数，分条列项，是应用文结构上的一大特点。序数的标注规矩是：如果正文只有一个层次，就标大"一二三"；如果有两个层次，第一层标"一二三"，第二层标加圆括号的"（一）、（二）、（三）"；如果有三个层次，则第三层标"1. 2. 3."；如果有四个层次，第四层则标加圆括号的"（1）、（2）、（3）"。需要注意的是"一二三"的后面要标顿号，"1、2、3"的后面标小点，加圆括号的序数后面不加标点。

（四）段落

段落的标志就是另起一行空两格。段与段之间不空行。现在，有些网络文章段与段之间空一行，这是为了电子阅读的方便，这种方式不可用在书面应用文中。

（五）引文

引文有段中随行引文和提行引文两种。较短的引文一般都是随行引用，如果引用的是原话，要核对准确，并在前后分别使用双引号。较长的或需要特别强调的引文，则须在冒号后单独设段，前后不必再用引号。为区别于正文，引文的两端应缩进两格（引文开头一行要缩进四格）。排版时，有的提行引用改变字体，有的上下各空出一行，以示强调。

（六）注释

需要注释的有两种情况：一是对内容的补充；二是对资料出处的注明。注释的表达方式有三种，即文中注（又称夹注）、页下注（又称脚注）和篇末注（又称尾注）。文中注要紧接被注文句，用圆括号注明。页下注要根据本页注目的多少，在本页下端留出适当空白，然后逐一注出有关内容。篇末注要在全文写完后空出两行再一一注释。采用页下注或篇末注，要将注码写在所注对象后面的右上角，占一方格。其注释形式一般为①、②、③……如果注明的是资料出处，其书写的顺序是：作者、书名、或篇名（有时还要注明期数、卷数、版次）、出版地、出版者、出版时间和页数。做好注释工作，一方面可以方便读者查对；另一方面表示对原作者的尊重，同时也可体现作者严谨的工作作风与治学作风。

（七）落款

落款包括署名和标注写作时间两项。署名的位置应在正文结束后空若干行的右下方。写作时间的位置在署名之下，要写明具体的年、月、日。一般应用文应用阿拉伯数字写年、月、日。

二、文字书写

随着计算机的日益普及，用电脑进行文字处理的人越来越多。使用印刷字体方便迅速，复印出来的文稿整洁美观，其优越性是不言自明的。但由于条件的限制，不是任何时候都可以用电脑写作，手写汉字还相当普遍。因此，练就一手漂亮的钢笔字，就显得格外重要。字写得好，犹如穿戴上漂亮的衣裳，使人赏心悦目，给人以美感。字写得不好，七扭八歪，潦草不清，不仅让人费解，而且直接影响到文章的写作质量和预期的社会效果。要想练就一手漂亮的钢笔字，就要讲究方法。现在，书店里硬笔书法字帖很多，选择其一，下工夫练习，"功到自然成"。当然，应用文的文字书写与书法艺术的要求是不一样的，它的文字书写要求主要有以下两点：

（一）要写得正确

所谓正确，就是不写错别字，不写已经废除的旧形字、异体字和繁体字，不写社会上流行的非规范字，更不能想当然地自造字。第二批简化字，国家已明令撤销作废，不能再使用。一些人写错别字，多半出于懒惰和懈怠，这是对自己、对读者不负责任的表现。其实，只要勤问，勤查字典，消灭错别字是不难做到的。

（二）要写得清楚

所谓清楚，就是笔画分明、结构准确，让人一看就能认出。一个字写得好与不好，关键是看笔画是否到位，重心是否平稳，间架结构是否协调。稳妥、协调、工整、规范的字，才会让人一目了然，给人以美感。写不好字，不仅是个人习惯问题，在某种程度上还反映出一个人的素质、修养和文明程度。只要在思想上重视这个问题，心中有他人，认真书写每个字，应该说把字写清楚是不难做到的。

三、标点符号

标点符号是辅助文字记录语言的符号，是书面语的有机组成部分，用来表示停顿、语气以及词语的性质和作用，具有正确、精细地表达文章内容的重要作用。郭沫若先生曾说："标点之于语言文字有等同的重要，甚至有时还在其上，言而无标点，在现今等于人面无眉目。"现在，有些人对标点符号的使用抱有十分随意的态度。例如，在行文时根本不考虑内容表达的需要，随便标点：有的"一逗到底"；有的只是轻飘飘地点上那么一下，看不出是逗号、顿号还是句号；更有甚者，有的数句、数段根本不用标点，一味混沌下去，让人看得头昏目眩。这些现象都应加以克服。

标点符号的正确用法，已有国家标准，这就是国家技术监督局1995年12月13日批准，1996年6月1日实施的《标点符号用法》。这个标准规定了标点符号的名称、形式和用法，对汉语书写规范有重要的辅助作用。该标准规定，常用的标点符号有16种，分点号和标号两大类。

点号的作用在于点段，主要表示说话时的停顿和语气。点号又分为句末点号和句内点号。句末点号用在句末，有句号、问号、叹号三种，表示句末的停顿，同时表示句子的语气；句内点号用在句内，有逗号、顿号、分号、冒号四种，表示句内各种不同性质的停顿。

标号的作用在于标明，主要标明语句的性质和作用。常用的标号有 9 种，即引号、括号、破折号、省略号、着重号、连接号、间隔号、书名号和专名号。

关于标点符号的具体用法，可以查看《标点符号用法》。这里只强调一下标点符号的书写位置。

（1）句号、问号、叹号、逗号、顿号、分号和冒号在使用时均占据一个字的位置（即一个方格），居左侧偏下，不出现在一行之首。

（2）引号、括号、书名号前后两端各占一格，前一半不出现在一行之末，恰遇回行时，要移到下一行的开头；后一半不出现在一行之首，恰遇回行时，要写在上一行的末尾。

（3）省略号和破折号都占两个字的位置，标在格子的中间线上，中间不能断开，不可分在两行书写。

（4）连接号和间隔号写在需连接或间隔的词语正中间，一般占一个字的位置。

（5）着重号、专名号和浪线式书名号标在字的下面，可以随字移行。

思 考 与 练 习

1. 文面规矩包括哪几方面的内容？各有哪些要求？你在文面处理上是否有不符合要求的地方？

2. 给下文添加标点符号。

北京市高级人民法院
关于对彩票管理规程提起诉讼
人民法院不予受理的批复

2001 年 2 月 26 日　京高法发[2001]45 号

宣武区人民法院

　　你院 2001 年 2 月 23 日《关于彩票纠纷是否受理的请示》及所附有关材料均已收悉经研究认为北京市公民王嘉明在认购中国体育彩票过程中认为摇奖现场混乱财务制度不公开摇奖程序和技术有误开奖前未提前停售彩票对北京市体育彩票管理中心和北京市宣武区公证处提起诉讼其关于请求人民法院依法确认中国体育彩票第 01004 期发行摇奖活动无效判令重新摇奖一次的诉讼请求既不是平等主体间的人身财产关系也不属于在行政机关实施具体行政行为中产生的纠纷而是对彩票活动的内部管理规程有意见此类纠纷不属于民事诉讼和行政诉讼的调整范围故对彩票管理规程人民法院不提起的诉讼人民法院不予受理

　　特此批复

本 章 小 结

　　应用文概述一章简要介绍了应用文的概念和沿革,应用文的特点、种类和作用,应用文写作的一般过程,应用文语言的表达特点和应用文写作的文面规矩等方面的知识,目的是让学生对应用文的基础知识有一个概括的了解,以便为下面学习具体文种奠定基础。学习本章应重点了解应用文语言的表达特点。

第二章　公　务　文　书

第一节　公务文书概述

一、公务文书的概念

公务文书是指国家党政机关、人民团体、企事业单位在进行公务活动时所使用的体式完整、内容系统的各种书面材料。如党的文件、行政机关及军事、外交、司法、经济、科教等部门的专用公文。我们在本章所讲的公务文书是指由国家行政机关在行政管理过程中形成的具有法定效力和规范体式的文书，它是依法行政和进行公务活动的重要工具。国务院办公厅 2000 年 8 月 24 日修订发布，于 2001 年 1 月 1 日起施行的《国家行政机关公文处理办法》中对行政公文的概念有明确的规定："行政机关的公文（包括电报，下同），是行政机关在行政管理过程中形成的具有法定效力和规范体式的文书，是依法行政和进行公务活动的重要工具。"本章所讲述的公务文书就是指具有法定性的行政公文。

行政公文是法定公文。它的种类、格式、行文规则、办理及管理，都有法的规定，即必须遵照国务院办公厅发布的《国家行政机关公文处理办法》执行。

二、行政公文的特点

1. 明确的政策性

行政公文明确的政策性是由它的政治内容所决定的。在日常的行政事务中，行政公文担负着依照有关法律规定发布行政法规，宣布实行重大强制性行政措施的任务；担负着向国内外宣布重要事项的任务;担负着传达国家方针、政策的任务;担负着其他任何文体所不能担负的任务。行政公文体现人民的意志,代表人民的根本利益,反映国家的政权性质,有鲜明的政治性。行政公文是行政机关依法行政和进行公务活动的重要工具,它有效地为社会的进步、国家的繁荣富强而服务,为提高国家综合国力而服务,为提高人民的物质和文化生活水平而服务。由此可见,公务活动中的强烈的政治性,充分表现出行政公文的明确的政策性。

2. 法定的权威性

行政公文法定的权威性表现在两个方面:其一,它具有法定的作者。所谓法定的作者,是指制作者和发布者均是依法成立、合法存在,在法定的范围内依法行使法定的职能权利和履行义务的机关或首长。这些法定的制作者和发布者所办理的公文,是代表职能机关权限的公文。其二,法定的作者,根据法定的原则和程序制作、发布公文,是行使职权的行为,也是表现意志、阐述政策观点、工作意图等的具体做法。由于制发公文的机关的职权是法定的,因此在法定的时间和空间范围内制作的公文,对受文者来说具有法定的权威性。

3. 严格的时效性

行政公文主要是发文机关针对公务活动中的某类具体问题而制发的。公文必须及时下发或上达,迅速地解决公务活动中的实际问题。如果贻误时机,就会影响问题的解决,降低机关工作的效率。行政公文在一定的时间内完成了使命,就失去了现时性,被整理后要归档,变成了历史档案。所以行政公文在一定历史时期的某一特定时间发挥作用,不具备永久的效用,这就是行政公文严格的时效性。

4. 程式的规范性

行政公文具有不同于一般文章的规范的程式。程式性是指公文的编制和办理具有一系列的原则、方法、程序和格式。国务院办公厅发布的《国家行政机关公文处理办法》中对公文的文体和公文格式作了明确的规定，要求各单位遵照执行。国家技术监督局发布了《国家机关公文格式》的国家标准，对机关公文通用纸张尺寸、规格、书写形式和公文各组成部分的排列顺序、区域划分、字体字号等都作了严格规定。任何部门都不得随意更改。

三、行政公文的种类

国务院办公厅 2000 年 8 月 24 日修订发布，于 2001 年 1 月 1 日起施行的《国家行政机关公文处理办法》中规定的公文种类共有 13 种：命令（令）、决定、公告、通告、通知、通报、议案、报告、请示、批复、意见、函、会议纪要。

（一）命令

命令是国家领导机关及其领导人颁布的具有强制性的文件。其主要用途是：适用于依照法律发布行政法规和规章，即发布令；宣布实施重大强制性行政措施，即行政令；奖惩有关人员，即嘉奖令。

命令的法定作者仅限于全国人大委员长、国家主席、国务院总理。国务院及各部、各委员会，县级与县级以上地方各级人代会、人民政府，其他单位及其领导均无权发布命令。

命令一般属公布性文件，内容概括，以说明为主，一经发布，必须坚决执行。

（二）议案

议案是各级人民政府按照法律程序向同级人民代表大会或人民代表大会常务委员会提请审议的事项的文件。我国宪法、全国人民代表大会组织法等法规指出，国务院可以向全国人民代表大会或者全国人民代表大会常务委员会提出属于全国人民代表大会及其常务委员会职权范围内的议案。地方各级人民代表大会和各级人民政府组织法也规定：地方各级人民代表大会举行会议的时候，本级人民政府可以向本级人民代表大会提出属于本级人民代表大会职权范围内的议案。据此,一切属于人民代表大会和人民代表大会常务委员会职权范围内的事项,均可立案拟议。议案经同级人民代表大会讨论通过后具有法律约束力,承办机关必须坚决执行。

(三)决定

对重要事项或者重大行动做出安排使用决定。党政机关、社会团体对重要的问题都可使用决定这种文种。此外,奖惩有关单位及人员,变更或者撤销下级机关不适当的决定事项等也可使用决定。

决定与命令均为指挥性的下行文,具有权威性和强制性,不同之处在于:决定的法定作者范围较宽,各级党政机关、团体和单位均可制发;对重大行动作出安排的决定具有较强的理论性、政策性,是指导工作的准则。

(四)公告

公告主要用于向国内外宣布重要事项或者法定事项,是公开发表的周知性公文。

所谓"重要事项",包括国家主要领导人任职出访,重要人物逝世,举行重要会议,形成重要决定,重大科研成果,答谢外国有关部门和人士对我国领导人任职、重大政治活动的祝贺,涉及国内外有关方面的重要法规和重大行动等。

所谓"法定事项",包括按《中华人民共和国专利法》的规定,公布申请专利的公告;按《中华人民共和国商标法》的规定,公布初步核准、正式批准或撤销初审申请注册商标的公告;按《中华人民共和国企业法人登记管理条例》的规定,公布公司开业、歇业和变更名称、地址的企业法人登记公告等。

公告具有公开性、庄重性的特点,往往通过新闻媒体传播。一般事项,不宜用公告宣布。国家机关使用公告公布事项,只限于在自己的职权范围之内。基层单位一般不能制发公告。

（五）通告

通告主要适用于公布社会各有关方面应当遵守或者周知的事项，一般的行政机关均可使用。通告按其性质划分，可分为两种：一是使令性通告，是行政机关制发的在一定范围内要求人们应当遵守的有关事项的通告。比如为维护航空、铁路、水路的安全，维护城市交通秩序等制发的通告。这一类通告，其制发机关具有一定的权威性，因此约束力也大。二是周知性通告，这一类通告所公布的事项，是要人们普遍知晓的事项，如维修线路、停水、停电的通告，修桥、修路需要车辆改道行驶的通告等，相对来说不具有很强的权威性。

（六）批复

批复是具有一定指示性和决定性的下行文，主要适用于上级机关答复下级机关的请示事项。使用批复的先决条件是下级机关上报请示，因此，批复只主送上报请示的机关。批复的行文一般较简短。当然，也有些批复篇幅长些，这是由批复的内容决定的。不论篇幅长短，批复都要针对请示中所提出的具体事项给予答复，而且要批复及时，不能拖延，以免影响工作。

（七）意见

意见这一文种是 2000 年 8 月 24 日发布的《国家行政机关公文处理办法》中新增加的，主要适用于对重要问题提出见解和处理办法。1996 年中共中央办公厅印发的《中国共产党机关公文处理条例》中，就已经列入了此文种。在新形势下，党的机关和行政机关联合发文中意见的使用频率比较高，因此，新发布的《公文处理办法》增加了这一文种。

意见的适用范围较宽，适用于党政各级领导机关，可用于上行文、下行文和平行文。作为上行文，应按请示性公文的程序和要求办理，所提意见如涉及其他部门职权范围内的事项，主办部门应当主动与有关部门协商，取得一致意见后方可行文；如果有分歧，主办部门的主要负责人应当出面协调,仍不能取得一致时,主办部门可以列明各方的理由和依据,提出建设性意见,并与有关部门会签后报请上级机关决定。上级机关应当对下级机关报送的意见作出处理或给予答复。作为下行文,文中对贯彻执行有明确要求的,下级机关应遵照执行;无明确要求的,下级机关可参照执行。作为平行文,提出的意见供对方参考。

通知、通报、报告、请示、函、会议纪要等文种作为常用文体将在第二至第七节中讲述。

上述公文,按照不同的标准,可划分为不同的种类。

按行文的方向划分:有上行文、下行文、平行文3种。

上行文是下级机关向所属的上级机关报送的公文。如请示、报告。

下行文是指上级机关向所属的下级机关发送的公文。如命令(令)、决定、公告、通告、通知、通报、批复、会议纪要。

平行文是指平行机关或不相隶属的机关之间相互来往的公文。如函。

上行文、下行文、平行文,在实际运用过程中,有时会出现交叉现象。如通知这一文体,主要用于上级机关对下级机关的联系,但有时也用于平行机关之间。意见这一文体,可用作上行文、下行文、平行文。出现交叉现象只是工作的需要,并不影响公文的分类。

四、行政公文的格式

行政公文格式包括文面格式和标记格式。2001年1月1日起施行的《国家行政机关公文处理办法》和2000年1月1日起实施的《国家行政机关公文格式》(GB/T9704—1999)中对公文的格式有明确的规定。国家对公文制定统一的标准格式,其目的在于准确、有效地撰制、收集、传递和存储公文信息,提高公文处理效率,以适应现代化管理的需要。公文的格式,是公文撰制、处理的规范,必须严格遵守,不得标新立异,自行其是。

（一）文面格式

行政公文的文面格式,就其整体而言,可分为 3 大部分:文头部分,行文部分,文尾部分。

1. 文头部分

这一部分有版头、发文字号和签发人 3 个部分组成。

版头,在正式公文的首页上端,约占三分之一的版面居中,由发文机关的名称加"文件"两字组成。如"国务院文件","××省人民政府文件"。机关名称原则上是用全称。发文机关名称标识多用套红大字,又称之为"红头"。

发文字号,又名发文编号,是发文机关对其所发文件的依次编排的顺序代号。其作用是便于文件的管理,在查找和引用文件时,可以作为文件的代号使用。发文字号由发文机关代字、年号、顺序号 3 个部分组成。如国务院办公厅 1999 年发的第 89 号文件,其文号应是"国办发〔1999〕89 号"。代字是"国办发",年份要用六角括号"〔 〕"括入,年份要用全称,使用阿拉伯数码标识,如〔1999〕。顺序号同样使用阿拉伯数码标识,如"89 号"。

签发人,这是代表机关最后审核并批准公文生效的领导人。在通常情况下,重要文件由机关主要负责人签发;一般文件由分管该项工作的领导人签发。一般的下行文不标识签发人,上报的公文应标识签发人姓名,平行并列于发文字号右侧。

在文头部分与下面的行文部分常常要用一条间隔横线隔开。这条间隔横线位于发文字号的下方。

2. 行文部分

这一部分主要由标题、主送机关、正文、附件、发文机关、印章、发文日期和主题词 8 个部分组成。

标题。公文的标题应当简明扼要地概括公文的中心内容,让受文者一目了然,以便更好地办理事情。完整的标题形式由发文机关名称、事由和文种三个要素构成。发文机关一般用全称,有的也可以省略发文机关和事由,如"关于严厉打击,制售假劣医药商品违法活动的报告",就省略了发文机关,"公告"、"通告",发文机关和事由都可省略。在任何情况下,文种不能省。还应值得注意的是,公文的标题中除了法规、规章、转发文件名称加书名号外,一般不使用标点符号。标题的结尾处也不要用标点符号。

主送机关。主送机关是行文的对象,也就是发文机关要求贯彻执行或研究答复该文的受文机关。上级部门向下级机关行文,主送机关可以用泛称。如国务院办公厅向各省市下发的公文,按排列顺序为"各省、自治区、直辖市人民政府、国务院各部委、各直属机构"。下级机关向上级部门的行文,主送机关一般只写一个。受双重领导的机关向上级机关行文,应当写明主送机关和抄送机关。主送机关应当使用全称、规范化简称。主送机关位于标题下一行顶格书写,回行时仍顶格。主送机关后面标注冒号。

正文。正文是公文的具体内容部分。在主送机关下一行,每自然段空两格写起。数字、年份不能回行。正文一般由开头、主体、结尾三部分组成。

公文的开头要求撰稿人开门见山地交代发文的依据、起因、目的。常常用"为了"、"为使"、"根据"、"按照"、"由于"、"鉴于"等词语开头,说明行文是以有关政策、法规为依据,或说明缘由等。

公文的主体。这一部分容量较大,是公文的最主要部分。在内容上要求准确无误地传达党和国家的方针、政策;全面、深刻地体现制发单位的主导思想;使受文者对公文传递的信息获得具体、明确的认识。叙事要突出重点,说理要把握党和国家的方针、政策的核心。在结构上多用总分式,分条列项。要求重点突出、条理清楚。

公文的结尾。根据公文的内容和行文关系,一般对受文机关提出具体要求和希望。公文结尾常使用固定的习惯用语。如"当否,请批示"、"望早日函复"等。

附件说明。附件是附属于公文正文的有关文字、图表材料等。这些材料是公文正文内容的有机组成部分,与公文正文一样具有同等效力。当然,附件不是每件公文都有的,它是根据公文正文的需要确定的。凡带有附件的公文,都必须有附件说明,用以注明附件的序号、标题、份数。附件说明应标于正文之后,发文机关之前的左上侧。如"附:《×××》、×份。"标注时,从左侧起空两格,写明"附件",然后按顺序把附件的名称完整地写上。附件应与文件合在一起装订。

发文机关。发文机关也称"落款",表明公文的法定作者,在正文下方右侧位置标示。公文的落款要写机关的全称或规范化的简称,以保证其严肃性。联合发文的落款,应将主办机关的名称排列在前,然后依次排列其他机关的名称。以领导人名义制作的公文,必须标出其职务。通常情况下,也有不标示发文机关名称的,而以机关印章上的机关名称取代。

印章。印章是使公文合法、生效、取信的凭证,是表示发文机关对其内容负责的标志。在公文中,除会议纪要外,其他的都要加盖印章。印章要端正、清晰,应盖在文件末尾发文日期处,以印章下部边缘压盖发文日期,并应当注意使年、月、日露出,即所谓"骑年盖月"。

联合行文时,联合行文机关都应加盖印章,主办机关印章在前。如果联合向上行文,由主办单位加盖印章即可。

发文日期。发文日期是文件发出和生效的时间。一份公文的制发,从起草到发出有很多日期:草拟日期、成文日期、签发或会签日期、会议通过日期、印刷日期、实际发出日期等。

凡属一般性的公文,应以实际发出的日期为准;凡属会议通过的文件,应以会议通过的时间为准。

凡属法规性文件应以批准日期为准,其中某些法规性文件除了成文日期外,常在正文中专条列出具体规定生效和开始执行的日期。日期写在正文的末尾和发文机关名称之下,年份要写全称。会议通过的文件要说明该文于何年、何月、何日,由什么会议通过。这种说明一般加括号在文件标题之下,而且会议名称要写全称。

主题词。为了适应电脑对公文管理的需要,每一件公文都应标注主题词。它是公文检索标示,是用来揭示公文基本内容并经过规范化处理的名词术语。主题词一般由名词或名词性词组组成,以不少于3个、不超过5个为宜,最后1个词必须说明公文的文种。公文的主题词应包括3个方面内容的词:一是类别词(反映公文主要类别的);二是类属词(反映公文具体内容的);三是文种词(反映公文形式的)。这3个类型的词依次标出,每个词之间空一格。

为了统一主题词的使用,使主题词标准化,国务院办公厅制定了全国统一使用的《国务院公文主题词主表》,共13类,751个主题词。使用公文主题词时应从中选用。主题词的选用组合以能确切反映公文主要内容为原则。如《关于开展水土保持规划工作的通知》一文的主题词是:"水土 保持 规划 通知"。

"主题词"的位置在文尾发文日期之下,居左顶格写,后标冒号,冒号之后写主题词的内容。

3. 文尾部分

文尾部分由抄送机关、印发说明两部分组成。

抄送机关。抄送机关包括抄报、抄发机关在内,是指需要了解公文内容而不需要承担主办或答复责任的机关。抄送机关位于主题词下一行,左侧空一格书写"抄送",后标注冒号,回行时与冒号后的抄送机关对齐,在最后一个抄送机关后标句号。标注抄送机关应用全称或规范化简称。

印发说明。这是对公文承制单位、印发日期、印发份数等情况的说明。

印发机关。一般是各机关的办公厅(室)或文秘部门。位于抄送机关之下左侧空一格书写。右侧书写印发时间,印发时间以公文付印的日期为准,用阿拉伯数码标志。印发份数的位置在印发日期之下。

（二）标记格式

公文的文面构成,除了"文头、行文、文尾"三部分之外,还包括有"机密等级、紧急程度、份号、注释四个标记部分。

1. 机密等级

机密等级是发文机关对涉及国家的机密的公文,根据其秘密程度而划分的秘密级别,简称密级。通常密级有"绝密"、"机密"、"秘密",其中,"绝密"、"机密"级公文还应当标明份数序号。密级的位置在公文首页右上角,如须标明保密期限,秘密等级和保密期限之间用"★"隔开。

2. 紧急程度

紧急程度又称缓急时限或处理时限,是对公文送达和办理上的时间要求。需要争取时间而速发的公文,必须分别标明"特急"、"急件"。紧急程度标在公文首页右上角,秘密等级之下。

3. 份号

重要的公文都要用"份号"。所谓份号,是指同一文稿印若干份时,在每份上所标示的顺序号。顺序号用阿拉伯数码顶格标志于公文首页左上角第一行。

4. 注释

公文的注释也称"附注",是用来说明公文中在其他区域不便说明的事项。如对一些语词、人物、事件的说明解释。还有对阅读范围的说明。通常情况下需要用括号括起来。如"（此件发至县、团级）",其标志位置在主题词上端,发文时间之下。

五、行政公文样式

行政公文样式包括用纸规格、字体与字号、排印装订、版面尺寸等。行政公文样式主要体现在公文的页面上。

（一）用纸规格

公文用纸一般为国际标准 A4 型,幅面尺寸为:210mm×297mm,张贴的公文用纸大小,根据实际需要确定。

（二）字体与字号

行政公文一般按文件名称、公文标题、正文及各种标记字符的顺序依次由大到小地选用字号。

文件名称使用小标宋体字,用红色标志,在 22mm×15mm 宋体字范围内选用。

公文的标题用 2 号小标宋体字。

公文的正文、发文字号、主送机关、附件、附注、抄送等均可用 3 号仿宋字体。

公文的秘密等级、紧急程度、主题词等用 3 号黑体字。

（三）排印装订

行政公文的文字从左至右横写、横排。在民族自治地方,可以并用汉字和通用的少数民族文字(按其习惯书写、排版)。左侧装订。

（四）版面尺寸

公文页边尺码规定为:天头为(上白边)37mm;订口为(左白边)28mm;版心尺寸为 156mm×225mm。

思 考 与 练 习

1. 什么叫行政公文?

2. 公文有哪些特点?

3. 行政公文的作用有哪些?

4. 国务院办公厅 2000 年 8 月 24 日修订发布,2001 年 1 月 1 日起实施的《国家行政机关公文处理办法》中规定的公文共有多少种? 按行文的方向划分可分哪几种? 并举例说明。

5. 行政公文格式主要包括哪些方面的格式?

6. 指出下面这份公文存在的主要问题,并加以改正。

××市水利局文件

××水发 87 号[2001]　　签发人:×××

关于转发省水利厅《关于开展
××省水土保持规划工作》的通知

各县(市)、区水利局:

现将××省水利厅的[2001]203 号文《关于开展××省水土保持规划工作的通知》转发给你们,请你们按文件及"大纲"的要求认真落实。现将具体事宜通知如下:

一、规划一律按"大纲"要求统一布置,以县(市)区为单位按侵蚀型区(山区、丘陵区、风沙区)分别调查、统计、分析、汇总,同步完成市及各县、区规划。

二、为保证规划工作顺利开展,市局决定成立由水利局、市计划委员会、市财政局为××市水土保持规划领导小组。并成立由市水保站有关人员组成的技术工作组,担任实施规划的调查、统计和编写市级规划工作,办公地点设在市水保站。

各县(市)、区应按省文件要求成立领导小组,于 2001 年 10 月 3 日前将领导小组和技术小组成员名单分别报省水保局和市水保站。

三、各县规划工作完成时间为 2002 年 8 月 12 日前,并将规划成果报市水保站。

附件:一、××市水土保持规划领导小组成员名单。

二、××市水土保持规划技术工作组成员名单。

××市水利局(印章)2001 年 9 月 23 日

主题词:水土保持　规划　通知

抄送:省水利厅、省水保局、市计委、市财政局

××水利局办公室 2001 年 9 月 23 日印发

第二节 通 知

一、通知的概念、特点和种类

(一)通知的概念

通知是公文中使用频率最高的一种。《国家行政机关公文处理办法》规定,通知"适用于批转下级机关的公文,转发上级机关和不相隶属机关的公文,传达要求下级机关办理和需要有关单位周知或者执行的事项,任免人员"。通知在传达贯彻党和国家的方针政策,发布行政法规和规章,施行行政措施,指导、布置、推动工作的开展方面具有重要作用。

(二)通知的特点

通知有如下三个特点:

一是适用面宽、应用范围广。从内容上讲,通知可以用于布置工作、传达重要指示,还可以批转、转发公文,任免干部等;就使用权而言,制发机关广泛,不受单位性质、级别限制。

二是具有知照性。通知无论是发布规章、布置工作、任免干部,都是在传递某种信息。

三是具有明显的时效性。通知要求办理的事情,受文机关必须在限定的时间内完成。

(三)通知的种类

根据性质划分,通知可以划分为如下六种:

发布性通知。这类通知在国家机关发布(或废止)有关法规和条例、规定、办法、实施细则等规章和发布有关重要文件时使用,它有很高的政策性。例如《国务院办公厅关于发布〈国家行政机关公文处理办法〉的通知》。

批转性通知。上级机关批转下级机关上报的重要文件,要求有关单位执行或参照执行,用批转性通知。批转给有关单位的公文要表明批转的态度,有些批转性公文对内容作进一步的阐释、说明,并提出执行意见和注意事项等。

转发性通知。将上级机关和不相隶属机关的公文发给下级机关,用转发性通知。这类通知要写明转发文件的名称,可提出执行要求。

指示性通知。上级机关对下级机关传达指示,布置工作时使用。如《国务院关于制止农村建房侵占耕地的紧急通知》就属于指示性通知。

知照性通知。主要用于告知有关单位需要周知而不需要执行或办理的事项。如调整机构、起用或废止公章、任免和聘用干部等都可以用知照性通知。

会议性通知。主要用于上级机关或有关部门召开重要会议。要求组织会议的单位在会前发给与会者。内容一般包括:会议名称、召开会议的目的、会议时间、会议地点、与会人员、报到时间、注意事项等。

二、通知的结构和内容

通知由标题、主送机关、正文、落款四部分构成。

(一)标题

一般标题有发文机关名称、事由、文种组成,有的通知标题可以省略发文机关名称。根据通知的不同内容和性质,在标题中应分别注明"批转"、"转发"、"频发"、"印发"、"发布"、"联合"等字样。

(二)主送机关

写明受文机关的全称或规范化的简称。

(三)正文

通知的正文,首先要说明通知的原因、目的或依据,在这一部分的末尾常用"特作如下通知"、"现通知如下"、"现将有关事项通知如下"等习惯用语提起下文。其次是通知的主要事项内容,如果内容复杂应分条列项书写,表述事项要清楚,便于受文者理解与执行。通知的结尾部分常用"特此通知"、"请认真贯彻执行"等习惯用语结束。

（四）落款

签署发文机关名称，并注明发文时间，加盖印章。若是联合通知，主办机关名称应放在最前边，其他机关依次排列，并分别加盖印章。

【例文一】

发布性通知

国务院办公厅关于发布
《国家行政机关公文处理办法》的通知

各省、自治区、直辖市人民政府，国务院各部委、各直属机构：

现将修订的《国家行政机关公文处理办法》发给你们，自二〇〇一年一月一日起施行。

国务院（印章）

二〇〇〇年八月二十四日

【例文二】

批转性通知

国务院批转卫生部等部门《关于严厉打击
制售假劣医药商品违法活动报告》的通知

国发［1992］57号

各省市、自治区、直辖市人民政府，国务院各部委、各直属机构：

国务院同意卫生部、国家工商行政管理局、国家技术监督局、国家医药管理局、国家中医药管理局、公安部《关于严厉打击制售假劣医药商品违法活动的报告》，现发给你们，请遵照执行。

贯彻执行《中华人民共和国药品管理法》，严厉打击制售假劣医药商品的违法活动，是保护人民群众身体健康和生命安全的一项重要工作，也是促进改革开放和经济发展的重要内容。各级人民政府要加强领导，协调各有关部门密切配合，妥善解决查处工作中的问题，坚决采取有力措施，迅速扭转当前制售假劣医药商品屡禁不止、坑害群众、图财害命的丑恶社会现象。

中华人民共和国国务院

一九九二年十月五日

【例文三】

转发性通知

××市水利局关于转发省水利厅《关于开展××省水土保持规划工作的通知》

各县(市)、区水利局：

现将××省水利厅《关于开展××省水土保持规划工作的通知》(×水发[2001]203号)转发给你们，请按文件及"大纲"的要求认真落实，具体事宜通知如下：

一、规划一律按"大纲"要求统一布置，以县(市)区为单位按侵蚀类型区(山区、丘陵区、风沙区)分别调查、统计、分析、汇总，同步完成市及各县、区规划。

二、为保证规划工作顺利开展，市局决定：成立由市水利局、市计划委员会、市财政局为成员的××市水土保持规划领导小组；成立由市水保站有关人员组成的技术工作组，担任实施规划的调查、统计和编写市级规划工作，办公地点设在市水保站。

各县(市)区应按省文件要求成立领导小组,于 2001 年 10 月 3 日前将领导小组和技术小组成员名单分别报省水保局和市水保站。

三、各县规划工作完成时间为 2002 年 8 月 12 日前,并将规划成果报市水保站。

附件:1. ××市水土保持规划领导小组成员名单

2. ××市水土保持规划技术工作组成员名单

××市水利局(印章)

二〇〇一年九月二十三日

【例文四】

指示性通知

关于做好 2001 年春节期间有关工作的通知

各省、自治区、直辖市邮政局,局直属各单位:

经过全国邮政职工的奋力拼搏,国家局制定的 2000 年三大目标已经胜利完成。在这样的形势下,即将迎来新世纪的第一个春节。根据中共中央办公厅、国务院办公厅关于做好 2001 年元旦、春节期间有关工作的通知精神,现将节日期间有关事项通知如下:

一、充分发挥各级职能部门和群众组织的作用,千方百计安排职工过好节日。各级邮政部门要切实关心职工群众的生活,节日期间要深入基层,深入实际,着力解决与职工切身利益相关的实际问题,安排好贫困、受灾地区职工和有特殊困难职工的节日生活;要确保离退休职工养老金按时足额发放,并保证职工医药费及时报销;要结合当地实际组织好职工节日期间的文化生活,保证他们过一个欢乐、祥和、喜庆的节日。

二、厉行节约,禁止用公款大吃大喝等各种奢侈浪费的行为。

节日期间，邮政系统内部各单位之间不要相互宴请；各级领导不得组织和参加用公款支付的高消费娱乐活动；不准收受有关单位和个人的礼品、礼金和有价证券。对违反上述要求的，要严肃处理。

三、进一步加强安全生产管理，努力维护社会稳定。各级邮政部门要坚决贯彻落实江总书记今年以来关于做好安全生产工作的一系列重要指示精神，始终把安全生产放在第一位。

四、元旦、春节期间也是邮政生产的旺季，各单位要组织好节日生产。节日期间重要营业网点要坚持正常营业；要继续做好和完善包裹投递到户工作；对有关单位和大用户由于放长假而不能按时接收邮件的，邮政局和单位双方要签订相应的协议，对重要、紧急的邮件要制定相应的处理措施。

五、认真做好节日期间的值班工作。值班人员要坚守岗位，认真落实值班工作的各项规章制度；各单位必须有一名领导干部带班，遇有重大、紧急事项及时向国家邮政局值班室报告。

国家邮政局办公室（印章）

二〇〇〇年十二月二十八日

【例文五】

知照性通知

国务院关于中国证券监督管理委员会
列入国务院直属事业单位序列的通知

各省、自治区、直辖市人民政府，国务院各部委、各直属机构：

根据中国证券监督管理委员会的职责、任务和开展工作的需要，国务院决定该委员会为国务院直属事业单位。

国务院

一九九四年一月五日

【例文六】

会议性通知

关于召开全市人民调解工作会议的通知

各县(市)、区人民政府:

为了总结全市人民调解工作的经验,部署今后的工作任务,表彰在政法工作第一道防线上作出突出贡献的先进集体和先进个人,推动全市人民调解工作的开展,根据国务院《人民调解委员会组织条例》和辽宁省第三次人民调解工作会议精神,市政府决定召开全市人民调解工作会议。现将有关事宜通知如下:

一、会议时间:12月26日上午9时,会期半天。

二、会议地点:×××

三、会议内容:表彰先进、总结工作、交流经验、部署今后的工作。

四、参加人员:各县(市)区主管县(市)区长一人,司法局长一人,基层科(股)长一人以及防止民间纠纷激化先进集体代表、先进调解委员会代表、先进调解人员代表各一人[请各县(市)、区政府负责通知所属各有关部门]。

五、其他事项:各单位接此通知后,请将参加会议人员的名单于12月23日前报会议筹备组。

联系人:陈某、马某

电话:2824754 2824879—3609

电传:2823385

××市人民政府办公厅

一九九四年十二月十五日

三、通知写作要求

(一)条理要清楚

通知的事项要交代清楚,按照先后顺序,层层展开,以便受文者正确理解,准确执行。

(二)重点要突出

在制作通知的过程中,要充分考虑通知事项的可能性,切忌泛泛空谈,要突出主要事项。

思考与练习

1. 通知共分几种类型?

2. 通知在写作上应注意哪些要点?

3. 根据下面提供的材料,拟写一份会议通知。

××省教育厅准备于 2001 年 4 月 16 日至 19 日,在××市××大学学术交流中心报告厅召开全省高校校(院)长办公室工作会议。4 月 15 日持本通知到学术交流中心接待室报到。参加会议人员有本省各高校校(院)长办公室主任(或副主任),每校 1～2 人。本次会议的目的是进一步加强高校校(院)长办公室的协作与交流。

联系电话:×××××,联系人:×××,邮编:××××××。会议的注意事项有四点:请参加会议人员将到达时间、车次和返程时间、车次提前电告会务组,以便安排接待和代办购票;请填写所附《与会表》,加盖单位公章,于 4 月 10 日前邮寄给会务组(设在××大学校长办公室),以便统计与会人数,安排住宿;请各校将拟提交的会议交流的经验材料自行打印 80 份,在报到时交会务组;往返路费和住宿费自理,回单位报销,会议伙食标准每天××元。

第三节 通 报

一、通报的概念、特点和种类

(一)通报的概念

通报是适用于表彰先进,批评错误、传达重要精神或者情况的公文。通报在公文中是比较独特的一种,它虽是下行文,但不用来发号施令。

（二）通报的特点

通报有以下三个特点：

典型性。通报无论是表彰好人好事,还是批评坏人坏事,都是有一定影响的事情,具有一定的代表性,在一定的范围内起着教育干部和群众的作用。

真实性。通报的内容要真实、确凿,不能有虚假的现象。要用事实和数据来说话,切忌空发议论。

导向性。无论是表彰先进,还是批评错误或者通报情况,通报都有很强的指导作用和教育意义。

（三）通报的种类

根据内容来划分,通报可分为三种：

表彰性通报。用于表彰先进单位和先进个人,推广先进经验,树立学习榜样,激发工作热情,开创新局面。

批评性通报。主要用于批评处理重大事故、事件、违法违纪案件等,告诫人们必须吸取教训,防止类似的错误或事故再度出现。

情况通报。主要用于上级领导机关向下级机关传达重要精神或情况,使下级机关及时了解上级部门的工作意图,以便上情下达,统一认识,协调工作。

二、通报的结构和内容

通报由标题、主送机关、正文、落款四部分组成。

（一）标题

由发文机关、事由和文种构成,有的通报标题省略发文机关。

（二）主送机关

通报的主送机关是发文机关的所有下属机关。

（三）正文

表彰性通报首先要概括叙述先进事迹或典型经验,说明发通报的原因。其次对先进事迹或典型经验作简要的分析并评价。最后对通报对象做出表彰决定，并号召向先进学习。

批评性通报首先概括叙述典型事故或错误行为的主要事实。其次对事故或错误要进行分析，说明产生的原因和造成的危害。最后提出今后采取的防范措施，从中应吸取的教训，以防止类似的事情再度发生。

情况通报首先要交代制发通报的原因、目的。其次对所出现的事情予以说明，阐明道理。最后提出具体意见和解决问题的措施和办法。

（四）成文时间和发文机关（印章）

【例文一】

表彰性通报

国务院办公厅关于
表彰奖励中国女子足球队的通报

各省、自治区、直辖市人民政府，国务院各部委、各直属机构：

中国女子足球队是我国体育战线上的一支优秀队伍，长期以来，刻苦训练，锐意进取，在历次重大比赛中都获得了好的成绩，为我国的体育事业的发展做出了贡献。中国女子足球队在第三届世界杯女子足球赛中，发扬为国争先、不畏强手、团结协作、顽强拼搏的精神，荣获亚军，为祖国赢得了荣誉，受到全国人民的称赞。为此，国务院决定对中国女子足球队给予表彰并予奖励。

各地区、各部门要认真学习中国女子足球队热爱祖国、无私奉献、坚忍不拔、团结拼搏的优秀品质和高尚情操，要紧密地团结在以江泽民同志为核心的党中央周围，高举邓小平理论伟大旗帜，振奋精神、开拓进取、立足本职、扎实工作,为把建设有中国特色的社会主义伟大事业全面推向 21 世纪而努力奋斗。

国务院办公厅(章)

一九九九年七月十二日

【例文二】

批评性通报

<h1 align="center">国务院办公厅关于湖南省怀化市
社队煤矿三起重大伤亡事故的通报</h1>

一九八三年十二月二十七日

国办发[1983]98 号

湖南省怀化市社队煤矿于今年 10 月 5 日至 25 日二十天内连续发生三起重大事故,死亡三十人。国家经委、劳动人事部、煤炭部、农牧渔业部和湖南省人民政府进行了联合调查,查明这三起事故均为责任事故,损失严重。为了吸取教训,防止类似事故重复发生,经国务院批准,现通报如下:

一、花桥公社联办煤矿瓦斯爆炸事故。10 月 4 日,工人维修支架时,违章停止局扇运转。10 月 5 日,副矿长张显海值班,下井安排工作后,既未布置恢复通风,又不检查瓦斯,擅离职守,上街赶集去了。由于停风达三十小时,瓦斯积聚,明电火花引起瓦斯爆炸,死亡七人。

二、泸阳公社岩子园大队挂打坡煤矿冒顶事故。挂打坡煤矿系独眼井,不具备安全生产条件,县社曾多次令其关闭。大队领导人杨士考、矿长刘寿哇拒不停产。10 月 24 日井苍冒顶,当时有二十

• 63 •

人被堵在井下,经过四十多个小时的抢救,救活十八人,死亡二人。

三、中方公社煤矿透水事故。该矿开采废井深处的煤炭,掘进中曾4次发生透水事故。10月12日、21日市政府命令关闭一切小井,但公社副主任周光玉和矿长潘圣琪拒不执行。10月19日工人发现挂汗、滴水、渗水等明显透水征兆,即向潘汇报两次,但未采取措施。10月25日放炮时透水,死亡二十一人。

上述三起事故说明,社队领导的办矿思想不端正,只顾要煤,不顾安全,违法开采,违章作业。湖南省人民政府对这三起事故的责任者进行了严肃处理。对其中拒不执行国家规定和政府命令、玩忽职守的严重渎职者依法追究刑事责任。调查中发现当前社队煤矿事故多的原因:一是不符合开采条件,政府命令关闭拒不执行。二是管理水平低,技术素质差,社队煤矿多数是独眼井,局扇通风,明电照明,明火放炮,有些工人不懂技术,如花桥公社煤矿工人竟然用划火柴的办法检查有没有瓦斯。三是对事故不调查,不严肃处理,不从中吸取教训。

为了保障煤矿的安全生产,特规定如下:

一、要认真贯彻执行国务院颁发的《矿山安全条例》、《矿山安全监察条例》和《国务院批准煤炭部关于加快发展小煤矿八项措施报告的通知》,教育干部和群众正确理解和执行放宽发展小煤矿的政策。各级人民政府要加强对社对煤矿的领导。社队办矿必须申请,经省、市、自治区人民政府和人民政府授权的主管部门按照《矿山安全条例》和《小煤矿安全规程》进行审查,对具备基本安全生产条件,并经当地工商管理部门凭证发给营业执照,凭许可证和营业执照办矿。各省、市、自治区,特别是县的主管部门要有专人对社队煤矿的安全技术进行检查指导并对社队煤矿的安全生产负责。

二、继续贯彻"扶持、整理、改造、联合"的方针,促进社队煤矿的健康发展。各级人民政府,要抓好煤炭资源的统一规划、合理布局。严格划定社队煤矿的开采、开发范围,对越界开采的要严加制裁。积极帮助社队煤矿解决好人才、资金、材料、设备的问题。社队煤矿要统一规划、合理布局,坚决制止不顾条件盲目发展、乱采乱挖的倾向。

三、加强对社队煤矿的监督检查。各级经委、煤炭局、劳动局和社队企业局要加强对社队煤矿的安全管理和监察工作,以避免事故的发生。对事故要认真调查,分清责任,严肃处理。对事故的责任者要根据情节轻重、损失大小,给予纪律处分,触犯刑律的要依法追究刑事责任。

四、各级主管部门要加强对社队煤矿的管理,有计划地进行安全教育和技术培训。矿长、安全人员、电工和各种司机,不经培训,不准上岗。经过培训,考试合格发给证书,持证上岗。

五、各级人民政府要组织力量对社队煤矿进行一次全面整顿,有开采证和营业执照,具备基本安全生产条件的矿,可边整顿边生产;有开采证和营业执照,但不具备安全生产条件,隐患多的矿,要停产整顿,经有关部门组织验收合格后方可恢复生产;没有开采证和营业执照的,一律停产。凡不具备安全生产条件的矿一律封闭,不准开采。

【例文三】

情况通报

关于我省一些地方和部门滥行着装问题的通报

各地区行政公署,各市、县人民政府,市政府各部:

最近,省监察厅、劳动人事厅派出人员,会同某某、某某地区监察局的同志,对某某市、某某市的着装情况进行了调查,发现这些地方在着装问题上存在的问题比较严重,主要表现为:一是违反国办发[1986]29号文件关于"批准着装的权限集中在国务院,各部门和各级人民政府都无权批准"的规定,自行着装;二是个别部门由借装变为正式着装;三是一些着装部门自行扩大着装范围;四是一些着装人员未按规定交纳服装工料费。据了解,在我省其他一些地方的部门和单位也不同程度地存在滥行着装问题,且有蔓延的趋势。由于一些部门领导的法制观念淡薄,组织性松弛,把统一着装当作一种福利待遇,互相攀比,致使着装范围越来越大,人数越来越多,标准越来越高。不仅增加了财政负担,而且助长了社会上的不正之风。加之一些着装人员不注意风纪,影响了国家机关工作人员在人民群众中的形象。对此,各级政府和有关部门必须引起重视,采取措施,加以控制和解决。现重申如下几项规定:

一、除国办发[1986]29号文件规定着装人员外,其他人员一律不着装。公安机关、司法部门不在着装范围的干部,因执行任务需要借穿警服是可以的,但完成任务后必须如数交回,不得长期穿用或改为正式着装。自行着装或扩大着装范围的,要立即纠正,对已发服装要立即收回或作价处理,处理价款上缴同级财政。

二、超出国家着装规定标准范围的,其超出部分全部由个人负担;凡未按规定比例收取工本费的,一律补交。

三、今后,如再出现上述违反国家着装规定的问题,除着装人员负担工料费外,还要追究部门领导人的责任。

各级政府及监察、财政、审计、劳动人事部门,要组织力量对本级的着装情况普遍进行一次检查,发现问题,及时处理,并将检查处理情况报告省监察厅和财政厅。

××省人民政府办公厅

一九八八年八月十三日

三、写作要求

(一)内容典型

通报的事情要有典型性,具有一定的教育意义,是社会上值得重视的重要事项、重大情况。

（二）材料要真实

通报所使用的材料一定要深入细致调查，并反复核实，做到实事求是，不能有半点虚假。

（三）表达方式要叙议结合

对事情的叙述要清楚，并辅之以入情入理的议论分析，使受文者受到教育，起到鉴戒的作用。

四、通报与通知的区别

通报和通知在传递信息，沟通情况方面是相同的，其明显的区别有如下两点：

（一）发文的目的不同

通报是通过一些典型事例和重要情况的传达，达到宣传教育的效果，通知是针对某些事项做出具体安排，要求下级机关遵照执行。

（二）发文时间不同

通报是对已经发生的事进行分析、评价后向下级机关发文通知，使其从中吸取教训。通知往往是预先告知有关对象，在今后的工作中按要求认真执行。

思 考 与 练 习

1. 表彰性通报和批评性通报常用的结构模式是什么？

2. 通报在写作上有什么要求？

3. 根据下面材料，代××县工商管理局写一份通报。

材料：××××年×月×日××县工商管理局检验员×××同志对一辆长途客车例行检查时，查获犯罪分子梁大光携带毒品××克，在押送途中梁先以人民币300元贿赂×××，被×××拒绝后，就凶相毕露，拔刀行凶，刺伤×××同志脸部、胸部。×××

同志身负重伤,但他临危不惧,英勇与梁犯搏斗,在群众的帮助下,终于将梁犯擒获。

×××同志一贯表现突出,是广大工商行政管理干部学习的榜样。××县工商管理局号召全县工商管理干部学习×××同志为维护国家和人民的利益,不畏强暴,坚决同违法犯罪分子作斗争的英勇事迹。

4. 阅读下面两则材料,分别为这两份公文拟写标题。

材料一:

沈阳黎明服装集团公司是我市18户重点企业集团之一。近年来,该集团公司在全国"十大女杰"之一×××的领导下,始终坚持外向牵动的发展方针,加速与国际经济接轨的步伐,以超常的胆识和气魄,内转机制,外闯市场,挺进国际,开拓进取,拼搏实干。创产品名牌,树企业形象,取得了令人瞩目的成绩。

为此,市委、市政府决定对沈阳黎明服装集团公司予以表彰,并奖励50万元人民币,以资鼓励。

市委、市政府希望沈阳黎明服装集团公司再接再厉,同时,希望全市各地区、各部门、各单位向沈阳黎明服装集团公司认真学习,为建设新沈阳、迎接新世纪而奋斗!

材料二:

1997年,省贸易系统进一步解放思想,转变观念,努力克服市场竞争激烈、资金短缺等不利因素,通过加大改革力度,创新经营方式,发展新型业务等多种有效途径,使全系统的扭亏增盈工作取得了显著的成效。为此,省政府对省贸易系统予以表扬。

省政府要求,全省各条战线要学习贸易系统扭亏为盈工作的经验,按照省委、省政府的总体部署,进一步深化改革,加大扭亏增盈工作力度,不断提高经济效益和社会效益,全面完成1998年的各项工作任务。

第四节 报　　告

一、报告的概念、特点和种类

（一）报告的概念

报告是向上级机关汇报工作、反映情况、提出意见和建议、答复上级机关的询问时所使用的一种公文。报告属于上行文，也是公文中使用频率较高的文种之一。报告行文的目的是让领导机关了解本单位的工作情况，为领导机关制定政策、指导工作提供依据。

（二）报告的特点

报告具有以下三个特点：

应用的广泛性。报告是各级机关经常使用的公文，是上级机关了解下情，下级机关反映情况上下沟通的主要渠道。

行文的单向性。报告是陈述性公文，属备案性质的文件，下级机关向上级机关汇报工作、反映情况、答复询问，不要求上级批复，属于单向行文。

表达的叙述性。报告以叙述具体事实为内容，这就决定了报告以叙述为主要表达方式，一般不用描写、抒情，很少发议论。

（三）报告的种类

根据性质来划分，报告可划分为工作报告、情况报告、答复报告、建议报告四种。

工作报告。是下级机关向上级机关汇报工作作出的报告。有时是全面报告工作情况，有时就某件事或某项工作做专题汇报。主要内容包括：工作方面的成绩，取得的经验，存在的问题，有哪些教训，今后有什么打算等。结尾时常用"特此报告，请审阅"、"特此报告"等习惯用语。

情况报告。是反映突发事件或重大问题作出的报告。撰写时,要写明事件发生的时间、地点、起因、经过、结果等,以及对责任的分析、处理意见、应吸取的教训等。

答复报告。这是下级部门针对上级部门提出的问题或询问的事情而作出回答的报告。这种报告是被动行文,必须有针对性地实事求是回答问题,不能避而不答或答非所问,内容的针对性较强。习惯用语是"专此报告"等。

建议报告。是下级机关主动向上级机关提出建议,要求批转的一种祈使性上行文。比如为了解决某一方面工作存在的问题,向上级机关提出意见和方案,请领导机关批转有关方面执行。

二、报告的结构和内容

报告一般由标题、主送机关、正文、落款四部分构成。

(一)标题

报告的标题有两种拟法:一是由发文机关、事由、文种三部分构成;二是由事由和文种两部分构成。

(二)主送机关

写明上级机关的全称或规范化简称。主送机关只能有一个,其他机关以抄送形式处理。

(三)正文

报告的正文是关键部分,通常开头应简明扼要地说明发文的依据、缘由,交代为什么要制发报告,在这一部分末尾习惯用"报告如下"等语词提领下文。接下来要详细叙述有关情况,包括取得的成绩、经验、存在的问题、应吸取的教训,以及今后有哪些打算,采取什么措施等。在叙述中要突出重点,认真做好综合分析工作。结尾要用简明的文字概括全文,或者使用习惯用语结束全文,如"以上报告请审阅"、"以上报告如无不妥,请批转执行"等。报告不要求上级答复,所以结束语不宜写"以上报告,请批示"。

（四）落款

写明发文机关和发文时间。

【例文一】

工作报告

关于国务院文件办理情况的报告

国务院：

我省自 1978 年开始，由省政府办公厅批办国务院文件（原由省委办公厅批办）。几年来，由于省委、省政府领导同志的重视和具体指导，在对国务院文件的批办工作方面，初步建立与健全了规章制度，保证了国务院文件能及时传达贯彻。现将情况报告如下：

一、领导重视，亲自过问，具体指导

我省省委、省政府主要负责同志，对国务院文件的办理情况，一直很重视，要求比较严格。省委第一书记多次批示，要求做到认真办理，定期检查。1978 年 8 月，主持市政府全面工作的副省长亲自召集办公厅和秘书处的负责同志开会，听取关于国务院文件办理情况的汇报，并做了指示。省政府办公厅当即召开省直各厅局分管文件工作的负责人和办公室主任会议，研究国务院文件的办理问题。会议确定，对国务院文件都要作为急件办理。

二、总结经验，确定专人负责办理国务院文件

省政府办公厅在批办国务院文件的初期，由于规章制度不健全，催办不及时，也曾出现过文件办理时间过长，甚至发生积压文件的现象。如国发[1977]101 号《国务院批转中国社会科学院、中国科学院、国家地震局关于汇编出版地震历史资料的报告》，要求

1978年6月底以前将资料上报。但因主办部门的经办人外出,将文件夹在抽屉里,又无人知道,致使文件超过规定的上报时间,压文达十月之久。对此,省政府领导同志严肃批评了主办部门,主办部门向省政府写了检查报告,办公厅也认真总结了没有及时催办的教训,决定在人手不足的情况下,确定一人专管国务院文件的办理,从而逐步有了改进。

三、逐步建立健全了一套办文制度(略)

几年来,我们在国务院文件的办理工作方面,虽然建立了一些制度,做了些工作,但距形势发展的要求有很大差距。有些文件办理时间较长,部门之间互相推诿、互相扯皮现象也时有发生,再是文件下发后的贯彻执行情况,还缺乏及时的检查了解。这些问题,都需要结合机构改革,进一步研究解决。

以上报告如有不当,请指示。

××省人民政府办公厅

一九八二年十一月十日

【例文二】

情况报告

××省商业厅关于
××市百货大楼重大火灾事故的报告

×商发〔19××〕×号

商业部:

19××年2月20日上午9点40分,我省××市百货大楼发生重大火灾事故,市消防队出动15辆消防车,经四个小时的扑救,火灾才被扑灭。这次火灾除消防队员和群众奋力抢救出部分商品外，百货大楼三层楼房一幢及余下商品全部烧毁。时值开门营业不久，顾客不多，加之疏散及时，幸未造成人员伤亡。但此次火灾已造成直接经济损失792万余元。

经查明，此次火灾是因电焊工×××违章作业，在一楼电焊铁窗架时电火花溅到易燃货品上引起的。另外，市商业局领导对上级领导机关和公安消防部门的安全防火指示执行不力，百货大楼安全制度不落实，许多不安全隐患长期未得到解决，电焊加固铁窗，本应停止营业，为了利润，竟边营业边作业，忽视了安全工作，这也是造成火灾的原因之一。

火灾发生后，省人民政府召开了紧急防火电话会议。严肃指出了××市发生火灾的严重性。批评了××市不重视安全工作的错误倾向。我厅×××副厅长带领有关人员赶到现场处理。市商业局领导在市委、市政府领导下，组织力量对财产进行清理。百货大楼职工在总结教训的基础上，在街道路口增设摊点，以缓和市场供应。公安机关对事故责任者×××已拘留审查。市委、市政府在分清责任的基础上，对有关人员也视情节轻重，进行严肃处理：给予专管安全工作的百货大楼党委副书记、副总经理×××撤销党内外职务，开除党籍，开除公职的处分并交司法部门依法处理；撤销百货大楼党委书记和商业局党组成员、市百货大楼总经理×××的职务；撤销百货大楼副总经理×××、营业部经理×××的职务。

这一次火灾事故，是我省商业系统历史上最大的一次，损失严重，影响很坏，教训深刻。问题虽然发生在××市，但也暴露了我省商业安全工作上还存在不少问题，有的地区安全制度不落实，检查不认真，隐患整改不力，缺乏针对性的防火措施。我们平时深入了解不够，检查督促不严，因此，我们也有一定责任。为了吸取教训，防止类似事故发生，已根据我省实际，多次用电报、电传、电话、简报通知各地引起注意,并定于4月20日召开全省商业安全工作会议,制定下一步安全工作方案,切实把我省商业系统安全工作抓紧、抓好。

　　特此报告

××商业厅(印)
一九××年四月十五日

【例文三】

答复报告

××省人民政府办公厅关于
我省清理整顿统一着装工作情况的报告

×政办函[1992]223号

国务院统一着装管理委员会:

　　根据你委着装办字[1992]5号文要求,现将我省清理整顿统一着装工作情况报告如下:1991年7月26日省政府办公厅下发了《关于进一步清理整顿统一着装的通知》(×政办发[1991]55号),省监察厅、财政厅、审计局根据通知精神,组成了省清理整顿统一着装办公室,开展了全省性的清装工作。经过我省各级监察、财政、审计部门的共同努力,1991年12月,整个清装工作基本结束。今年2月10日,省财政厅根据国务院着装委《关于印发〈国务院统一着装管理委员会第一次全体会议纪要〉的通知》要求,以×财行字[1992]3号文上报了《关于清理整顿统一着装工作情况的报告》。省监察厅也于3月25日向监察部报告了此项工作情况。国务院着装委[1992]国着装委字2号、3号文下发后,鉴于我省前段清装工作与上述文件精神基本一致,省财政厅、监察厅已分别写出了专题报告，所以未再报告工作情况。

关于养路费征收和路政管理人员的着装问题，因当时有关规定不够明确，故确定"暂缓清理"。今年8月接到国务院着装[1992]国着装字4号文后，我们立即着手进行调查研究，并部署开展了清理工作，目前正在进行中。待工作结束后，将专题上报清理情况。

特此报告

×ׁ省人民政府办公厅

一九九二年十二月二日

三、写作要求

（一）重点突出，中心明确

报告要抓住主要问题反映，不是事无巨细什么都写。重点内容要详细些。

（二）叙述要有条理性

报告以叙述事实为主，在讲事实、摆情况时要注意内在的联系，要有一定的逻辑顺序，不能杂乱无章。

思 考 与 练 习

1. 报告有哪些特点？

2. 报告在写作上有哪些要求？

3. 下面这份情况报告在行文规范、内容结构等方面都有错误和不妥，请评改。

南宁地区边境建设大会战
第四次督察乡镇督察小组情况报告

×ׁ单位：

3月29日至4月1日，根据地区边境建设大会战指挥部统一

部署,乡镇督察小组一行 3 人深入明江和寨安进行为期 3 天的实地督察,现将督察情况汇报如下:

一、地直机关挂钩联系项目责任制落实情况:地直机关单位挂钩联系项目有地区农业局挂点明江镇文化站和凤凰农贸市场,单位负责人×××分别到点 2 次。目前,文化站正在装修,农贸市场有的楼已盖顶。寨安乡卫生院挂点单位是地区计划局,单位负责人×××到点 3 次,单位负责人×××到点 2 次。项目工程现已完成地面硬化。寨安乡政府干部住宅楼挂点单位地区档案局,单位负责人×××到点 2 次,但未见有反映帮助解决问题的情况。该项目工程已建第一层楼。

二、县机关单位挂钩联系:明江镇寨安乡干部住宅楼、村委会办公室等项目挂钩单位领导都到点检查工程进展情况,县建设局×××除到点解决工程质量问题外,对工程出现的实际问题未见帮助解决。

三、茅草房改造督察情况:我小组采取抽样 20% 的方法进行督察。明江镇茅草房改造任务 59 间,抽样 12 户进行检查,资金补助最多的改造户补助 7 000 块红砖,折款 1 960 元,补助最少的改造户补助 900 块水泥砖,折款 945 元,平均补助折款 1 326.6 元;寨安乡茅草房改造任务 127 间,抽取 26 户进行检查,资金补助最多的改造户补助瓦片 4 500 块,水泥砖 600 块,红砖 600 块,横条36 条,水泥 0.35 吨,折款 3 988 元,补助最少的改造户补助石灰0.27 吨,河沙 1 方,水泥砖 600 块,折款 1 001 元,平均补助2 294.9 元。

四、督察未开工项目有:明江镇村委办公室的利江村委会和岑岳村委会未开工的原因是该项目属维修、扩建、要求搬迁。寨安教育项目连昼小学、安阳小学、那红练小学、那雷小学,由于区教委负责的施工图纸未到而没有办法开工。寨安村委办公室,顺宁村、立门村,渠围村由于县边境建设大会战指挥部要求维修扩建的工程以乡镇为单位,由一个工程队完成,而工程队人少,完成一个再建一个,所以影响工程进度。

五、几点建议

1. 从督察情况看,乡镇干部住宅楼主体工程有些已基本完成,现各乡镇普遍反映主体的装修部分如水电、排水沟、避雷针、化粪池等配套工程尚未列入预算计划,缺乏资金而无法进行装修。有的干部住宅楼主体工程超深或无法遇见等情况造成资金缺口大也是影响工程进度因素之一,建议县指挥部做个专题讨论解决。

2. 各乡镇经济基础水平发展不平衡是影响茅草房改造质量好坏因素之一,经济条件好交通便利的乡镇,改造质量较好,经济条件薄弱,交通落后的乡镇改造质量偏低。

××××年×月×日(章)

第五节　请　　示

一、请示的概念、特点和种类

(一) 请示的概念

请示是适用于向上级机关请求指示、批准的公文。下级机关在工作中出现新情况、新问题,自身难以处理时,对上级的有关规定和精神因某些特殊情况难以执行时,对有关方针、政策、规定不甚明确难以开展工作时,对上级明文规定必须经请示批准后才能办理的事项,往往都需要写请示。

(二) 请示的特点

请示有以下三个特点:

广泛性。下级单位对上级的政策、决定等有不理解或理解有分歧时,对工作中出现的新情况新问题,又没有明确规定可循、难以处理时,上级规定需要请示批准后才能办的事等,均可以向上级机关写请示。请示在工作中使用频率也很高。

回复性。请示是要求上级机关给予明确回复的公文,所以受文的上级机关必须对下级机关请示的事项给以回复。

限定性。请示的内容必须是属于本单位范围内无权或难以处理的问题或事项。不能事无巨细,不属于上级机关审批权限的事项也使用请示。

（三）请示的种类

按内容来划分,请示可以分为两种:请求指示的请示和请求批准的请示。

请求指示的请示。这类请示是指下级机关对有些方针、政策、规定在理解上有分歧或者不能准确理解,需要请上级给予解释时使用此类请示。

请求批准的请示。这类请示是指下级机关在办理某一件事项时,遇到某些困难和问题,或者按规定自己单位无权决定和处理的事项,需要请示批准后才能办理时,使用此类请示。

二、请示的结构和内容

请示有标题、主送机关、正文、落款四部分结构而成。

（一）标题

请示的标题有发文机关、事由、文种三部分构成。有时发文机关可以省略,直接写事由和文种。

（二）主送机关

请示的主送机关只有一个,即直接的上级主管机关,不能多头主送。若需要同时送其他机关,应以抄送的形式处理。

（三）正文

请示正文的开头要说明请示的原因,为什么提出请示,有什么理由。这一部分是能否得到上级认可批准的关键,用语要简明扼要,说理要充分,有理有据。接下来要写请示的具体事项,请求上级机关批准或指示。要求要合理,建议、设想要具体,有可操作性。

结尾要写请求语。如"以上请示妥否,请批示","以上请示当否,请批复"等。

（四）落款

写发文机关名称和发文日期并加盖印章。

【例文一】

请求指示的请示

××省财政厅关于《会计人员职权条例》中"总会计师"是行政职务不是技术职称的请示

×府财[19××]××号

财政部:

国务院19××年国发[19××]××号通知颁发的《会计人员职权条例》规定,会计人员技术职称分为总会计师、会计师、助理会计师、会计员四种;其中"总会计师"既是行政职务又作为技术职称。在执行中,工厂总会计师按《条例》规定,负责全工厂的财务会计事宜。可是每个工厂,尤其大工厂,授予总会计师职称的人有四五人,究竟由哪一位负责全厂的财务会计事宜,执行总会计师的职责与权限呢? 我们认为宜将行政职务与技术职称分开。总会计师为行政职务,不再作为技术职称。比照最近国务院颁发的《工程技术干部技术职称暂行规定》,将《条例》第五章规定的会计人员职称中的"总会计师"改为"高级会计师"。

以上认识是否妥当,请指示。

××省财政厅(印章)

一九××年×月×日

请求批准的请示

关于××水库工程建设所需资金的请示

水利部：

    ××水库位于我省××满族自治县,库区以上流域面积806平方公里,坝型采用钢筋混凝土单曲拱溢流坝,最大坝高30.5米,坝长235米,最大库容1218万立方米。水库设计改善灌溉面积1万亩,旱改水面积0.5万亩。

    水库于19××年×月×日兴建,19××年×月主体工程全部完成并投入使用。水库原批总投资2490万元,由于物价上涨和人工单价提高等原因,使总投资突破原批准概算,经省计委批准将总投资调整为3971万元。由于投资增加部分一直没有来源,导致很多尾工至今没有完成,包括输水洞拦污栅、溢流坝工作桥、溢流坝闸门及大坝保温等尾工,上述工程需总投资700万元,恳请水利部补助600万元。

    当否,请批复。

××省水利厅(印章)

一九××年×月×日

三、写作要求

（一）请示要求一文一事,内容单一

这与批复的"一请示一批复"的行文规则相吻合,有利于工作的进展。

（二）请示不可越级

请示应当逐级行文,不可越级。若有特殊情况,必须越级行文时,应当同时抄送所越过的上级领导机关。

（三）不能多头请示

按照"谁主管就向谁请示"的原则,不可同时请示两个甚至多个上级机关,防止上级机关之间相互推诿而误事。受双重领导的机关向上请示也要根据具体情况主送一个主管的领导机关,另外抄送另一个领导机关。

四、请示与报告的区别

请示与报告虽然都属于上行文,但在使用时是有严格区别的,不能混为一谈,更不能写成"请示报告",其主要区别有以下三点:

(一)用途不同

请示用于向上级机关请求指示、批准,属呈请性公文;而报告是向上级机关汇报工作、反映情况、答复询问,属呈阅性公文。

(二)行文时态不同

请示的行文必须在事前,绝不允许"先斩后奏",或者"边斩边奏";而报告一般在事后行文,有时也可在工作中间行文。

(三)行文处理的要求不同

请示要求及时答复,而且以批复的形式行文;报告一般不需要答复。

思考与练习

1. 请示的类型有几类?

2. 请示在写作上有哪些要求?

3. 请示与报告有哪些区别?

4. ××学院根据近年来社会各企业、公司营销人员短缺的现状,学院又具备充足的师资力量和必要的办学条件,决定设立营销专业。根据以上材料(可扩充)代××学院写一份请示。

5. 下面是一则请示,从公文写作的规范性要求来说,问题较多，请评改。

关于建议对《海关稽查暂行规定》
个别文字表述做出修改的请示

海关总署办公厅、政策法规司并×署长：

　　《海关稽查暂行规定》（以下简称规定）自19××年发布实施以来，对海关依法执行稽查职能发挥了非常重要的作用。但我们在工作实践中发现，规定的部分内容也还存在一些不足，特别是个别文字表述有欠严谨周密，因而在具体执行过程中给工作带来了一些不便甚至被动。为此我们强烈要求务必抓住适当时机对文件做出修改，以维护国家和公民的合法权益。

　　我们的具体修改意见主要集中在规定的第十三条上。该条中有这样的表述："企事业单位有下列行为之一的，海关可以视情节轻重暂停其报关，可以根据《中华人民共和国海关法》及其他有关规定给予罚款：一、未按规定设置和保存账册、资料的……"

　　这里的两个"可以"的关系不够明确，因此在实际执行中随意性较大，不便统一要求，行政相对人也因此反映有失公平。

　　这里的"给予罚款"也显然不如"处以罚款"准确。"给予罚款"既可以理解为"给对方以罚款的处置"，也可以理解为"将罚没（而来）的款项给对方"。实际工作中我们已多次遇到被处罚的行政相对人利用这句有歧义的话提出意见甚至反诉。

　　以上意见，如有不当请批评指正。

　　此致

　　敬礼

××海关

一九九八年十月十一日

第六节　函

一、函的概念、特点和种类

（一）函的概念

函是不相隶属机关之间相互商洽工作，询问和答复问题，向有关主管部门请求批准和答复审批事项的公文。函的行文方向多用于平行文。

（二）函的特点

函有以下两个特点：

使用广泛。函可以用于平行机关和不相隶属的机关之间，也可以用于向有关主管部门请求批准事项和有关主管部门答复有关机关的请求。

方便灵活。函适用于各类公务活动，一般不受级别高低的制约，行文方向灵活，内容繁简、事情大小均不受限制，方便使用。

（三）函的种类

按内容来划分，函可以分为两类：

商询函。平行机关和不相隶属的机关之间商洽工作、联系事项、询问有关问题、征求意见等均可使用。

答复函。不相隶属的主管部门回答问题，答复请求批准的事项等使用。

二、函的结构和内容

函是由标题，主送机关、正文、落款四部分构成。

（一）标题

函的标题由发文机关、事由、文种三部分组成。有的函可以省略发文机关，如《关于调整××市××水库工程设计概算报告审查意见的函》。也有的函可以省略事由，如《湖北省高级人民法院函》。

（二）主送机关

接受该函的单位。

（三）正文

函的开头应说明去函的缘由。如果是复函，要引述来函的发文字号、发文日期或来函的标题，并说明函已收悉。去函在说明缘由后，要写明商洽、询问以及请求批准的事项，复函要针对来函的内容一一给予明确答复。函的结尾部分通常使用习惯用语作结尾。去函常用"特此函达"、"即请复函"、"敬请回复"、"务希见复"等，复函常用"特此函告"、"特此函复"、"此复"等。

（四）落款

注明发文机关和发文日期，并加盖公章。

【例文一】

商询函

关于拟派××同志赴香港培训的函

××工委：

我部上海海运局海员医院，于一九八五年订购了一台美产高效液色谱仪。现应卖方香港贝克曼仪器公司的邀请，拟派上海海员医院药剂师××赴香港接受为期一周的培训。按订货合同规定，自广州至香港往返旅费及在港培训期间的交通、宿、膳费用，均由该公司提供。

妥否，请函示。

附贝克曼仪器公司邀请信、签报一份（复印件）

××部

一九八六年五月五日

答复函

国务院办公厅关于公开发布
天气预报有关问题的复函

中国气象局：

你局《关于加强发布天气预报归口管理的报告》（国气发[1993]13号）收悉。经国务院同意，现将有关问题函复如下：

一、为了保证向社会公开发布天气预报和灾害性天气警报的准确性，更好地为国民经济建设和保障人民生命财产安全服务，国家对公开发布天气预报和灾害性天气警报实行统一发布制度。由中国气象局管辖的各级气象台（站）负责发布，其他部门、单位及个人未经省级和省级以上气象部门同意，均不得向社会公开发布天气预报和灾害性天气警报。

二、其他部门所属的气象台（站）或机构，只负责向本部门发布专业天气预报。

三、通过广播、电视、报刊、电话等手段向社会公开发布的天气预报和灾害性天气警报，一定要利用气象部门提供的适时气象信息。

国务院办公厅

一九九三年七月一日

三、写作要求

（一）函的内容要集中

一函一事，不旁及其他，以便受文单位理解和处理。

（二）行文简洁、明快

函的语言无论是叙述、说明、议论都要达到言简意赅的目的。

（三）语气要谦和得体

函主要是不相隶属的平行机关之间使用的公文,因此,语气要谦和委婉,礼貌得体,忌用命令性的语气。

思考与练习

1. 函有哪些特点?

2. 函在写作上有什么要求?

3. 函有哪些使用范围?

4. ××大学需要扩建校门,门前有五棵白杨树需要砍伐。学校特向××市绿化办公室申请批准砍伐。请代××大学向××市绿化办公室撰写一篇公文。

5. 阅读下面的材料,回答要完成材料中的事情,需要用到哪几种公文?并代××客车集团公司、××市交通局和××市物价局分别拟公文。

××市××路公共汽车将于 2000 年 12 月 5 日前,在全线实现更换新车(新车车型为××型黄海客车),实行无人售票服务;另外新增同型号公交车 10 台,延长线路 5 公里。新车上线后,××客运集团公司要将 1988 年制定的票价 0.50 元调至 1.00 元。为此,该公司向上级主管部门——××市交通局上报了一份有关要求调整票价问题的材料。××市交通局又与市物价局协商,市物价局同意了市交通局的调价意见,××路公共汽车票价如期调整。

第七节　会议纪要

一、会议纪要的概念、特点和种类

(一) 会议纪要的概念

会议纪要是记载传达会议情况和议定事项的公文,属于记实性和指导性的文件。

（二）会议纪要的特点

会议纪要具有如下三个特点：

纪要性。会议纪要重点要突出一个"要"字，它是对会议中重大的，值得重视的事项，议题、意见的记载。这一点不同于会议记录，会议记录是有闻必录。

指导性。会议纪要主要是向与会单位及其下属机关传达、贯彻会议精神，具有一定的约束力和指导作用。

知照性。会议纪要除了具有指导性之外，还可以发送给有关单位，用于沟通情况，知照事项，或者向有关领导机关汇报会议精神。

（三）会议纪要的种类

按功能来划分，会议纪要可分为情况性会议纪要和议决性会议纪要两种。

情况性会议纪要。这种会议纪要反映的是重大的方针、政策性问题、经济问题、社会问题、学术问题等的研讨情况，带交流经验、研究、探讨性质。

议决性会议纪要。这种会议纪要反映的是经过会议讨论，作出决定性的意见、决议，对今后的工作安排具有指导性。

二、会议纪要的结构和内容

会议纪要由标题、成文日期、正文三部分构成。

（一）标题

会议纪要标题，有的是由会议名称和文种构成，如《全国商标工作会议纪要》。有的是由会议内容和文种构成，如《关于研究今年农产品收购资金问题的会议纪要》。有的使用双行标题，正标题揭示会议主题，副标题写明会议内容和文种，如《对比反映差距，差距说明潜力——郑州市六个棉纺织厂厂长座谈会纪要》。

（二）成文日期

会议纪要的成文日期一般写在标题的正下方，并加圆括号括入。

（三）正文

会议纪要正文的开头部分要介绍会议概况，如召开会议的目的、意义、时间、地点、主持人、参加会议的单位或人员，会议的议题，对会议成果的评价等。接下来要介绍会议的主要情况，议定的事项，提出哪些任务与要求等。如果会议规模大，涉及的内容多，要分段分层表述，习惯在段首使用"会议认为"、"会议强调"、"会议指出"等习惯用语。结尾时可提出希望、要求，发出号召。也有的会议纪要不要结尾，主体部分写完就结束。

【例文一】

情况性会议纪要

关于研究今年农产品收购资金问题的会议纪要

（1993 年 3 月 25 日）

1993 年 3 月 25 日，国务院副总理朱镕基主持会议，研究今年农产品收购资金的有关问题。国务院委员陈俊生和计委、财政部、农业部、商业部、人民银行、经贸办、工商银行、农业银行等有关部门的负责同志参加了会议。

会议认为，安排今年农产品收购资金工作的指导思想是：一、要按照党中央、国务院的决定，一定要保证今年农产品收购资金的需要，要坚决消灭"白条"问题，以取信于民。消灭"白条"，这是硬任务，各地区、各部门都要坚决完成。二、农产品的收购总量并不多,只要各地区、各部门充分重视,互相配合,解决农产品收购资金完全有可能的,对此应有信心。三、地方各级人民政府和财政、银行等有关部门都要落实责任制,各司其职,各负其责,密切配合,困难再大也应首先把农产品收购资金问题解决好。

经会议研究后,镕基同志概括提出以下五条四十个字的政策措施:

一、老账要清,逐步消化。对过去农产品收购贷款的挂账问题,请人民银行牵头,财政部、计委、经贸办、商业部(包括供销社)的有关部门参加,对农产品贷款挂账情况进行清理,并研究具体处理办法,分年度逐步消化。

二、新账要扣,逐月扣清。对今年各级财政行拨补的资金,要及时拨补。请财政部制定具体办法。哪个省(区、市)在今年收购农产品中出现补贴资金欠拨,财政部就要从中央财政拨给该地的专项补贴或者其他拨款中相应逐月扣减,并划拨到相应的银行。哪个省(区、市)的有关部门对应拨补款额发生扯皮,财政部先停止中央财政对该地区的专项拨款,待拨补款数量明确并按时拨补后,再开始下拨。对企业的拖欠也应制定相应办法,如纺织厂拖欠棉花款,有关开户银行就要相应扣减该厂其他款项,划拨到棉花调出地;承担收购资金任务的农业银行和工商银行有关地方分行,如有贷款规模无资金,就应扣减其他贷款的资金,保证收购资金的及时到位。请人民银行牵头,与工商银行、农业银行等制定有关管理办法,尽快下达。

三、专户立账,体内循环。为保证农产品收购资金不被挪用,人民银行、工商银行、农业银行都要对农产品收购资金单独立帐,专户管理,农产品的贷款收回后要及时存入专户,实行体内循环,具体办法请人民银行及有关单位负责制定。

四、定金到位,确保收购。棉花贴息贷款和粮食预购定金贷款应分别于三月、四月底前发放给农民,有关银行不仅要下贷款规模,而且要下资金,保证农民能拿到钱。请商业部牵头,人民银行、农业银行和工商银行等单位参加,对贴息贷款和预购定金贷款落实情况进行全面检查,有问题要及时反映。棉花贴息贷款和粮食预购定金贷款安排后,要立即着手研究落实全年农产品的收购资金,首先是夏季农产品收购资金的供应,从夏收起就不能打"白条",为全年的农产品收购打下一个好基础。

五、优先保证,消灭"白条"。确保农产品收购资金的需要,消灭"白条",是今年经济工作的首要任务,要优先予以保证,其他工作中都要为确保农产品收购资金供应工作让路。

(出席会议名单略)

【例文二】

议决性会议纪要

××市政府办公会议纪要

(2000年×月×日)

时间:2000年×月×日
地点:市农场大会议室
主持人:×××副市长
参加人:市政府副秘书长××、市财政局长×××、市农委主任×××、市农业局长×××、市政府办公室副主任×××、市城建局副局长×××、市农行科长×××、市自来水公司总经理×××、市农场场长×××……
议题:研究解决农场居民饮用水污染的问题。

会议听取了市农场关于地下水污染造成近百人患癌症及其死

亡情况的汇报,听取了市农委传达市长×××同志对落实市人大常委会《关于解决市农场居民饮用水污染议案的决议》,解决农场改水问题的批示及改水方案的汇报。与会同志进行了认真讨论,现将会议议定事项纪要如下:

一、关于市农场改水工程的工期及所需资金问题。改水工程分二期施工,第一期工程今年10月中旬开工,11月末完工;第二期工程2001年3月开工,5月末完工。工程共需资金352.3万元,由市财政解决48万元(第一期工程解决20万元)。市农业局解决20万元。

二、关于市农场改水工程的设计与施工问题。改水工程的设计与施工均由市自来水总公司负责。会议强调,市自来水总公司要尽快完成工程设计和预算,并要精打细算,尽量减少工程造价,确保工期和工程质量。

三、为认真做好市农场改水工作,会议决定,成立××市农场改水工程协调小组。市农委副主任×××任组长,市政府办公室副主任×××、市农行科长×××、市自来水公司副总经理××任副组长。

会议要求,各有关部门和单位要本着对人民高度负责的精神,按照此次办公会议的布置,克服困难,密切配合,确保改水工作的顺利进行和如期完工。

三、写作要求

（一）要点突出

要善于根据会议确定的主题,全面分析、研究、整理、归纳会议的主要精神,将主要议定事项写进会议纪要中,不要事无巨细都写进纪要中,一定要突出一个"要"字。

（二）条理清楚

纪要所叙述的事项要条理清楚,层次分明。会议纪要各部分或者各层次,可用小标题表示,也可以用"会议认为"、"会议指出"、

"会议强调"之类的常用语表示,此类用语多用于各部分的开头或各段落的段首。

思 考 与 练 习

1. 会议纪要和会议记录有什么关系?两者之间有什么区别?
2. 会议纪要在写作上有什么要求?
3. 将下面这份会议记录改写为会议纪要。

××市城南开发区管委会办公会议记录

时间:19××年×月×日上午

地点:管委会会议室

主持人:李××(管委会主任)

出席者:杨××(管委会副主任)、周××(管委会副主任主管城建)、李××(市建委副主任)、肖××(市工商局副局长)、陈××(市建委城建科科长)及建委、工商局有关科室宣传人员、街道居委会负责人。

列席者:管委会全体干部

记录:邹××(管委会办公室秘书)

讨论议题:

1. 如何整顿城市市场秩序。

2. 如何制止违章建筑、维护市容市貌。

杨主任报告城市现状:我区过去在开发区党委领导下,各职能单位同心协力、齐抓共管,在创建文明卫生城市方面取得了一定成绩,相应的城市市场秩序有一定进步,市容街道也较可观。可近几个月来,市场秩序却倒退了,街道上小商贩逐渐多起来,水果摊、菜摊、小百货满街乱摆,一些建筑施工单位沿街违章搭棚,乱堆放材料,搬运泥土撒落大街……这些情况破坏了市容市貌,使大街变得又乱又脏,社会各界反应很强烈。因此今天请大家来研究:如何整顿市场秩序? 如何治理违章建筑、违章作业、维护市容……

讨论发言(按发言顺序记录)

肖××:个体商贩不按规定到指定市场经营,管理不得力,处理不坚决,我们有责任。抓此事我们要落实到实处:重新宣布市场有关规定,坐商归店,小贩归市、农民卖蔬菜副食到专门的农贸市场……工商局全面出动进行管理,也希望街道居委会配合,具体行动方案我们再考虑。

罗××(工商局市管科科长):市场是到了非整不可的地步了。我们的方针、办法有了,过去实行过,都是行之有效的,现在的问题是要有人抓,敢于抓,落到实处。只要大家齐心协力,问题是能够解决的。

秦××(居委会主任):整顿市场纪律我们居委会也有责任。我们一定发动群众配合好,制止乱摆摊、乱叫卖的现象。

李××(建委副主任):去年上半年创建文明卫生城市时,市政府出了个7号文件,其中规定施工单位不能乱摆战场。工棚、工场不得临街设置,更不准侵占人行道。沿街面施工要有安全防护措施。今年有的施工单位不顾市政府的文件,在人行道上搭工棚、堆器材。这些违章作业严重地影响了街道整齐、美观,也影响了行人安全。基建取出的泥土,拖斗车装得过多,外运时沿街散落,到处有泥沙,破坏了街道整洁。希望管委会召集施工单位开一次会,重申市政府7号文件,要求他们限期改正。否则按文件规定惩处。态度要明确、坚决。

陈××:对犯规者一是教育;二是强行管制。"不教而杀谓之虐",我们先宣传教育,如果施工单位仍我行我素不执行,那时按文件处理,他们也就无话可说。

周××:城市管理我们都有文件,有办法,现在是贵在执行,职能部门是主力军,着重抓,其他部门配合抓。居委会把居民特别是"执勤老人"(退休职工)都发动起来,按7号文件办事。我们市区就会文明、清洁,面貌改观。

与会人员经过充分讨论、协商,一致决定:

1. 由工商局牵头,居委会和其他部门配合,第一周宣传,第二周行动,监督实施,做到坐商归店,摊贩归点,农贸归市,彻底改变市场紊乱状况。

2. 由管委会牵头,城建委等单位配合对全区建筑工地进行一次检查。然后召开一次施工单位会议,对违章建筑、违章工场限期改正。一个月内改变面貌。过时不改者,坚决照章处理。

散会。

主持人(签名)

记录人(签名)

19××年×月×日

本 章 小 结

公务文书写作一章介绍了公文的概念、特点、种类和公文格式等方面的知识,重点讲授了通知、通报、报告、请示、函和会议纪要的写法和写作要求。学习本章,学生要掌握住这六种常用公文的写法,做到内容明确、格式规范。

第三章 通用文书

第一节 通用文书概述

一、通用文书的含义与种类

文书泛指党政机关、企事业单位、社会团体，以及个人在现行社会活动、日常活动中形成的、内容比较完整的、有确定实际用途的文字材料。从写作的目的看，它包括用以处理公务的公务文书和用以处理个人事务的私务文书。从涉及内容看，它包括行政、经济、文教、科技、司法、军事、外交、日常生活等多个方面，且某些内容具有较强的专业性。从使用效力看，它还包括一些具有直接行政和法律效力的文书。

通用文书是指在一定范围内普遍使用的文书。"在一定范围内普遍使用"，习惯上是强调通用文书这一概念，在实际使用时应受写作目的的非私务性，涉及内容的非专业性，使用效力的非法定性等条件的限制。

通用文书写作目的的非私务性，排斥用以处理个人事务的私务文书。如各类记录性私务文书、交流性私务文书等。

通用文书涉及内容的非专业性，排斥内容具有较强专业性的各类专业技术文书。如科技文书、经济文书、法律文书等。

通用文书使用效力的非法定性，排斥那些具有直接行政或法律效力的文书。如《国家行政机关公文处理办法》所规定的直接具有行政和法律效力的十三种文书。又如《中华人民共和国立法法》所规范的，有明确立法依据或直接法律效力的规章制度：《宪法》、法律、行政法规、地方性法规、国务院各部委及直属机构和地方政府规章等。

另外，通用文书的普遍适用性使之应该并且能够为各行各业各个层次机关单位普遍运用。

实际上，通用文书的确切含义是：党政机关、企事业单位、社会团体各层次在公务活动中普遍使用的非专业内容、非法定效力的文书。习惯上又称公用事务文书或机关常用文书。

通用文书的常见种类包括：计划、总结、简报、调查报告、基层事务规章与道德规范、工作讲话稿等。

二、通用文书的特点

(一) 政策性

通用文书虽不直接具有行政和法律效力，不强力表达机关组织的意志，但在处理日常公务时，也担负有传达党和政府的方针政策的重要职能，也必然体现行业组织制度法规的要求，也是有鲜明政治性和积极政策性的。尤其是某些通用文书作为公文附件制发时，其政策性就更为突出。如以通知形式下达的计划、批转的总结、调查报告等。

(二) 指导性

通用文书在使用时往往针对现实境况下的工作需要或工作中存在的问题，或计划总结、或调查研究、或报道交流、或约束规范，目的都是为了推动实际工作，解决实际问题，实事求是地使党的方针政策得以贯彻执行，使行业组织的制度法规落到实处。因此它对实际工作具有现实的指导意义，也是其政策性的体现。

(三) 真实性

通用文书反映的是当前工作中的新情况、新经验、新问题。信息准确，情况属实，材料无误，都是真实性的表现。离开了真实性，就会造成导向性错误，阻碍实际工作的开展，因此，通用文书必须对实际情况作出真实的反映,这也是其指导性的前提。

（四）灵活性

通用文书的格式是约定俗成的,是在实际应用中逐步形成的惯用格式,不像公文格式那样有严格要求,也没有公文那样的严格规范的制作权限、行文规则和处理程序。通用文书的常用表达方式以说明为主,兼用叙述和议论,这和公文对表达方式的要求是一致的,但和公文切忌使用描写、抒情的表达方式不同,通用文书可适当灵活运用描写和抒情方式,使语言表达生动、鲜活,以增强其感染力。需要说明的是遵守通用文书的惯用格式、常用表达方式就实际工作需要而言,是十分必要的。

三、通用文书的作用

通用文书应用范围广、使用频率高、种类众多,在公务活动中发挥着巨大作用。比如计划,它将指导一个时期、一定范围内的工作开展。又如总结,它从前段工作中得出的经验教训,对以后的工作是有指导作用的。再如简报、调查报告对解决具体问题,推动工作开展也是有一定指导意义的。

公务活动中,决策是需要依据的,在这方面,调查报告和简报可以为之及时提供真实鲜活的材料,总结也能为之提供宝贵的经验和教训。

统一目标,统一行动对公务活动的开展是十分必要的,制定计划和规章制度就是这一要求的体现。从实际情况看,约束和规范人们的行为对各项工作的顺利开展,是有效的保障手段。公务活动中,由于时间和空间的制约,许多经验、情况、设想需要借助通用文书来进行交流,统一认识,而简报、计划、总结、讲话稿、调查报告都具有这样的功能。

通用文书是公务活动的实录,记载着各个时期的政治、经济、文化等方面活动的真实情况,也是以后进行历史研究的宝贵资料。

通用文书的作用实际上是通过它包含的各种文书的应用体现

出来的,因此,通用文书的主要作用包括:工作指导作用、决策依据作用、行为规约作用、信息交流作用和资料研究作用。

思 考 与 练 习

1. 什么是通用文书?
2. 如何将通用文书与文书从概念上区别开?
3. 通用文书的特点是什么?
4. 如何认识通用文书的作用?

第二节 计 划

计划是党政机关、企事业单位、社会团体等在展开工作或行动以前预先拟定的具体内容和展开步骤,形成的文书也叫"计划"。计划有多种别称,如规划、纲要、要点、方案、设想、打算、安排等。它们都属于计划的范畴,但有一定差别。

规划,是一种比较全面的长远的发展计划,如《龙湖经济开发区远景规划》、《青岛大学十年发展规划》。

纲要,同规划接近,也是一种远期的、全面的、较概括的计划,但原则性、指导性更强,如《全国农业发展纲要》、《全民健身计划纲要》。

要点,是一种领导机关或部门以扼要文字布置一定时期内主要工作或工作主要任务的计划。如《天荣集团 2004 年职工培训工作要点》、《深圳市 2002 年扫黄打非工作要点》。

方案,是一种针对某项工作提出的具体的周密的且专业性、单一性较强的工作计划。如《凯达技术开发服务公司电子仪器设备引进方案》、《开封市政府机构改革实施方案》。

设想、打算,是一种初步的、预备性的,有待于进一步完善的非正式计划。如《育才中学人事制度改革设想》、《红光机械厂关于建厂三十周年庆祝活动的打算》。

安排，是一种时间短、范围小、内容非常具体、侧重实施的计划。如《郑州师范学院 2002 年寒假工作安排》、《二七区文明礼貌月宣传活动安排》。

一、计划的特点和作用

（一）计划的特点

1. 目的性

目的性是指计划都有明确的目的，都是为达到某个目标、完成某项任务而制定的。有预期目的，才有明确的努力方向。一份计划的最终效果，就在目的是否实现中得到集中反映。盲目的计划必然失去指导行动的作用。

2. 预见性

预见性是指计划具有前导性。计划都是先于要进行的实践活动而制定的，它要预先考虑到做什么，如何做，实施过程中可能会遇到什么情况或问题以及采取哪些相应的对策等。

3. 可行性

可行性是指为实现预期目标，必须有切实可靠的措施与方法。这些措施方法又能切合制定者自身的实际，可以保证目标的实现。目标远大而措施不实的计划，将难以具体执行。

另外，一些经过领导机关批准，通过公文转发，或提交会议研究通过的计划，还具有一定的权威性，具有较强的约束性，有关单位和人员负有贯彻执行的义务。

（二）计划的作用

1. 指导和约束作用

计划是为指导实际工作而制定的，既体现政策要求，又结合实际情况，往往还经过充分的论证和领导层的决策，因而具有指导和约束作用。一方面，正式公布的计划，相关单位和个人必须遵照执行;另一方面,用建立在科学的分析预测基础上的计划指导工作,能够更合理地安排和使用人力、物力、财力,挖潜堵漏。能够增强工作的自觉性,减少盲目性,使各项工作按部就班的持续开展。

2. 激励和推动作用

切实可行的计划,是开展工作的行动纲领和目标。不仅能使决策具体化,还能充分调动发挥全员的工作积极性和主动性,而且能理顺多方面的关系,实施高效管理,有力推动各项工作的开展。

3. 监督和检查作用

计划是实际工作中的重要环节。有了计划就能做到事先统筹全局,心中有数。既便于掌握工作进度,又便于监督和检查工作。根据计划指标和要求进行检查,就可以评定工作优劣,总结经验教训,找出问题所在,提出改进措施,以利今后工作开展。

二、计划的种类

计划的应用范围很广,从不同的角度按不同的标准划分,有不同的种类,常见的分类方法有以下几种。

(一) 按计划时限分

一切工作都有时间性和阶段性。计划按时限分,有长期计划(一般指十年以上的远景规划)、中期计划(一般指五年计划)、短期计划(一般指年度计划、季度计划、月份计划、学年计划、学期计划等)。

(二) 按计划题材分

题材指计划涉及的内容。分综合性计划和专题计划,专题计划又可分为工作计划、生产计划、教学计划、科研计划等。

(三) 按计划范围分

范围是指计划适用的界限。有国家计划、地区计划、单位计划、部门计划、科室计划、班组计划等。

(四) 按计划效力分

效力是指计划的约束力。分指令性计划和指导性计划。

（五）按计划形式分

按形式分，主要有三种，即条文、表格式、条文表格结合式。条文式，主要用文字形式来叙述说明的计划，常常分若干条款或若干部分来阐述；表格式，主要用表格形式来反映有关项目和内容的计划，常常用数字和数据来表述，项目、内容基本上是固定的，数字、数据则按表格填写；条文表格结合式，既有文字叙述，又有表格体现，一般以数字、数据表格为主体，辅以简要文字说明。

另外，在具体制定计划时，由于工作内容的多面性，一个计划可以同时划归于几个不同的类型。如《郑州市金水区 1998 年工作计划》，就可分属于综合计划、单位计划、年度计划、条文式计划、指导性计划等类型。

三、计划的内容和形式

（一）计划的内容

计划的内容指一般计划共有的基本内容，包括四项要素，以下分别说明。

1. 依据

制定计划的依据是计划产生的导因，它一般包含两方面的内容：一方面是指导思想，如政策依据、上级指示精神、制定计划的目的等；另一方面是基本情况概述，如制定计划前的现状或有关的背景情况的简要介绍。这两方面都是为了说明为什么要制定计划和制定计划的意义，解决"为何要做"的问题。

2. 目标

目标是指明"做什么"的问题，它包括本计划要实现的最终目标，要完成的总任务和各项分任务，提出明确的要求等内容。这是计划的主导要素，没有目标，就等于失去了奋斗方向。有了目标，才可能考虑调动各种积极因素，才会想方设法采取切实有效的措施来保证目标的实现。

3. 措施与方法

措施与方法是实现目标的具体保证,它解决"如何做"的问题,提出具体的实施方法与做法,诸如动用哪些力量,排除哪些困难,创造哪些条件,采取哪些手段,通过哪种途径,怎样明确与落实责任等。如果说目标是计划的主导,那么措施与方法就是计划实施的关键。缺乏具体措施与方法,那是空头计划。

4. 步骤

步骤是工作程序和时间上的安排与要求,是解决"何时做"、"何时做完"的问题。要实现一定的目标,在工作进程中常有一定的阶段性,各项工作有先后、轻重、主次之分,步骤明确,执行起来才会井然有序。

(二)计划的形式

计划一般由标题、正文与落款三部分组成。

1. 标题

一般由制定单位名称(或适用范围)、计划时限、事由和文种四部分组成。如《新乡市 2002 年 政府工作 计划》有时也可省略单位名称,但在落款处要写明单位名称。

2. 正文

正文包括四项要素,其结构安排大体是这样的:

(1)前言。是正文的第一部分,说明制定计划的指导思想,概括基本情况,指出制定的政策依据,或说明制定的原由。文字应简明扼要。

(2)目标与任务。提出计划事项及要达到的数量、质量的要求。一般是写大目标或总任务及完成时限,然后分写各项具体任务。要写得条理明晰。

(3)措施办法与步骤。主要是为了保证目标、任务的落实。一般包括要做哪些具体工作,采取什么措施,分哪些步骤,时间如何安排,人力物力如何调配等,应具体可行。这是计划结构中的主体部分。

（4）结语。计划的结尾包括检查办法、修订办法，必要的补充说明等。

3. 落款

在正文右下方写上制定单位名称与制定日期，如外发则应加盖公章。制定单位名称如在标题中已表明，此处可省略。

四、计划写作的注意事项

（一）要坚持以党和国家的方针、政策为指导，正确处理好各方面的关系

任何一个企事业单位、社会团体制订的计划都要符合党和国家的方针、政策，并以此为指导，正确处理好整体与局部、长远和眼前、集体和个人等各方面的利益关系，并从国家的根本利益出发，不能置国家利益于不顾，进行有悖于国家方针、政策的活动。

（二）要集思广益，使计划制定得更具现实基础

制定计划的最终目的是完成计划，而完成计划最终要靠广大的人民群众。因此，在制定计划，尤其是制定单位、部门计划时，要深入调查研究，广泛听取各方面的意见，弄清为什么要制定计划，根据什么制定计划，集思广益，经过分析论证后，草拟出几个方案，再征求意见，对计划草案进行修改后定稿。坚持自下而上和自上而下相结合的工作方法，可使计划制定得更加完善可靠。

（三）要坚持从实际出发，实事求是，留有余地的原则

制订计划，要结合本单位的实际情况，在切实可行的基础上进行。既要有积极进取的精神，又要有实事求是的态度，那种一味追求高指标、说大话、赶速度，到头来完不成任务的计划，以及指标定得过低，不费力气，轻而易举就能完成任务的计划，都会挫伤群众的积极性。

（四）要写得具体、明确，责任分明，便于执行、检查

制定计划目标要提得明确，措施要写得具体，职责范围也要清

楚,力求避免含混不清,模棱两可。否则,执行起来不得要领,检查时也缺少依据。

【例文一】

××学校 1994 年工作要点

中共十四届三中全会的召开如春风扑面,我们对 1994 年的工作更加充满信心。在新的一年里,我们的指导思想是:全面贯彻省委××[1993]×号文和省府××[1993]××号文,深化改革,转变观念,主动适应社会主义市场经济对职业技术教育的要求,整肃纪律,规范管理,进一步提高学校管理水平和教学质量。

1994 年,我们的目标是:

——以评上省、部级重点中专学校为动力,以解决办学水平评估中找出来的薄弱环节为着力点,长善救失,推动学校各项管理的规范化,提高学校的综合管理水平。

——把握职教发展的时机,根据社会需要,扩大办学规模。计划招生 800 人,其中:中专招生 650 人(国家任务 180 人,委托代培 470 人);技工招生 150 人(国家任务 50 人,委托代培 100 人)。今年秋季招生后,在校学生将达到 1 400 多人。

——加强精神文明建设,营造融洽的人际环境,弘扬良好的校风。

为了实现上述目标,必须做好以下几方面的工作:

一、组织学习,统一认识。继续组织全体师生学习党的"十四大"及十四届三中全会的文件,认真领会文件精神,使全体师生在如何转变教育观念、转换办学机制等方面能达成比较一致的认识,从而推动学校改革的不断深化。

二、明确职责,规范管理,整肃纪律。首先,修订、印发《岗位职责》，使各部门、各岗位的同志明确自己的职责，并加强履职考核，完善全员聘任制；其次，汇编印发学校现行的各项规章制度，组织学习，落实按章办事，规范管理，整肃劳动纪律，提高办事效率。

三、继续调整专业设置，完善联合办学体制。要根据社会需求办学，按照社会发展的趋势，及时地调整专业设置。老专业要改造，主要是培养目标和课程设置的调整；新专业要完善，主要是在开设之后要做好跟踪调查工作，发现问题及时调整，使之不断完善；拟开专业要做好论证工作。在学生的专业安排方面，拟采取"先进档后微调"的办法，即第一年定方向，第二年小调整。如第一年定会计专业，第二年确定进入工商会计或外贸会计等。联合办学的方式、管理办法等需要我们在实践不断总结、完善。联合办学搞好了，办学规模就能扩大，这是学校发展的重要途径。

四、更新教育观念，调整教学内容，改进教学方法。专业、课程虽有调整，但还是比较稳定的，教学内容则随着社会改革的深入和科学技术的日新月异，必须随时注意，及时调整。要调整教学内容，就必须更新教育观念；调整教学内容之后，还应注意改进教学方法，只有这样才能促进教学质量的不断提高。

五、添置教学设备，加强管理，发挥效用。继建成教学用电子计算机网络之后，1994 年拟拨出 5 万元建立营销实验室。要建立相应的管理制度，加强设备的管理。现有设备要充分利用，提高效益。

六、学生管理要进一步加强。现在学校的规模扩大了、层次增多了、情况复杂了，学生管理工作要研究新问题，拿出新办法，严格管理，以保证正常的教学秩序，树立良好的校风。

七、成人教育发展的思路要调整，随着企业管理体制的改革，成人教育的方式、对象也必须相应调整。

八、行政后勤工作要实实在在地确立起服务的观点，改进工作作风,提高办事效率,提高服务质量,以形成好的风气,产生高的服务效益。

九、加强校办产业的管理。从新的一年开始,将校办产业职工的工资完全纳入经营成本。要加强财产管理和财务管理,提高经营管理水平,提高经济效益。

十、进一步改革分配制度,提高教职工的福利待遇。推行新的奖金分配办法,纵向按职责大小拉开差距,横向落实向教师倾斜,以调动职工的工作积极性和主动性。

一九九四年二月八日

【例文二】

第一届河南艺术节方案

为丰富人民群众的文化生活,推动我省文化艺术事业的繁荣和发展,促进两个文明建设,根据省委四届四次全会关于两年举办一次艺术节的决定,省文化厅和郑州市人民政府拟于一九八八年联合主办第一届"河南艺术节"。

一、指导思想

第一届"河南艺术节"以党的"十三大"精神为指针,坚持四项基本原则和改革、开放的总方针,集中展现和检阅党的十一届三中全会以来我省文化艺术的优秀成果,活跃和丰富人民群众的文化生活,增强人民群众建设"四化"的信心和斗志,更好地为巩固和发展安定团结的政治局面、促进社会主义两个文明建设服务。

第一届"河南艺术节"坚持文艺为人民服务、为社会主义服务的方向,坚持"百花齐放、百家争鸣"和"推陈出新、古为今用、洋为中用"的方针,坚持社会效益和经济效益相统一和注重社会效益的原则。

第一届"河南艺术节"具有鲜明的时代性、广泛的群众性和浓郁的地方特色，体现改革创新、丰富多彩、健康欢乐、团结进取的精神。

二、活动内容和方式

（一）艺术演出活动

1. 艺术节前，先期举办河南省第二届戏剧大赛（方案另定），获金、银、铜牌的六台剧目来郑州参加艺术节活动。

2. 曲艺一台。

3. 歌舞三台。

4. 杂技二台。

5. 名老艺人演唱专场一台。

6. 青年演员演唱集锦一台。

7. 工矿企业、学校、部队等业余文艺演出若干台。

（二）文化活动

1. 反映中原优秀传统文化风貌和河南地方特色的民间音乐、舞蹈和民俗活动。

2. 美术、书法、摄影和民间工艺美术品展销。

3. 河南考古新发现陈列。

4. 电影新片展映。

以上演出和文化活动项目，除戏剧通过大赛评选外，由市、地文化局或有关部门根据自己的优势认真筛选，报经省文化厅批准，择优参加艺术活动。

（三）活动方式

艺术演出和各种展览、体育比赛安排在剧院、展览馆、博物馆、体育馆进行，其他群众文化活动，拟定排在公园、广场或街头等公共场所进行，下厂下乡慰问和联欢演出，视具体情况，妥善安排。

第一届"河南艺术节"设永久性节徽。本着勤俭节约的原则，各种活动不评比，不设奖，只发纪念奖、纪念册，以资鼓励。时间定于 1988 年 9 月 23 日至 10 月 3 日，在郑州市举办。艺术节期间，欢迎有关部门组织工业品展销、国内外贸易洽谈、旅游观光、体育比赛表演等各种活动，以使文化艺术活动和经济活动互为促进，相得益彰，更好地为繁荣和发展河南经济服务。

三、组织领导

第一届"河南艺术节"设主席团，主席团设主席一人（由省政府领导担任），副主席若干人。主席团成员由省直有关单位和各市（地）政府（行署）有关负责同志组成。

主席团设秘书长一人（省文化厅长兼），副秘书长若干人（郑州市副市长、省文化厅副厅长兼）。

主席团下设办公室，主席团一名副秘书长兼办公室主任。办公设在省文化厅，负责办理艺术节期间的日常工作。

河南省文化厅

郑州市人民政府

一九八七年十一月十日

思考与练习

1. 什么是计划？
2. 计划的作用是什么？
3. 从标题看，[例一]、[例二]各分属哪些计划类型？
4. 请说明规划和纲要、方案和安排的区别。
5. 请将[例二]改写成条文表格结合式计划。

第三节　总　结

总结是对党政机关、企事业单位、社会团体等以往一个阶段内的实践活动进行回顾检查，分析研究其中存在的各种情况或经验，并从中得到规律性认识,以指导今后实践的文书。又称总结报告、回顾、反思、小结、体会等。其中,回顾侧重客观地陈述事实,反思侧重反映对过去实践活动的评价,小结、体会反映内容较简单,时间较短,范围较小。

一、总结的特点和作用

(一)总结的特点

1. 实践性

任何总结都是自身实践活动的产物,实践是总结的客观基础。工作、生产、学习的情况、过程、成绩、教训,都是总结的依据。离开自身的实践活动,也就无从进行总结。因此,实践性是总结的鲜明特点。

2. 概括性

总结不只着眼于对实践活动情况与过程的复述,还要从现象中探求事物发展变化的必然性。它不满足于回答"做了什么"的问题,而是要进一步揭示"做了什么"之中的本质。总结应从纷纭复杂的现象中,分析概括出事物存在和变化的规律。

3. 指导性

回顾过去是为了指导未来,这是总结的目的与意义。通过实践活动提高了认识,把握了本质,发现了规律,在今后的实践中就可以扬长避短,发扬成绩,改正缺点,吸取教训,把工作做得更好。

(二)从总结的特点看它与计划的联系及与调查报告的区别

总结与计划的联系:

计划制定于事前,主要解决"做什么"、"怎么做"的问题,总结形成于事后,但要联系计划回答"做了什么"、"做得怎样"的问题。两者是一个工作的两个方面。

总结与调查报告的区别:

经验性总结与调查报告从文面上看,非常近似。它们的区别:一是目的不同,调查报告有较强的新闻性,是为了回答现实生活中迫切需要回答的问题而写的,总结是常规性的工作制度,一项工作完成或工作告一段落,就要把情况汇报一下,便于领导了解,好的经验则向外宣传推广;二是时机不同,调查报告可以在工作完成后写,也可以在工作进行之中截取某个断面加以剖析,总结则总是在工作完成以后或告一段落时写;三是依据不同,调查报告要求客观,真实地反映调查对象客观存在的情况和问题,总结要以自己原先制定的工作计划为评价是非得失的依据;四是角度不同,调查报告是非当事人的观察分析,要用第三人称,总结是当事人对自己工作的观察分析,要用第一人称。

(三)总结的作用

总结在实际工作中应用广泛,作用也是多方面的,主要有:

1. 总结是获得正确认识的途径

从认识的发展过程来说,总结是感性认识向理性认识的飞跃,是对事物的现象与变化过程规律性的揭示。它体现了由实践到认识,再由认识能动地去指导实践的认识发展规律。总结的主要作用也在于通过实践,提高认识,透过现象认清本质,主动地把握事物的发展规律,减少实践的随意性、盲目性,以指导今后的实践活动更深入地开展。

2. 总结是检验和改善工作的方法

公务活动始终要贯彻党和国家的政策方针,而政策、方针的正确与否,执行过程中有无偏差,要由实践来验证,往往要靠总结来反映。

通过总结可以检验工作成效,找出成功的经验和失败的原因,并经过由现象到本质的科学分析,进一步改进工作。

总结有助于培养和改善理论联系实际的工作作风,提倡重视观察事物和分析问题,从而提高思想认识水平和业务工作能力。

3. 总结是推动工作开展的有效手段

通过总结可以获得经验,发现问题,而经验的推广,错误的纠正,都是对进一步做好工作的有力推动。在交流经验,吸取教训的同时,人们认清了方向、提出改进工作的新方法、新措施,重新认识了工作的意义,提高了工作热情和参与意识。从而推动工作开辟新局面,跃上新台阶。

二、总结的种类及内容

(一)总结的种类

总结的种类很多。按内容分,有工作总结、生产总结、科研总结、教学总结、媒体活动总结等。这些总结,也还有年度、季度、月份等时间之分,单位、部门、科室、班组等范围之别。其实一份总结常常是上述分类结果的交叉。按总结的内容重点和功能性质,基本可分为两大类型:全面总结和专题总结,又叫综合性总结和经验性总结。

(二)总结的内容

总结的内容要通过具有一定模式化特点的结构来表达。总结的结构一般由标题、正文、落款三部分组成。

1. 标题

总结的标题有几种写法,如文件式标题,一般由单位名称、时限、总结种类三者构成,如《郑州市水利局 1999年 工作总结》,这类标题比较严肃,综合性总结或向上级呈报的总结较为常用;文章式标题,在一行标题中概括总结的主要内容或基本观点,标题中不出现"总结"字样,如《加强科学管理是企业发展的关键》;多行式标题,一般由正题与副题组成,正题揭示观点或概括内容,副题标明单位或时限或工作方面,如《坚持党的领导,促进文艺繁荣——河南省2000年文艺工作回顾》;提问式标题,标题中提出问题以引入深思,如《我们是如何实行教学与科研相结合的?》

2. 正文

总结的正文应随内容的需要来安排,一般包括"基本情况的介绍"、"成绩、做法、经验和体会"、"存在问题和今后打算"等几个部分。

　　开头:总结的开头基本要求是开门见山。内容包括概要介绍基本情况(时间、地点、背景、工作进程、总体收获等)以及对以往工作的基本估价。

　　主体:成绩、做法、经验和体会。这是总结的主体部分,一般是通过对基本情况进行综合分析研究后,比较详细、具体地阐述所取得的成绩、主要做法和具有典型意义的经验、体会。有的总结,把成绩、做法作为一部分来写,着重阐明成绩表现在哪些方面,是怎样取得的;也有的总结,只写经验、体会或原因,而把成绩、做法融合其中。正文的主体部分是总结的关键所在,不仅篇幅比重较大,而且思想容量丰富。它要求观点与材料统一,有点面情况,有分析概括,善于把实践提高到理性高度来认识。在写法上要做到纲举目张,观点明确突出,材料典型充实,叙述与说明、议论相结合,有理有据,决不浮泛空洞。正文的结尾部分写存在问题与今后的打算,要概括简洁。

　　3. 落款

　　在正文结束后写上总结者名称与日期。署名可以在标题之下,也可以在正文之后。向上呈报的文件式总结,落款处还应加盖公章。

　　由于总结种类很多,情况不同,总结的内容也不相同。如果是全面总结,那么以上几个方面的内容都需具备;如果是介绍典型经验的专题总结,那就应把总结成绩和经验,分析取得成绩的原因作为重点,而对工作的一般情况以及存在问题可作简要概述或完全省略。

　　4. 总结常用结构形式

　　(1) 三分式。即按内容要素先后分成三大部分:一是综述情况与基本收获;二是说明主要成绩、经验教训、体会、做法;三是指出问题,明确今后打算。

（2）纵贯式。按照实践活动的进程，随着阶段的推进，分别写出各阶段的成绩、经验、体会、做法，这是以时间顺序作为结构线索，体现事物的发展过程及发展阶段的特点。

（3）并列式。这是一种横式结构形式，即按实践内容的逻辑关系，将材料分成几个方面，各方面各集中表现某一观点或经验，又有相对独立的完整意义。这几方面不是以工作进程为结构序列的，而是以工作内容的性质特征进行安排。这类结构形式常常以几个小标题来概括出几个小观点或几方面内容，或在各个逻辑层次的开端用纲领性语言揭示要旨，它们与全文中心形成分与总的关系。

三、总结的写作要求

（一）要实事求是，一分为二

写总结必须从客观出发，实事求是地反映本单位的情况，恰如其分地评价工作。对于成绩要充分肯定，对于缺点要认真分析。不浮夸，不虚构，不隐瞒，也不缩小。

（二）要明确性质和目的，突出总结重点

一篇总结，因性质和目的的不同而总结的侧重点也不同。专题总结，主要是侧重成绩和经验、做法，问题可以不写。即使是全面总结也不能眉毛胡子一把抓，不分轻重地记流水账。

（三）要善于选材

写总结要掌握实践活动的全过程。还要注意选择"点"与"面"的不同材料。"面"上的材料可使总结具有广度，"点"上的材料可以使总结具有深度，而且具有本单位总结的特色。

（四）要用语准确，条理清楚

总结要用语准确、朴实，条理清楚。要文如其事，事实、数字要准，不走样、不估测；用语朴素平实，不追求华丽词藻。总结最忌眉目不清，层次不明。总结主要是报送给上级、同级和下级阅看，因此，必须注意全文结构的严谨性，层次的清晰性。

《公共关系年度工作总结》

(该文是篇综合性总结。作者是某国际旅游饭店的公共关系部,它较好地体现了综合性总结内容、结构上的特点。全文2128字,分为四个部分。)

一、前言部分

原则介绍本年工作目标和重点。

此段共140字,占全文的6.6%。

二、回顾部分(成绩与做法)

全面汇报所做过的主要工作,即回答过去"做了什么"的问题。一般情况下,任何单位的工作,成绩总是主要的,所以这个部分实际上都是讲成绩。提法可以各种各样,如"×××年工作回顾"、"×××年的主要工作"、"做了以下几项工作"、"我们的主要收获"、"取得了一定的效果"等等。汇报性总结的汇报职能和一般情况下成绩是主流,决定了这个部分是全文的主体,所占比例最大。这篇例文的回顾部分写本年的"主要工作",着重写了四项:

1. 抓住有利时机,提高饭店知名度;

2. 利用首因效应塑造饭店良好形象;

3. 有计划地策划新闻,树立饭店服务形象;

4. 利用多渠道的信息沟通,挽救饭店形象。

这个部分共1 428字,占全文的67.1%

三、反思部分(经验和体会)

如果说"回顾"是客观地叙述事实,那么"反思"部分则是总结者自己对过去工作的评价,即回答"做得怎样"的问题。这个部分,有的总结写自己工作中还存在的问题或困难、错误、缺点;有的总结则写自己上述成绩获得的经验或体会;有的既指出存在的问题,

又谈成功的体会。可以根据实际情况选写某些方面。这篇例文的反思部分写了"几点体会",着重写了四点:

1. 借助新闻事件和新闻人物来提高组织的知名度;

2. 建设型公共关系活动要别出心裁;

3. 策划新闻要富于新颖性、公众性和社会性;

4. 挽救组织形象要善于运用矫正型公共关系。

这个部分共 392 字,占全文的 18.4%。

四、打算部分

回顾、反思过去是为了指导将来。总结者通常都在由实践到认识,寻找事物发展规律的基础上,对下一步的工作提出些指导性的意见。这篇例文也提出了下年应做的"主要工作",提了四项:

1. 设计科学的饭店自我形象;

2. 开发高层次社会名流资源;

3. 全面体现公共关系活动宗旨,做好内部公众信息共享;

4. 不断提高公共关系部全体人员素质。

这个部分共 168 字,占全文的 7.9%。

(此例载全国高等教育自学考试指定教材,周安华主编,北京线装书局出版。)

【例文二】

加强医德修养　树立医疗新风

——南方医院惠侨科精神文明建设的经验

我院惠侨科于 1979 年成立,是全军创办最早的对外开放的综合性医疗科室。1995 年,成为全军唯一的涉外医疗中心。现有床位 400 张,工作人员 200 余名,相当于一个中等医院的规模。20

年来,惠侨科先后收治了来自 70 个国家和地区的 5 万余名患者,没有出现任何政治、经济问题和医疗差错、事故,取得了良好的社会效益,赢得了广大患者的信赖;先后三次荣立集体二等功,两次荣立集体三等功,多次被广东省和广州市评为文明服务先进单位和精神文明建设先进单位。在 1987 年的全军英模代表大会上,惠侨科被誉为"卫生界南京路上好八连"、"传播社会主义精神文明的窗口"、"新时期社会主义医德医风建设的一面旗帜。"1995 年 3 月,中央军委主席江泽民签署命令,授予惠侨科"模范医疗惠侨科"荣誉称号,并题词勉励:"救死扶伤,无私奉献,艰苦奋斗,永葆本色"。

近年来,在人们感叹卫生系统一些单位和个人医德滑坡、医风不正的时候,惠侨科之所以成为一方"净土",主要是由于院党委不断加强该科以医德医风为主要内容的精神文明建设。我们的主要做法如下。

把医德医风教育真正落到实处

随着改革开放和社会主义市场经济的逐步发展,医疗系统的精神文明建设遇到了前所未有的挑战和考验。人们不仅抱怨"看病就医难",而且对那些态度生硬,吃、拿、卡、要等医风不正、医德不好的现象表示了强烈的不满。我们通过调查分析认为,惠侨科总的来说医德医风是好的,但仍存在一些不良现象和苗头。为此,我们把搞好医德医风的教育作为惠侨科全面建设中的基础工程,坚持不懈地抓实抓好。

——实施医学伦理教育,增强做合格医务工作者的使命感。针对一些同志医学伦理学知识不足、医德理论欠缺的实际,我们发动大家收集整理古今中外有关医德医风的名言,组织大家逐条学习;请德高望重的老专家介绍中外医德的起源和发展,宣讲医务工作的职业特点和职业规范,介绍自己在长期的实践中进行医德修养的体会;开展重温"从医誓言"和回顾"穿上白大褂的第一天"活动,使大家自觉做合格的医务工作者。

——实施宗旨教育,增强全心全意为患者服务的责任感。我们重点引导大家弄清社会主义市场经济条件下的医患关系,使大家认识到,在医疗服务领域,病人处于被动地位,医务人员处于主动地位;必须切实纠正和克服搞市场经济就不能讲全心全意为人民服务的错误思想,树立效益与宗旨相统一的医德观,牢记全心全意为人民服务的宗旨,让老百姓看得上病、看得起病、看得好病。

——实施传统教育,增强职业自豪感。我们经常组织医务人员讲传统、忆传统,使大家懂得,救死扶伤,实行革命的人道主义,对工作积极负责任,对伤病员极端热忱,对技术精益求精,面向部队、面向基层,为兵服务,艰苦奋斗,无私奉献是个有我军卫生工作特色的医德医风,是我军卫生工作光荣传统和优良作风的集中体现。作为医务工作者,应该为所从事的职业感到自豪,珍惜广大患者的信任。

——实施"窗口"教育,增强文明行医、廉洁行医的紧迫感。我们从医疗行业作为社会主义精神文明建设的"窗口"的地位和特点出发,对照《医务人员医德规范》,不间断地组织医务人员开展"四查四看"的揭短亮丑活动,即查服务思想,看全心全意为病人服务的宗旨树得牢不牢;查服务技术,看是否精益求精;查服务态度,看有无生、冷、硬、顶现象;查服务作风,看有无以医谋私、吃请受礼现象。将查出的问题及时处理并向全体人员通报。同时,开展"微笑在病房","假如我是病人","让白求恩、赵雪芳精神在医护岗位上闪光"等活动,不断提高文明行医、廉洁行医的自觉性。

通过医德医风教育,惠侨科医务人员的精神面貌发生了很大变化,好人好事层出不穷。

推行强有力的监控机制

加强医德医风建设,既要加强思想教育,又要有严格合理的规章制度的保证。这些年来,我们推行并依靠三个有效的监控机制,使惠侨科的医德医风建设逐步走上制度化、规范化的轨道。

靠健全的约束机制规范形象。针对改革开放和市场经济条件下职业道德方面出现的新情况和纠正行业不正之风的要求,我们引导惠侨科广泛讨论,献计献策,制定了以"十要八不准"为核心的职业道德规范和文明行医实施细则,并力求体现"三性":一是系统性。对临床医疗科室外和医技辅助科室,都规定了相应的优质服务措施;对医生、护士和护理员,也制定了廉洁行医守则。二是具体性,尽量细化量化有关规定。如关于禁止收受红包问题,规定收受红包100元以下者,通报批评,扣发劳务补贴3个月;金额超过100元者给予行政警告处分,扣发劳务补贴6个月;凡以医谋私,向病人暗示、索要红包者,则加倍处罚。三是可操作性。制定了易于实施的考评标准和考评办法,把科室和个人医德医风的表现按照100分的目标,分为"好、较好、一般、较差、差"五等,逐条考评,综合打分。

靠严格的监督机制维护形象。主要做到"三个结合":一是党内监督与党外监督结合。我们指导惠侨科党总支把医德医风建设作为党总支、支部建设的目标管理之一,帮助其制定了《党员干部廉政建设的20条规定》;把医德医风建设作为党内民主生活会的主要内容,党总支坚持每季度、党支部坚持每月进行一次对照检查;发动党外群众评议打分,提出批评意见,促使党员医务工作者带头廉洁行医。二是领导监督和群众监督相结合。一方面,医院和惠侨科领导每周查房一次,并分别到科室参加党支部大会、党小组生活会,了解情况;另一方面,每月召开一次医德医风形势分析会,在门诊部、住院事务处设立举报箱、举报电话,定期召开伤病员座谈会,发放"住院病人问卷调查表",多方面、多渠道听取病人的意见。三是院内监督与院外社会化监督相结合。在搞好院内监督同时,建立了社会化监督网络,先后聘请新闻记者、驻地政府工作人员、有医疗合同的企业职工、离退休人员等各方面、各阶层的代表 53 人作监督员,请他们定期填写"监督评议卡",适时召开监督员座谈会,使监督工作实打实。

靠有效的奖惩机制完善形象。我们把医德医风的表现作为评先创优的重要内容,作为晋职级和立功受奖的重要条件,作为超额劳务补贴发放的重要依据,并坚决实行医德医风"一票否决制"。先后对 3 起违反规定收受红包、接受礼物的事件进行了严肃查处,分别给予罚款、延缓晋级和通报批评,收到了"处理一件、教育一片"的效果。

强有力的监控机制,促进和保证了惠侨科一流的服务。

建设适应新形势和医德医风要求的激励模式

在医德医风建设中,教育是基础,监控机制是保证,而激励模式也是不可缺少的动力。这些年来,我们针对人们利益观上的新变化,不断拓宽思路,建立了适应医德医风内在要求的激励模式。

以荣誉激励为主导。我们坚持开展争当医德医风先进集体和先进个人活动,每月一次讲评,每半年一次小结,每年进行一次综合评比,并召开表彰先进集体和先进个人大会,先后树立了"待病人如亲人的护士长麦坚勤"、"无私奉献为病人的医生黄兰君"、"医德高尚的全军优秀护士杨丽"等先进典型;给予成绩突出、备受患者好评的 130 多人次记功、嘉奖。荣誉成为大家自觉树立医疗新风的强大牵引力,在医院开展的争先创优活动中,比、学、赶、帮、超蔚然成风。

以经济补偿为杠杆。10 年前,我们以惠侨科为试点,在全国卫生行业率先推出"全方位综合目标责任制",即确定惠侨科医疗收益指标,实行成本管理,确定医疗技术指标,实行科学管理,把医务人员的技术劳动和医德医风的表现加以量化,以使之与个人收益挂钩,让医务人员高技术劳动的价值得到社会承认,让奉献大的人得到较多的经济利益。1990年来,党委根据惠侨科医德医风等方面的建设始终走在全院前列的实际,决定在超额劳务补贴分配上高于全院平均数的20%以上。

以排忧解难为后盾。院党委坚持把好事办实,实事办好,实施了一系列"温暖工程"。比如,先后投资4 000多万元,建立了4栋宿舍楼,基本解决了工作人员"住房难"的问题;建起了专家教授餐厅、多功能干部食堂和两个快餐厅,为大家就餐提供了方便;为在院外居住的医务人员及其家属子女上班、上学安排4条专线班车;对生病住院的工作人员,院科领导带着慰问品去看望。

我们认为,要使激励真正成为医务人员树立医疗新风的强大精神动力,必须在两个方面下工夫:一方面,要以精神激励为主;另一方面,要在创造良好的事业心环境上下工夫,与此同时,党委坚持科学民主决策,经常召开医务人员座谈会,就医院的建设问题虚心听取群众的意见。

(执笔人:陈利华、许先云、江文富)

(原载《求是》杂志1998年第20期)

思 考 与 练 习

1. 什么是总结?

2. 总结的作用是什么?

3. 经验性总结与调查报告的区别是什么?

4. 认真分析[例文一]、[例文二],说明全面总结和专题总结各自内容、结构的特点。

第四节 规 章 制 度

规章制度泛指国家机关、社会团体、企事业单位各级各类组织所制定的法律、法规、规则、章程、制度标准、守则、公约等文书,是用以规范人们社会行为的各种文书的俗称、统称。它是各级各类组织依法施行管理的重要工具。这是广义的规章制度。

一、规章制度的层次和制定程序

根据《中华人民共和国宪法》和规范立法(包括制定规章制度)活动的基本法律《中华人民共和国立法法》及有关文件规定,我国规章制度自上而下可概括为七个层次。

（一）必须通过立法程序,符合立法规范才能生效的规章制度

1.《宪法》

《宪法》是国家的根本法,具有最高的法律效力。《宪法》的修改要由全国人民代表大会以全体代表三分之二以上的多数通过。

2. 法律

法律是用来规定社会政治、经济以及其他社会生活中最基本的社会关系和行为准则。它由全国人民代表大会及其委员会制定颁布,需要全国人民代表以大会全体代表的过半数通过,冠以"中华人民共和国"并名之以"法",如《中华人民共和国经济合同法》。

3. 行政法规

特指国家最高行政机关——国务院制定的,以行政强制力保证实施的,有关行政管理的法律规范性文件。它的名称为条例、规定和办法。

4. 地方性法规

宪法规定:"省、直辖市的人民代表大会和它们的常务委员会,在不同宪法、法律、行政法规相抵触的前提下,可以制定地方性法

规。报全国人民代表大会常务委员会备案。"地方性法规不少是对国家有关法律和行政法规的补充。有些是国家尚未正式立法，根据国家有关方针政策，结合本地情况而先行制定的。地方性法规只在其所辖范围内有效。它的名称有条例、规定、办法等。

5. 规章

包括部门规章和地方政府规章。"部门"指国务院各部、委员会、中国人民银行、审计署和具有管理职能的直属机构。"地方政府"指省、自治区、直辖市和较大的市的人民政府。规章是部门和地区范围内普遍适用的具有法律约束力的行政管理工作的规范性文件。规章的名称为规定、办法、实施细则、规则等。

以上五个层次，是有立法依据的规章制度，且具有直接的法律效力。它们的性质、作用相同或相似，区别在于制定权限不同，相应的适用范围有大小之分。

（二）通过一定程序，有制定依据或自然制定即可生效的规章制度

1. 基层事务规章

也有人称之为行政规章，指那些不具备直接法律效力，未经国家立法规范，但在公务活动中普遍、大量存在的各类规章制度。如各种职务的岗位责任、各行各业的办事规程、人财物的管理制度、各种各样的技术标准等等。基层事务规章是为了适应公务活动的实际需要而产生的，也都以有关法律法规或政府规章和上级有关文件为依据，经过一定程序后生效的。如报上级审批，或由本单位最高权力机构批准通过等。基层事务规章只能在相应的职权范围内实施。

2. 道德规范

也称群众自治性规范，一般用守则、公约、道德规范等名称，都是群众或群众性组织自发制定，自觉执行的。它依靠人的习惯和信念来维持，对于违约行为的惩处主要是公众舆论。

二、规章制度的作用和特点

通用文书中的规章制度指的是基层事务规章和道德规范,这是由通用文书使用效力的非法定性决定的。具体指党政机关、企事业单位、社会团体、群众组织通过一定程序,有一定制定依据或自发制定的规范人们社会行为的书面文书。这是狭义的规章制度。

规章制度是具有特定约束力的规范性文书,它是为了确立人们的行为规范而产生的。无论广义、狭义,无论使用什么名称,这类文书的制定目的或基本职能都是为人们在社会活动中指明行为准则,即应该做什么,不应该做什么,使人们在社会生活中,有章可循,职责明确,是非分明,赏罚有据,以保障大多数人的根本利益。

(一)规章制度的作用

建立维护社会及工作秩序,保障社会及公务活动的正常开展;明确职责,加强管理,提高效率;确立标准,保证工作、生产质量;规范约束道德行为等。

(二)规章制度的特点

1. 约束性

规章制度具有强制性和约束力。它一经正式公布将约束或强制有关人员必须执行。规章制度不允许做的,就不能去做,否则将受到相应的处分或处罚。

2. 权威性

规章制度是各机关、部门根据立法程序与各自的职责权限制定的。规章制度的内容一定要符合党和国家的法律、法规,要与党和国家的方针、政策保持一致,不能有随意性。规章制度一经制定和公布,就要坚决执行,不能朝令夕改;也不能执行部分条款,不执行部分条款,或变通执行。

3. 语言上的严密性

规章制度必须明确具体、细致严密;格式要规范、用词要准确无误。与相关文件也要相互照应,避免相互抵触和矛盾。规章制度的条款要含义确切,不能含糊不清,模棱两可,或有多种解释。

4. 表达的条陈性

条陈即分条陈述的意思。规章制定在写作格式上有一个明显的特点,就是普遍采用条款式表述方法,全文分条列款,层次严谨。层次安排一般从立法目的、依据、使用范围、管理机关、管理内容、奖惩办法等方面有顺序地排列,一目了然。

三、规章制度的种类及名称

规章制度种类较多,名称使用随意性强。有立法依据的五个层次的规章制度,或叫现行法规,名称使用已经有了规范,包括条例、规定、办法、细则。使用时要严格遵守国家有关法规的规定。通用文书中的基层事务规章和道德规范的名称则暂按习惯使用。如规则、章程、规范、规章、规程、通则、制度、要则、守则、公约、须知等等。通用文书规章制度的名称使用,应有意回避条例、规定、办法、细则。通用文书规章制度常用的种类有:

章程。是政党、社会团体制定的,规定本组织内部事务的一种共同遵守的纲领性文件,包括:本组织的性质、纲领、任务、组织原则、成员的权利义务等。组织所有成员都必须按章程规定的条文去规范自己的行为。

制度。是国家机关、社会团体、各企业单位为了建立正常的工作、学习、生产秩序,而制定的一种要求所属人员共同遵守的准则。

制度使用的范围极广,从行政工作、经济活动,到日常事物、生产管理、学习等等,都可以使用制度这一文件来规范和约束行为。

规则。是国家机关、社会团体、企事业单位及部门为维护劳动纪律和公共利益而制定的,要求大家共同遵守的条规。

规程。是国家机关、企事业单位等,为了保证质量,使工作、试验、生产按程序进行而制定的一些具体规定。

守则。是由国家机关、社会团体、企事业单位制定的要求其所属成员遵守的行为准则。在各行各业的事务管理活动中使用范围很广。

公约。是人民群众、机关团体,集体协商而定出的共同遵守的准则。

四、规章制度的形式和内容

(一)规章制度的形式

规章制度一概采用条文的形式,并且用不同的序数词和符号显示不同的层次和条目,使之条分缕析、纲举目张。

根据内容的繁简,有单层次和多层次两种类型:

单层次,全文只有一个层次,或用"第×条",或用汉字数词标注。

多层次的表述方法,《立法法》第五十四条做了明确的规定:"法律根据内容需要,可以分编、章、节、条、款、项、目。"

"编、章、节、条的序号用中文数字依次表述,款不编序号,项的序号用中文数字加括号依次表述,目的序号用阿拉伯数字依次表述"。

由于法规性文书是要通过法定程序才有效的,所以《立法法》此条第三款特地指出"法律标题的题注应当载明制定机关、通过日期"。

上述规定虽然是就"法律"而言的,但是对现行法规以下各层次的规章制度也是适用的。

(二)规章制度的内容

1. 标题

应标明制发机关单位的名称、内容(事由)和规章制度名称(文种),如《郑州大学　机动车辆驾行　规程》。有的只标明事由和文种,如《图书借阅　制度》,机关内部使用的规章制度大都使用这种标题。也有只标明单位和文种的标题。如果所制定的规章制度是暂行或试行的,则可在标题内写明,也可在标题后或下面加标号注明,但两者不能同时出现在标题中。如《关于出版物上数字用法的试行规定》，又如《关于上海高校教师系列破格晋升高级职务的规定（试行）》。

2. 正文

用条款式的写法，分条列款，务求层次清楚，结构谨严。大体说来，有如下三种方式：

（1）序言（开头）、主体、结语式，全文都按条款式处理。序言和结语列入条款时，分别放在第一条和最后一条（或最后几条）。

（2）主体式，即只有主体，没有序言和结语。某些规程、规则、须知、公约等就常用这种方式，把内容一一分条写明。但仍应按内容的轻重、主次安排次序。

（3）总则、分则、附则式。总则就是正文的开头，放在第一章，说明制订的缘由、依据、目的、意义、有关原则精神和总的要求等。第二章到最后一章的前一章是正文的主体，分条逐一说明文书的具体内容。附则，放在最后一章，相当于一般文书的结语，说明该规章制度的制定、修改、解释权限、适用对象（也可放在总则内）、生效日期及其他有关事项。一般内容比较复杂篇幅也较长的，如章程、条例、规定等多采用这种方式。

3. 落款

制定和发布规章制度的单位名称，如在标题中出现，或已在标题下注明就可省略，日期也同样。

五、规章制度的写作要求

（1）要符合宪法和法律，符合党和政府的方针、政策。制定规章制度要以国家有关法律法规或政府规章和上级有关文件为依据，不能取决于个人或单位的局部利益，更不能损害国家、集体利益。

（2）要实事求是，从实际出发。在符合国家法令政策的同时还力求切实可行。

（3）要明确制定权限。机关团体、企事业单位要根据自己的实际情况和规定权限制定自己的规章制度。不能超越权限,更不能和上级制定的规章制度相抵触。

（4）内容要周全。规章制度的制定要审慎严谨,要深入调研,充分酝酿,防止疏漏。

（5）语言要简洁,逻辑性要强,应便于理解,便于执行。条文内容要规范,篇章要条理清楚、款项分明。

【例文一】

××省质量管理协会秘书工作质量研究会章程

（1986 年 1 月 25 日通过）

第一章　总　　则

第一条　本研究会名称是"××省质量管理协会秘书工作质量研究会"。简称:省秘书工作质量研究会。

第二条　××省质量管理协会秘书工作质量研究会是全省广大秘书工作者(主要是经济口)及秘书教学、秘书工作研究人员以及社会上关心秘书工作的人士自愿参加的群众性学术团体。是××省质量管理协会属下的一个专业性的研究组织。

第三条　本研究会的宗旨是组织广大会员,团结全省广大秘书工作者和各方面热心于质量管理、秘书工作的人士,通过研究,提高秘书工作质量,进一步把秘书工作做好,参与政务,管理事务,当好参谋,当好助手,帮助领导搞好决策,使工作更有效率,更有秩序,更有水平;通过推行全面质量管理,推动技术进步,从而提高产品质量、工程建设质量、商业贸易质量、旅游服务质量,为实现全社会更好的经济效益,为促进"四化"建设而奋斗。

第二章 任　务

第四条　本研究会的任务是：

1. 宣传、贯彻党和国家有关质量管理、秘书工作的指示、规定、办法等。

2. 开展质量管理和秘书学讨论研究，推行科学的质量管理方法，促进办公现代化。

3. 密切配合各级质协积极开展全面质量管理等群众性活动，大力开展调查研究，及时总结新经验，研究新问题。

4. 运用多层次、多渠道开展质量管理教育和秘书教学，为各单位、各企事业单位培养更多的具有中国社会主义特色的会管理、善参谋、懂写作、会服务的新型的管理秘书人才，使之为各单位领导当好参谋，做好助手。

5. 与国内外的质量管理和秘书工作的专业团体组织挂钩，建立联系，进行学术交流，请各国来我省工作的专家、学者作学术报告，学习先进的质量管理和秘书工作的经验。

6. 开展秘书工作的咨询服务工作，帮助各单位特别是各企业、事业单位建立和健全文书档案、科技档案、质量档案、名优新产品档案、信访档案、用户和产品销售档案等。

7. 编辑、出版、发行、代销、代征订有关标准、计量、质量管理以及秘书、档案工作等方面的教材、书籍、杂志、刊物、文集、资料，为各单位和为社会提供良好服务。

第三章 会　员

第五条　本研究会均为个人会员。

凡工业、交通运输、商业贸易、旅游服务、工程建设和科研、教学、情报、资料等单位（包括机关、工厂、企事业单位）的质量管理人员和各方面的秘书人员（包括秘书、文书、调研、信息、信访、档案、宣传、教育、外事、接待以及广大行政管理人员),承认本章程,为推行全面质量管理,办公现代化,积极参与政务,管理事务,致力于质量管理和秘书工作的有关人员,自愿申请,经本研究会批准,即为本研究会会员。

第六条 会员的权利

1. 有选举权和被选举权;

2. 有参加本研究会组织的学术报告、参观学习、参加全国性的会议、取得本世纪研究会出版的刊物和学术资料以及发表论文、文章等优先权;

3. 有对本研究会的工作提出建议和批评权。

第七条 会员的义务

1. 遵守本研究会章程;

2. 积极参加研究、探讨秘书工作质量的学术活动,完成本研究会委托的任务,为本研究会撰写或翻译学术论文、资料、经验总结、调查报告等。

第四章 组 织 机 构

第八条 本研究会通过协商推选若干名理事,组成理事会。理事会每届任期三年,每年召开一次全体理事会议。为便于工作,组成常务理事会,每半年召开一次常务理事会议。

第九条 本研究会设名誉会长、顾问,由会长、副会长、秘书长、副秘书长等人员组成常务理事会。

第十条 本研究会理事会常设机构为办公室(与省质协秘书处合署办公)、学术委员会、教育委员会、外事工作委员会、编辑出版委员会。

第十一条 经费来源

主要靠本研究会举办的各种活动,如编辑出版、发行书刊、培训教育、咨询服务等收入。

×××厂××车间操作规程

一、开机前的准备工作

1. 查看交班记录,检查本机刀头各部位是否符合要求,合上电源总闸;

2. 观察控制面板和顶上的指示灯及刀片计数器,了解刀片和砂轮的消耗情况,做好记录;

3. 置控制方式控制钮在内部设定状态,调节设定值于60%以上;

4. 置控制刀门钮于关闭状态,置本机工作方式于自动状态;

5. 置连锁选择钮于外部连锁状态。

二、生产开始

1. 启动油泵电机,检查油路中各部压力是否正常,由左向右启动相应的各台电机;

2. 监听本机的响声有无异常,有情况及时处理;

3. 经常检查切出的梗丝是否达到工艺要求,保持本机及现场的清洁。

三、生产结束

置刀门控制钮于"0"位置,从右至左停止各部电机,最后停止油泵电机,关掉电源总闸,做好交班记录,搞好班末保养工作。

首都市民文明公约

为加强首都社会主义精神文明建设,进一步提高首都市民素质,增强首都意识,在以江泽民同志为核心的党中央领导下,把首都建设成为现代化国际大都市,特制定本公约。

一、热爱祖国　　热爱北京　　民族和睦　　维护安定
二、热爱劳动　　爱岗敬业　　诚实守信　　勤俭节约
三、遵守法纪　　维护秩序　　见义勇为　　弘扬正气
四、美化市容　　讲究卫生　　绿化首都　　保护环境
五、关心集体　　爱护公物　　热心公益　　保护文物
六、崇尚科学　　重教尊师　　自强不息　　提高素质
七、敬老爱幼　　拥军爱民　　尊重妇女　　助残济困
八、移风易俗　　健康生活　　计划生育　　增强体魄
九、举止文明　　礼待宾客　　胸襟大度　　助人为乐

本公约于1995年末,经公众参与讨论修订而成,凡在首都北京生活的每一个市民应自觉遵守。

首都精神文明建设委员会
1996 年 3 月

思 考 与 练 习

1. 什么是规章制度?狭义和广义的概念有何区别?

2. 规章制度有哪些特点?

3. 分析说明三篇例文内容安排方式上各自的特点。

4. 规章制度的制订,要按规范的制定程序办法,文种不能有错。请从下面文种中选出恰当的填在括号内。

章程、办法、规定、细则、条例、规程、须知、公约、制度、规则

(1) ×××省乡镇渡口管理(　　　)

(2) 省府机关大院门卫(　　　)

(3) 中山图书馆借书(　　　)

(4) ××省青少年科学奖励基金会(　　　)

(5)××省计划生育管理(　　　)

(6)××省(省人民政府发布)旅行社管理暂行(　　　)

(7)××省(省人民政府发布)国有企业计划生育管理实施
(　　　)

(8)电脑室操作(　　　)

(9)机车驾驶史(　　　)

(10)××省建设工程招投标管理(　　　)

(11)学生宿舍大楼文明(　　　)

(12)"五一"体育场观众(　　　)

第五节　简　报

简报是党政机关、企事业单位、社会团体用于汇报工作、反映情况、交流信息的文书。它简要报道单位内部各方面的情况,方便、快捷,是在公务活动中使用频率较高的一种文书。从形式上,也可以把它看作一种具有固定格式的内部刊物。常见的"××简报"、"××动态"、"××简讯"、"情况交流"、"内部参考"等,虽名称不同,其实都是简报。

一、简报的特点和作用

(一)简报的特点

1. 真实性

简报的内容必须真实、确切。简报的一个重要作用就是向决策机关反映情况,提供决策依据,所以内容必须真实可靠,这也是简报的价值所在,因此,编写简报,要争取采用第一手材料,并应反复核实,做到准确无误。切忌道听途说,文过饰非,弄虚作假。简报必须用事实说话,把确凿的而不是推理的、典型的而不是堆砌的事实表达清楚,是简报的显著特点。

2. 新颖性

撰写简报的目的是向上级汇报工作,对下级指导工作,向同级单位通报情况,交流信息,使读者从所反映的新情况、新经验、新动态中获得新的认识。因此,要把大家关注的新生事物、倾向性问题及时在简报上反映出来。如果内容没有新颖性,也就失去了简报的价值。作者应该有敏锐的目光,善于发现新问题,选择新的报道角度,以保证简报的新颖性。比如:写会议简报,对会议的议题、程序作一般交代即可,而会议期间出现的新情况、新观点,应当是简报报道的重点。

3. 时效性

简报很讲究时效性。简报报道的情况之所以要简明扼要,主要的是受"时间"的制约。要快采、快写、快编、快印、快发。上午开的会,下午就能看简报;今天发生的事,明天就要发简报。快的目的是便于上级和领导了解动态,掌握全局。如果简报"慢半拍"、"马后炮",错过时机,就无须再编发了。当然,快是对简报的时间要求,是在尊重事实的前提下的快。如果为追求快而不顾事实,为快而粗制滥造,快就完全失去了它的意义。若弄虚作假,便要起相反作用了。

4. 简短性

这是两个方面的要求决定的。一是上级领导要及时了解动态,了解情况,而上级领导日理万机,报告过长,没有时间看,就失去了简报的作用;二是简报编发快捷,长篇大论势必延误时间。因此,简而明,是简报得以存在的根基。怎样才能简明呢?一是内容集中,中心明确,尽量做到一期简报反映一个主题,如果内容很多,宁可分开多发几期简报;二是文字凝练,篇幅简短,一般在千字左右。当然,简的前提是明,情况必须清楚,如果情况不明,不得要领,简也就失去了意义。

(二)简报的作用

1955 年 6 月 9 日国务院颁发《关于所属各部门工作报告制度的规定》,自此简报随着各项事业的建设发展,发挥着极为重要的

作用,概括起来,主要有:

1. 反映工作情况,为领导机关制定政策提供依据

上报的信息简报将下情上达,便于上级机关及时了解、掌握下级单位的基本情况,从中发现典型性的经验或问题,从而制定出相应的决策。

2. 传达政策精神,指导下级机关的工作

信息简报通过报道上级领导机关的指示和工作中的新情况、新问题、新经验、新成绩来宣传党的路线、方针、政策,达到指导下级工作的目的。

3. 互通信息,促进兄弟单位间的了解与协作

信息简报在兄弟单位之间的传阅,有利于沟通情况,交流经验,探讨问题,加强联系,促进了解,协调工作。

二、简报的种类

简报的种类较多,通常按其反映的内容,主要分为工作简报、会议简报、动态简报。

(一)工作简报

这是报道反映本部门、本系统各方面工作情况的简报。又称情况简报或综合简报。它既有全局情况的概述,又有典型材料的说明,广度和深度相结合。

(二)会议简报

这是报道重要会议筹备、进展情况以及会议内容、与会人员情况的简报。一般由大会秘书处或会议主办单位编发,是一种临时性简报。

(三)动态简报

这是反映本单位最近出现的新问题、新趋向、新事件包括一些突发性事件的简报。

另外,简报如按出刊日期分,又可分为定期简报和不定期简报。按阅读范围分,有的只供领导参阅,属内部机密,分发数量要

控制；有的是有关人员都可阅读，分发数量较多。按形式分，又可分为一事一反映的专题性简报，用以集中反映某项工作或任务的进展情况；有的是综合性的简报，用以反映一段时间内各方面工作的综合情况。

三、简报的内容和形式

（一）简报的内容

一般说来，简报的内容，主要是围绕本单位学习、讨论和贯彻各个时期党的中心工作，及时反映各级干部、群众的思想动向；也可以是汇报本单位重要工作、重大活动以及一些突发性的重大事件，特别是那些具有典型意义的工作经验。

具体来说，简报经常报道的内容有以下方面：会议消息；上级机关的工作部署和指导意见；领导同志的重要讲话；带有方向性的重要活动；有典型意义的工作经验；广大群众关心的情况；政策、措施的反馈信息；工作中出现的新情况；重大突发性事件等。

（二）简报的形式

1. 简报的格式

简报的格式大体分报头、正文、报尾三部分。

（1）报头。在简报第一页的上方，约占全页的五分之二。内容有简报名称、编印单位、期数、印发时期、密级、编号等项目。它们的位置和式样见下面的简报式样。其中简报名称多数套红。密级又分"绝密"、"机密"、"秘密"，也有的写"内部文件"或"内部文件，注意保存"等字样。

（2）正文。正文前有标题，有的标题上端还加"编者按"，一期简报可刊登一份材料，也可刊登同类型问题的几份材料。正文末尾要注明作者，如"……（单位）"、"……办公室"、"……宣传部"；如系转发，在正文后则注明出处，如"摘自《……》"。

（3）报尾。写明本期简报发送范围或具体单位。还要写明印发份数。

简报式样：

秘　密

××简　报

第×期

××××编　　　　　　　××××年××月×日

[编者按]…………………………………………………………
……………………………………

标　题

正文：…………………………………………………………
……………………………………………………………
………

报……………………

送……………………

发……………………

（共印××份）

2. 简报的结构

（1）标题。简报的标题应扼要地概括正文部分所叙的核心内容，尽量准确、简明、醒目。可以是单行标题，即用一句话概括简报的内容。如《重拳出击严打假冒伪劣》。也可以是多行标题，含有正题、副题的组合。如《领导干部必须"五官端正"——嘴不馋，腿不懒，耳不偏，心不散，手不长》。

（2）按语。内容重要的简报，常要写个简短的按语，也叫编者按。说明编发这份简报的原因或目的，以引起读者的重视。按语多数是根据单位领导同志意见撰写的，具有指导性。要提纲挈领地把简报的重点、中心突出来,达到强调、宣传的目的。常见的有提示性按语,评价性按语,批示性按语。

(3)正文。分开头、主体、结尾三部分。开头要用极其简洁明确的几句话或一段话,总括全文的中心或主要内容,点出主题,一般要交代清楚什么人在什么时候,做了什么事,结果怎样,使读者先有一个总的概念。主体部分是简报的主干,要用有说服力的典型材料,把开头总提的内容加以具体化。在写法上,有的按照事情发生、发展的先后过程来写;有的根据事情的内在联系来写;有的以提出问题、分析问题、解决问题的逻辑顺序来写。结尾部分,可用几句话或一段话小结前面内容,概括主题,或指明事物的发展趋势,或发出具体的号召,或提出今后的打算,等等,以深化主题,加深读者的印象。

四、简报写作的注意事项

(一)提炼报道主题,选择报道角度

简报的编和写都有一个选择的问题,要在"新"上下工夫,选择能体现时代特征的报道角度,力求反映新情况、新问题、新经验、新动向。

(二)抓住时机,及时报道

简报的写作和编发速度要快,要抓住时机迅速及时地作出报道,失去了时机也就失去了简报的作用。因此,报告工作情况要快,反映思想动态要快,报道会议情况也要快,要争分夺秒地抢时间,使简报真正实现快速传递信息的作用。

(三)实事求是,选材准确

真实性是简报写作必须遵循的基本原则,简报选材时要注意所用事例、数据、情况及涉及的对象、时间、地点、条件都应准确无误,不可失真。

(四)简明扼要,生动具体

简报写作要注意内容的简明扼要,抓住事物的本质特征,表达力求干净、利落。

【例文一】

情 况 简 报

(第×期)

中共××市委×××办公室　　　　　　××××年×月×日

_____

医药局实施竞争战略取得显著的经济效益

医药局紧紧围绕搞活企业这个主题,在广泛调研的基础上制定并实施竞争战略,发挥技术优势,发展规模经营,走以内涵为主求发展的路子,取得明显效果,形成利润增长幅度高于产值增长幅度的势头。其做法是:

一、建立规模较大、技术领先的全国性医药生产基地

他们依据国家的产业政策,扬长避短,大力调整产业结构和产品结构,使×××、×××、×××、××等药品器械的生产在全国形成技术、规模优势。

二、发展有特色的拳头产品,使小产品形成大气候

今年,医药局坚持围绕市场需求和升级换代进行产品的适应性和开发性调整,重点产品由××种增至××种。一批质优价廉、适合消费者心理的药品畅销不衰,市场覆盖面不断扩大。截止到×月底,×××、××××、××××等多个产品均增产值××万元以上。

三、建立与商品经济相适应的销售队伍和销售网络

该局自去年成立局强化销售指挥部以后,始终把经营销售工作放在突出的位置上。一方面,发挥工商一体的优势,利用商业主渠道,积极扩大产品购销;另一方面,不断壮大销售力量、拓宽外地市场。去年以来,全局新增了×××多名专业销售人员,聘用了×××多名兼职销售人员,新辟信息点、代销点和三级批发点×××个。这就适应了"大销售"的要求,通过开展多形式、多层次、多方位的营销活动,起到了以销促产、以销促效的作用。上半年,全局完成工业销售额×××××万元。

报:市委、市政府领导
送:××××、××××、××××
发:×××、×××××

（共印 80 分）

【例文二】

统计工作简报

国家统计局编　　　　　　　　　19××年5月13日

深化统计改革,充分发挥统计工作
在治理整顿中的监督作用

——全国统计工作会议简况

全国统计工作会议于4月25日至29日在北京召开。国务院领导,国务院各部委统计机构负责人,全国各省、区、市统计局和计划单列统计局的负责人,有关院校特邀代表出席了会议。会议的中心议题是:深化统计改革,充分发挥统计工作在治理整顿中的监督作用。会议主题明确,重点突出,取得了预期效果。

会议期间,国务院领导同志×××听取了国家统计局和各省、区、市统计局领导关于当前统计工作情况的汇报。汇报中,国务院领导同志肯定了统计工作的成绩,认为近几年统计工作有很大的进展,各级统计部门做了大量工作,在艰苦的条件下,为中央、国务院和各级政府的宏观决策提供了大量信息。并就如何进一步加强统计工作作了重要指示。

国家统计局副局长×××在会上做了《加强统计工作,进一步发挥统计监督作用》的工作报告。报告认为,1988年全国统计工作在改革中继续发展,广大统计人员艰苦奋斗、勇于开拓、锐意进取,在任务加重、人员不够、条件困难的情况下,仍然取得了较大的成绩:一、统计在管理和决策中的作用进一步增强,统计的社会影响继续扩大。二、在搞清"实事"方面取得了一些成效。三、统计制度方法改革取得了初步成果。新的国民经济核算体系方案经过修订,已由理论研究阶段进入实际试算阶段;指标体系改革的科学研究取得了阶段性成果;农村基层和工业企业"一套表"的研制和试点工作取得了一定进展。四、对统计信息自动化系统建设取得了较为显著的成绩。五、统计法制建设进一步加强。六、统计信息自动化系统取得了较为显著的成绩。七、按期完成投入产出表的编制工作,进行了第四次人口普查的各项准备工作。八、精神文明建设广泛开展,统计队伍建设得到加强。另外,统计科研、外事、后勤保障等方面也取得了不少成绩。

在分组讨论中,代表们一致认为,×××同志的工作报告客观地分析了取得的成绩和存在的问题,明确提出了今年的工作任务。大家联系本地区、本部门的实际,畅谈了一年来工作的丰硕成果,并决心认真贯彻中央领导的指示和这次会议的精神,努力深化改革,进一步发挥统计工作在治理整顿中的重要作用,把统计工作提高到一个新水平。代表们还对会议各个文件进行了讨论,提出了修改意见。整个会议充满团结、民主、求实、创新的活泼气氛。

29日下午,××同志作了大会总结。他就关于学习和贯彻国务院领导同志的指示精神,统计监督的理论研究和实际操作问题以及今年的几项具体工作作了进一步的阐述。

……

思 考 与 练 习

1. 什么是简报? 它的基本特点是什么?
2. [例一]、[例二]分属哪种类型的简报? 为什么?
3. 写简报应注意哪些问题?
4. 就学校的某项活动(如演讲赛、展览、运动会等)写一份简报。

第六节　调 查 报 告

调查报告是经过深入切实的调查和认真的分析研究之后,把能反映事物客观性、本质性、规律性的调查结果陈述出来的文书。调查报告的概念有三个层次:第一,通过对某一事件、现象、问题进行有目的、有准备、有方法的深入调查,占有丰富的材料。第二,对材料进行科学的分析研究,揭示事物的本质,从中找出规律性的东西,引出正确的结论。第三,把情况、分析和结论写成叙议结合的陈述性书面材料。

常见的调查、调查汇报、情况调查、考察报告等都属于调查报告。调查报告在公务活动中应用广泛,它可以是汇报工作的材料,为方针、政策的制定及办法、措施的出台提供参考和依据。也可以公开发表,或宣传介绍,或呼吁揭露,反映实际情况及其本质规律,推动工作开展。

一、调查报告的特点和作用

(一)调查报告的特点

从调查报告的产生过程来看,可以这样说,客观事实是调查报告产生的基础;运用正确的立场、观点、方法,对客观事实进行分析研究,是调查报告的灵魂;通过分析研究,得出结论,掌握规律,回答与解决现实问题,是调查报告的基本职能。因此调查报告具备以下特点:

1. 真实性

调查报告是以事实为基础的文体,它以真实的材料为依据来透析客观存在的本质。信息可靠,材料准确,是调查报告的立足点。

2. 客观性

调查报告对社会存在的反映是客观的,不以好恶来判别是非,不以个人感情来改变事实存在,而是要尊重事实,由事实本身出发来认识规律。只有这样,调查报告所反映的规律性结论才有普遍指导意义,才有利于工作决策。

3. 科学性

这是指调查报告提供的信息应具有科学价值,结论应具有科学性,符合实践的规律,能揭示事物的本质。

4. 针对性

调查报告具有明确的针对性。它一般根据实际需要,有选择地调查研究各种社会现象和问题,尤其是群众普遍关心和迫切要求解决的问题。调查报告的针对性越强,它的实际作用就越大。

(二)调查报告的作用

1. 调查报告的功能作用

(1)反映状况。调查报告具有客观、准确、综合反映事物存在状况的功能,能反映事物内部各种因素相互作用的结果及外部各种现象相互联系的基本形态。了解事物的存在状况,是深入认识事物的基础。

(2)解释原因。调查报告具有科学、深入、细致分析研究事物存在原因的功能,能发现影响事物存在的各因素、现象之间的关系,并作出合理解释,进而有针对性地找出解决问题的方法或及时总结、推广经验。

(3)预测趋势。调查报告有在对事物存在做出准确描述和正确解释的基础上预测事物发展趋势的功能,明确认识事物存在现状、特征、原因后,就能依据社会环境中各种因素或条件发展变化的趋势,对事物发展做出合理预测,并提出引导事物发展的建议或预防性措施。

2. 调查报告的应用作用

(1)为制定政策、正确决策提供依据和思路。

(2)为发现问题、解决问题提供信息和方法。

(3)为推广经验、改进措施提供材料和意见。

(4)为转变作风、提高能力提供借鉴和途径。

(5)为教育群众、净化风气提供教材和启示。

(6)为把握方向、因势利导提供契机和构想。

二、调查报告的种类

调查报告按不同的分类方法和标准,可分为诸多种类。作为通用文书的调查报告,从其通常的行政目的性考虑,按内容分,主要有反映情况的调查报告、介绍经验的调查报告、揭露问题的调查报告、研究问题的调查报告。

(一)反映情况的调查报告

反映某地区、单位、行业某一个方面的基本情况或综合情况,所反映的情况一般全面、完整、真实、准确。它侧重较全面地反映现状,说明基本面貌及发展趋势,剖析存在问题的症结,为了解情况进行决策提供依据。

（二）介绍经验的调查报告

反映经验创造的过程、具体做法及所取得的成效功绩等。所反映的情况常具有典型性。目的在于以点带面，总结、推广经验，指导全局工作。

（三）揭露问题的调查报告

着重以调查得到的充分的事实材料，揭露和分析问题，归纳总结教训，或是提出解决意见，或是呼吁重视。

（四）研究问题的调查报告

针对实际存在的有一定代表性或某种倾向性的问题，做出敏捷反应，侧重于反映存在问题的特点，分析问题存在的原因，提出切实可行的解决问题的意见、措施。

三、调查报告的形成过程

作为系统、科学的认识活动的具体体现，调查报告的形成有比较规律的形成程序，这是由其形成过程的内在逻辑决定的。从大的方面看，可将调查报告的形成过程分为三个阶段，即调查阶段、研究阶段、报告阶段。

（一）调查阶段

调查阶段的中心任务是收集材料。包括三个分阶段：选题阶段、准备阶段、调查实施阶段。

1. 选题阶段

作为通用文书的调查报告的题目，或由上级指定，或由工作需要确定，或由各种途径反映的线索确定，不一而足。该阶段的基本任务包括：

（1）将某些比较笼统、宽泛的调查问题具体化、精确化，明确调查问题的范围。

（2）分析自身主客观条件，诸如工作经验、知识结构、组织能力、调查时限、调查经费、调查渠道等，看能否满足题目要求。

2. 准备阶段

为保证调查目的的实现，实施调查前要做大量周密细致的准备工作，其中最关键的两项是选择调查方式和拟定调查方案。

(1) 选择调查方式、方法。调查方式、方法的选择要根据实际需要及使用可能来确定。

按调查广度区分，主要有普遍调查、个案调查、典型调查、抽样调查。

普遍调查，又叫全面调查。是对调查对象做逐一调查。这种调查具有覆盖性，获得的材料全面可靠。但只在调查范围较小时或非此不可时使用。

个案调查，是在调查范围内选取个人作为分析单位，通过调查个人反映和解释由个人所组成的各种群体，以及由个人的行为和态度所构成的存在现象。

典型调查，就是按照实际工作需要和具体要求，在对实际情况作了全面约略的考察分析之后，挑选出一个或几个有代表性的单位，深入进行周密系统的调查研究，从而做到胸中有全局，手中有典型。

抽样调查，就是从所调查对象总体中，按照一定的抽样方式选取一部分个体进行调查，并将在这部分个体中所得到的调查结果推广到总体中去。它省时、省力、资料收集迅速、准确、应用范围广泛。

按照调查的形式区分，有询问法、观察法、实验法三类方法。

询问法。询问法主要用语言方式进行调查，有问卷、访谈、调查会等方法。

观察法。观察法主要用视、听方式进行调查。

实验法。实验法是用实验方式来证明设想的方法。

作为通用文书的调查报告，在形成过程中合理选择调查方式、方法十分重要，它直接关系到调查报告的质量。目前，"传统的"调查方法与"现代的"调查方法结合使用的趋势十分明显。现在就两者的差别进行说明,以便使用。下面文字摘自《现代社会调查方法》。

"综观近 20 年来国内所进行的各类调查研究,可以看出,无论是在思想认识上,还是在具体方法上,都受到两个不同来源的影响:一个来源是以毛泽东农村社会调查和国内老一辈社会学家所作社会调查为代表的'传统的'调查方法;另一个来源则是以现代西方社会学的调查研究方法为代表的'现代的'调查方法。两者所具有的内在差别比较突出地体现在以下几个方面。

a. 从调查的方式上看,前者(指传统调查)以实地进行典型调查和个案调查为主;而后者(指现代调查)则以抽样调查为主。

b. 从调查对象的选取方式上看,前者往往选取少数几个个案或典型作为调查对象,并且这种选取所依据的也主要是研究者的主观分析和判断;而后者则往往采取从总体中随机抽样的方法,抽取相当数量的个案构成总体的一个子集作为调查对象,并且这种抽取所依据的也是某种客观的规则或程序。

c. 从调查资料的搜集方法上看,前者往往采取无结构的自由访问、座谈会等方式;而后者则主要采取以封闭式问题为主的自填式问卷或者结构式访问的方式。

d. 从调查资料的分析方法上看,前者主要依靠定性分析的方法,即依靠主观的、思辨的、领悟的和演绎的方法;而后者则主要依靠定量分析的方法,即依靠客观的、实证的、统计的和归纳的方法。

从社会历史的角度看,可以说前者所适应的是以封闭性较强、同质性较高、流动性较小、变动速度较慢为特征的'传统'社会;而后者所适应的则是以开放性较强、异质性较高、流动性较大、变动速度较快为特征的'现代'社会。"

(2) 拟定调查方案。调查方案的拟定就是对调查实施阶段的工作进行规划安排,形成一份完整、周密、切实可行的实施方案,以保证调查工作的顺利开展和调查目标的圆满实现。调查方案的拟定要以明确调查的目的与意义为前提,具体包括的内容有:说明调查步骤,设定调查对象,规定调查时间、地点,选定调查方式、方法,预算调查经费,疏通调查渠道,编写调查内容纲目,设计制作调查表格、问卷,明确调查资料的收集方法与分析方法等。必要的话还要安排调查人员培训及分配调查任务。

【例文一】

马克思在对纺织工人进行
调查前拟定的调查内容纲目

1. 请说明工作日一般有多长,一星期一般有几个工作日?

2. 在一个工作日内有哪些休息时间?

3. 请说明一年有几个假日?

4. 有没有规定一定的吃饭时间,吃饭是不是定时?

5. 在吃饭时间干不干活?

6. 如果用蒸汽,请说明实际的开关时间?

7. 开不开夜工?

8. 请说明童工和16岁以下少年工人的工作时间?

9. 在一个工作日内,童工和少年工人是不是换班?

10. 政府有没有通过控制童工劳动的法令?企业主是不是严格遵守这些法令?

11. 有没有为在你的工业部门劳动的童工和少年工人设立学校?如果有,那么一天中哪些时间孩子们是在学校度过的?他们学习些什么?

12. 在生产日夜进行的地方,采用怎样的换班制度?是不是由一班工人换另一班工人?

13. 在生产繁忙时期,工作日通常延长多久?

14. 机器是专门雇人来擦拭呢,还是由使用的工人在工作日内无报酬地擦拭的?

15. 采用哪些规则和处分来保证工人在工作日开始时和午休后准时上工?

16. 你每天从家里到工作地点以及工作后回家要花多少时间?

【例文二】

写调查报告前一定要做调查,调查有许多科学的方式方法,问卷法是一种比较客观又易行的方法,被广泛采用。问卷法的关键是要设计好一份既能满足调查需要,又能得到被调查者积极支持的调查表。

下面是一份公众文化消费倾向有奖调查的问卷内容。

1. 性别:□男　　　　　　□女

2. 年龄:□20 岁以下　　□20—35 岁　　□36—50 岁
　　　　□50 岁以上

3. 学历:□中学以下　　□中学/中专　　□大学/大专
　　　　□研究生以上

4. 职业:□学生　□工人　□干部　□职员　□军人
　　　　□私营业主　　□退休人员　　□其他

5. 你关注某一种媒体,最主要的原因是:
　□关注社会了解新闻　　□娱乐消遣
　□增加与人谈话资料　　□获取知识信息

6. 你所接受的各类媒体信息中,你最喜欢的是:
　□国内新闻　□国际新闻　□体育新闻　□文艺新闻
　□经济新闻　□文学性栏目　□广告

7. 对于舆论界有好评的书、文章、电影、电视,你通常是:
   □没有看过,会看一下　　　□没有看过,不会去看
   □看过,有同感　　　　　　□看过,但没有同感

8. 以下文艺娱乐形式,你最喜欢:
   □港台流行音乐　　□大陆流行音乐　　□欧美流行音乐
   □古典音乐　　　　□民族传统音乐　　□轻音乐
   □戏曲　　　　　　□曲艺/小品

9. 你目前拥有的视听设备有:
   □收音机　　　□随身听　　　□彩电　　　□影碟机
   □HiFi 音响　　□摄像机

10. 工作之余,你最喜欢的休闲娱乐方式是:
    □阅读　　　　　□出游　　　□玩电脑　　　□看电影
    □运动/健身　　□逛街　　　□种花养草

11. 你认为以下商品,哪项更具文化内涵:
    □时装　　□化妆品　　□摄像机　　□汽车
    □珠宝　　□手机

谢谢合作。

3. 调查实施阶段

该阶段是对准备阶段所进行的各种思考、所制定的各种方案的实际检验,该阶段的工作质量将直接影响调查结果。另外,由于社会现象的复杂性,或者由于现实条件的变化,调查方案往往会在某些方面与现实之间存在一定的距离或偏差,这就需要发挥灵活性和主动性,根据实际情况进行修正或弥补。

实施调查要求一定要走出去,深入到基层群众中去,努力掌握丰富的第一手材料。要摆正自己的态度,真诚待人,了解和掌握被调查者的心理,虚心问,留心看,仔细听,详细记,认真想,这样才能充分占有材料。

实施调查要重视当代科技成果的应用,一是充分应用信息通

讯领域的各种先进技术手段，提高调查工作的效率。二是充分应用新的资料收集、整理、统计手段，提高调查工作的质量。

调查实施阶段一般分三步进行：

首先，全面调查。就是调查时对所要调查的对象作一番历史与现实的、正面与反面的全面了解，也就是从"面"上占有必要材料。

接着，纵深调查。经过一番全面调查之后必然会发现一些关键问题或重要问题没有完全搞清楚。这时就要再深入一步，对问题作详尽的了解。

最后，补充调查。就是在研究材料和动手撰写报告的过程中往往会发现有些问题还未了解到，有些情况还了解得不深不透，甚至被忽略，这就需要再进行补充调查，有时甚至要反复进行多次，才能把问题完全搞清。补充调查有时会延续到研究阶段。

（二）研究阶段

该阶段的主要任务是，对原始调查资料进行系统的审核、整理、统计，科学的分析、研究，从偶然中见必然，从现象中抓本质，确保调查内容的真实性、准确性、典型性和规律性。从而概括出符合实际的科学的观点和认识。具体做法是：

1. 去伪存真

根据调查实施情况及相关常识，剔除虚假不实的材料。对资料统计过程中的误计、误算等进行"补漏"。对态度不端正的被调查者提供的材料或口径不一的材料进行"挤水"。通过认真鉴别与及时、必要的纠正、补查，保证材料的真实可靠。

2. 去粗取精

根据调查目的和题目要求，首先从与之有关无关、于之有用无用、用之好与不好着眼，对材料进行"过滤"。然后，把那些具有关键性、决定性及价值大的和最本质、最能反映事物特征的材料"筛"选出来。避免材料罗列却不能有效、准确反映客观实际的情况发生,保证材料的精确、典型。

3. 由此及彼

根据事物存在和发展的性状,将反映事物不同方面的、相同或相似方面的材料进行分类,保证材料的条理性。

4. 由表及里

根据辩证唯物主义等科学原理,将各类材料通过定量、定性、对比等分析方法进行剖析、判断,找出现象之后的本质和规律,保证材料的规律性,进而提炼形成观点、认识或建议。

5. 由事及理

把调查研究的结果理论化,形成有观点、有事实的调研成果,保证材料和观点的统一。

(三)报告阶段

该阶段的主要任务是在调查研究的基础上确立调查报告的主题,围绕主题选择、安排材料,布局谋篇,并把调查情况、分析结果、结论建议等写成陈述性的书面文字。具体做法是:

1. 用事实说话,观点与材料相统一

(1)要有目的地选择典型材料,典型材料能够有力、贴切、生动地说明问题和观点。典型材料贵精不贵多,要选得精,用得好,发挥"以一当十"的作用。同时,还要合理使用综合材料,完整反映事物的存在,并使重点更加突出,做到点面结合。

(2)正确使用统计数字。精确的数字统计可以从定性分析与定量分析的有机结合上揭示事物的本质和规律,增强对于事物性质特点界定的精确性与可比度,具有更大的概括力、说服力、表现力。但是,光用数字有时还不能完全体现问题或事物的性质,尤其是人们比较陌生的事物,要对数字进行分析说明,注意数字和概要性事实材料配合使用。

(3)重视运用对比方法。材料之间的对比有助于揭示存在事物的规律,有力支持报告的观点。对比可以是今昔、新旧、正反、好坏、成败等的对比。

2. 表达以叙述为主,叙议结合

调查报告中调查对象的基本情况、调查经过、典型事例都要用叙述和说明的方式表达。而对事实的分析及从材料中归纳观点,则要用议论的表达方式。叙是议的基础,议是叙的升华,叙议结合,辅以说明是调查报告表达上的特点。因为调查报告内容的主体要用叙述来表达,所以其语体特征的陈述性是明显的。

四、调查报告的结构

调查报告没有固定不变的格式,但一般来说,各种类型的调查报告其结构都分成标题、导言、主体和结尾几个部分。

(一) 标题

用于行政目的调查报告常常是直接点出文章的文题,讲明调查对象和内容,因此要求写得庄重得体、具体明确。

调查报告的标题有两种形式:单行标题、双行标题。

1. 单行标题。一般有两种写法:一种是公文式,通常由“事由＋文种”组成。如《关于××制药厂挖掘人才的调查报告》等。另一种是文章式,通常由调查报告的基本内容概括而成。如《耕地减少,“经验”何在》、《农村劳动力的剩余及其出路》等。

2. 双行标题。由正题和副题组成,正题突出主题,副题标明调查对象和内容。如《不要让子孙后代埋怨我们——关于北京河流污染情况的调查》、《莫把“温饱”当“小康”——来自河南农村的调查报告》。

(二) 导言

调查报告正文的第一部分称作导言,它的主要任务是向读者简要地介绍整个调查的有关背景。其中,主要的内容包括调查的目的、调查的内容、调查的对象、调查的时间、地点、调查的方法等等。导言的具体写法有下列几种常见的方式。

1. 叙述式写法。如《关于昆明市卫生改革情况的调查》的导言：

"根据部党组调查研究计划，由计财司牵头，政研室、办公厅、纪检组和国家计委社会发展局的同志共 7 人组成综合调查组，于 4 月 27 日至 5 月 12 日，在昆明市调查医院实行企业化管理和后勤社会化改革的进展情况。调查组先后走访了 13 个医疗卫生单位，召开了 6 个座谈会，广泛听取了各方面的意见。现将调查情况简要汇报如下：……"

2. 设问式写法。如《农村发展社会主义市场经济的成功之路——贸工农一体化、产加销一条龙经营的调查》的导言：

"近几年，随着农村改革的深化和商品经济的发展，贸工农一体化、产加销一条龙的经营方式，正在我国农村迅速突起。它一出现，就显示出旺盛的生命力和巨大的优越性，为农村经济的发展注入新的活力。这种经营方式对我国农业向商品化、现代化转化有哪些作用？应采取什么方针政策扶持其发展？我们就这些问题进行了调查，并同 10 个县（市）的有关同志进行了座谈，形成了一些共识。"

3. 结论式写法。如一篇关于青少年犯罪问题的调查报告的导言：

"青少年犯罪是全球普遍关注的社会问题之一。据统计，我市去年一年中，因各种犯罪而被劳教的青少年达 600 多人。这么多的青少年是怎样误入歧途，走上犯罪道路的呢？导致青少年走上犯罪道路的主要原因是什么呢？笔者今年 5 月对两个劳教所 400 名犯罪青少年的调查表明：家庭破裂、择友不当以及黄色文化的影响，是导致青少年走上犯罪道路的主要原因。"

（三）主体

主体是正文的核心部分，是对前言的展开。这一部分既要具体地报告调查中发现的有关事实情况，诸如事实的经过、典型的事例、精确的数据、具体的做法、群众的反映等，又要在事实的报告中引发认识、阐述观点、说明成绩与经验教训之所在。主体部分的结构形式有纵式与横式两种。纵式结构是以调查的前后顺序或事物发展变化的过程顺序来组织材料。横式结构是按问题的性质或事物的特点来组织材料,把有关材料分门别类地归纳入各种性质或特点之中,多用小标题来标明各类问题与情况的性质、特点。此外也有纵横结合的结构形式。它兼有"纵式"、"横式"两种结构形式的特点,总体上按时间顺序安排材料,在具体叙述时又展开分类叙述。

(四)结尾

调查报告结尾部分的中心内容是小结调查的过程和主要结果,陈述调查研究的结论。此外,有的调查报告还可以在结尾部分阐明所调查现象产生或形成的原因、具有的影响,并提出解决的办法或建议等。结尾部分在写作上的具体要求是:语言要精练,陈述要明确,可以简明扼要地列出几点,清晰地表明调查研究的主要结果,以及研究者的看法和观点。

总的来说,导言部分以介绍情况、说明目的为主;主体部分则以详细描述事物存在的实况、报告调查情况、分析材料得出观点为主;结尾部分则以对这一社会现象的讨论、总结为主,有时还要提出作者的看法以及解决问题的建议,或呼吁重视,或提供参考。

五、调查报告写作的注意事项

(一)深入实际,充分掌握真实材料

掌握真实材料,是写好调查报告的基础和前提。要占有第一手真实的材料,就必须深入实际,开展调查研究。要深入了解和掌握群众普遍关心的、迫切需要解决的,并带有普遍性、倾向性、真实性的问题和材料。只有深入调查,掌握的材料才能真实可靠,确凿无误。真实是调查报告赖以存在的基石,如果调查报告失去了真实性,它就失去了存在的价值和意义。从一定意义上说,真实性是调查报告的生命。

（二）认真分析研究，找出有规律性的东西

调查研究是一个整体，把调查得来的东西，加以分析综合，上升到理论，就是研究。对材料的研究，要在正确的思想指导下，用科学的方法，经过"去粗取精，去伪存真，由此及彼，由表及里，由事及理"的过程，分清现象与本质，主流与支流，成绩与缺点，主要矛盾与次要矛盾等，并从事物表现的各个方面中，从事物发展的不同阶段中，找出其起支配作用的、本质的东西。

（三）调查报告的观点要从大量的事实材料中提炼

只有材料，没有观点，调查报告会流于现象的罗列，就会削弱调查报告的作用；只有观点，而没有说服力的材料，观点也难以使人接受。因此，写作调查报告应从材料中提炼观点，用材料说明观点，使观点和材料统一起来。

（四）搞好调查研究，还要讲究调查方法和调查技术

随着我国经济体制改革的深入和技术创新的发展，调查研究工作也面临着许多新的课题。特别在方式和方法上，抽样调查法、民意测验法、专家论证法等现代调查方法，信息、通讯等方面的技术成果都应该积极运用到实际的调查研究工作中去。

总之一篇好的调查报告必然主题鲜明、内容充实、结构清晰、语言流畅。

【例文】

同一地区的农村经济为什么发展有快有慢？

——廊坊市郊区二百个村的调查

最近几年，河北省廊坊市郊区村庄的经济发展有快有慢，拉大了距离。发展快的村人均收入已达千元，慢的只有一二百元，甚至

更低。为了弄清原因,实行分类指导,市委办公室组织了近百名干部,对经济发展快的一百个村和经济发展慢的一百个村进行了调查比较。这两百个村庄,有以下几个方面的区别:

经济结构不同。发展快的百村,1983年工副业收入占工农业总收入的42.1%,发展慢的百村只占19.8%,比发展快的百村低22.3%。

劳力结构不同。发展快的百村务工经商搞服务的劳力占劳力总数的57.1%,发展慢的百村只占21.8%,比发展快的百村低35.3%。

产业结构不同。发展快的百村,大都是农、林、牧、渔、副、工、商、运、建、服务"十个轮子"一齐转;发展慢的百村,多是较单一地从事种养业。

经济发展速度不同。发展快的百村1980年至1983年工农业总产值平均递增23.4%,比全市平均速度高7.8%;发展慢的百村递增速度是12.8%,比全市平均速度低2.8%。

群众生活水平不同。发展快的百村,1983年人均收入492元,最高的人均千元以上;发展慢的百村人均收入268元,最低的只有几十元。

为什么拉开了这样大的差距?分析起来主要有以下五个不一样:

(一)领导班子的状况不一样。发展快的百村,主要干部有278名,平均年龄42.3岁,比全市农村干部平均年龄低一岁半,其中40岁以下的148人,占干部总数的53%;初中以上文化的134人,占总数的48.2%。他们思想比较解放,视野比较开阔,敢于开拓。发展慢的百村,264名主要干部平均年龄44.7岁,还有32个村没有初中以上文化水平的干部。他们中的部分人,至今仍怕"政策变",不敢大胆抓商品生产。

(二)发展乡镇企业的劲头不一样。发展快的百村中有72个村走的是"农业保驾、工业发家"的新路子。这些村办企业是村、联户、个体一齐上,因此发展很快。现已办各类企业4 400多个。今年工副业总收入可达4千万元,占工农业总收入的58%。他们深有体会地说:农业是"饭碗",搞好了能解决温饱问题;副业是"菜篮",搞好了能改善生活;工业是"钱口袋",搞好了才能真正富起来。

发展慢的百村中没有村办或联户办企业的"白点村"有41个。1983年企业收入占总收入不足30%的有59个村。满足现状,怕政策变,怕摔跤的思想普遍存在。

(三)对智力开发的认识和态度不一样。发展快的百村重视智力开发和人才引进,近年来,引进技术人才近百名,培养技术人才326名。发展慢的百村,只有13个村引进外地人才一共11名,其余87个村在引进人才上是"白点村"。

(四)优势发挥得不一样。发展快的百村中,9个村靠城吃城,发展以城市为依托的工商服务业;4个村发挥资源优势,利用荒废土地烧砖制瓦;38个村发挥资金优势,集资办厂,以钱生财。由于各自的优势发挥得好,这百村中有67个成为以一业为主的专业村。

发展慢的百村,不是没有优势,而是没有利用优势。例如24个村的重荒重碱地和坑塘4 600亩;35个村农民有存款200多万元,未用来兴办各业。

(五)流通领域的状况不一样。发展快的百村,大胆组织农民进入流通领域。百村共有运输专业户812户,村均8户,拥有汽车63辆,各类拖拉机430多台,大车300多辆;还有推销员、业务员3 200多名。1983年,这些村的推销业务人员推销了1.2亿元的工业品和农副产品。

发展慢的百村,运输专业户比发展快的百村少一半。推销业务人员不到发展快的百村的1/6。

在调查分析的基础上，廊坊市委、市政府正认真总结发展快的村的经验，研究帮助发展慢的村加快发展速度，以促进农村经济全面高速发展。

思 考 与 练 习

1. 什么是调查报告？调查报告与总结有哪些异同？

2. 调查报告主要有哪些特点？

3. 简述调查报告的形成过程。

4. [例文]属于哪种类型？结构上有什么特点？

5. 选取工作、学习或生活中某方面存在的问题，先设计调查问卷，然后发放、回收、统计问卷，最后写一篇专题调查报告。

第七节 讲 话 稿

作为通用文书的讲话稿是指为在特定公务活动场合以法定作者名义发言而事先准备的文书，又称工作讲话稿。其中，"特定公务活动场合"主要指全体会议或有一定规模的限制性会议。另外，讲话稿不直接具有行政或法律效力，除非形成正式文件或作为公文的附件。工作报告、动员报告、领导讲话及开、闭幕词等都属于工作讲话稿。

一、讲话稿的特点和作用

（一）讲话稿的特点

1. 务实性

讲话稿是以法定作者名义，代表组织在公务活动中使用的。是以解决实际问题，推动并指导工作开展为目的的，有较强的务实性。

2. 政策性

讲话稿是党政机关、企事业单位、团体组织处理公务的工具之一。必然体现和传达党和政府的方针、政策,执行行业组织的法规、制度。具有鲜明的政策性。

3. 公开性

讲话总是面对一定数量的听众公开发表的,必然考虑听众心理及讲话内容的影响。自然要代表群众根本利益,坚持正确的政治方向,讲科学,讲策略。

4. 条理性

讲话是以声音为媒介传达信息,而声音是一种瞬时性的存在。要使听众领会讲话内容,实现讲话目的,讲话稿条理清晰、易听易懂是前提条件。

另外讲话稿内容的表达方式和演讲比较还有一些值得注意的特点:如强调如何讲而不注重如何演;提倡口语化但不排斥句式严谨;希望听众注意力集中又不能随意调动观众情绪;用逻辑吸引听众而不是用事例感染听众;要庄重诚恳不要幽默调侃。

(二)讲话稿的作用

1. 指导作用

讲话稿以大政方针、法令法规为依据,贯彻上级意图,体现组织意志,分析形势,解决问题,部署工作,总结得失,统一步骤,有突出的指导作用。

2. 宣传教育作用

讲话稿宣讲政策,阐释理论,澄清事实,明确方向,剖析典型,表彰先进,有明显的宣传教育作用。

3. 联系沟通作用

讲话稿使用于会议,能使上情在较大范围内迅速下达,能使下属单位部门互相了解,协调关系。又能反馈信息,推广经验,沟通纵横,使各项工作有序开展。

4. 号召鼓舞作用

讲话稿能面对面地把思想、观点、情感传达给听众，并在特定氛围里，有效激活听众的认识、意志、情感能力，使听众的集体意识、使命感、工作热情、工作信心超越平时状态，显得更加强烈饱满。这正体现了讲话稿特有的号召、鼓舞作用。

二、讲话稿的种类和内容

讲话稿按内容及功能分，主要有下面几种：

1. 工作报告

内容主要是总结前一时期的工作和部署今后一段时间的工作。

2. 动员报告

内容主要是有针对性地分析形势；提出和分析问题；说明活动或工作的目的、意义；提出目标、任务；号召努力工作。

3. 总结报告

内容主要是介绍工作完成情况，取得的成绩与进步；总结经验、提出存在问题、明确工作方向与要求。

4. 宣讲报告

在重要庆典、集会活动时宣布政见和施政纲领；阐释说明方针、政策及重要理论。

5. 开幕词

内容主要包括介绍会议召开的背景、意义、目的和任务；说明会议组织筹备和与会代表情况；明确会议议程安排与会议形式；表达对会议成功的希望和要求。

6. 闭幕词

内容主要包括回顾大会完成的预定任务；感谢有关人员和部门的努力；总结会议的成绩和效果；围绕会议主题，提出贯彻会议精神的有关要求。

三、讲话稿的写法

讲话稿内容的表达要视会议的性质与听众情况而定。讲话稿一般由开头、正文、结尾三部分组成，其中开头、结尾的写法比较灵

活,应视具体情况而定。下面就工作报告、动员报告正文的写法作简要介绍:

（一）工作报告正文的写法

工作报告的正文是其主要内容的集中体现,是全文的核心部分。工作报告正文部分一般包括三方面:首先,概括总结过去一段时间的工作情况,包括所取得的成绩和尚存在的问题。写成绩时,既可将现状与过去相比较,通过写其变化和发展反映工作状况及其成绩,也可直接从不同方面分条分目写出所做的工作及其成绩。这部分的内容既要有基本情况、典型事例、统计数字等的客观陈述,还要有分析、综合、概括后的主观评估,使会场听众对过去工作全部内容有一清晰、全面的了解和印象。其次,在正确分析当前形势的基础上,提出本地区、本部门或本机关今后一段时间内的工作方针和工作任务。分析形势要中肯精辟,富有说服力,能增强人们的信心。提出今后的工作任务,是正文部分的核心和重点。可以先提工作的总方针,然后再分条说明具体的工作任务和要求。讲任务要有理有据,使与会代表确实认识到完成这些任务的重要性和必要性。再次,提出完成任务的具体措施和要求。要具体说明完成工作任务需要解决的问题,采取什么措施和办法,有什么要求和规范。注意所提出的要求和要采取的措施,必须是十分必要又切实可行的,要从本地区、本部门、本机关的实际出发,紧紧围绕着工作方针和工作任务进行阐述。层次安排上,措施和要求既可以与总任务、具体任务直接贯通,一起说明,也可以分别在每一项具体任务提出之后,针对这一具体任务提出。写作时可视工作报告的内容和总体结构需要而灵活安排,需特别注意的是要使措施紧扣任务,两者不要脱节。

工作报告的总体结构,可以根据其内容层次来安排。一般来说,开头、结尾分别自成一部分。由于正文部分的内容比较丰富、全面,各部分内容关系密切,纵横连接,安排结构要特别注意彼此间的内在联系。

（二）动员报告正文的写法

动员大会通常都是为完成某项重要活动或某项中心工作而召开的。动员报告的正文部分，就应围绕这一重要活动或中心工作而展开，一般应包括以下几方面内容：首先，讲明形势，提出并分析问题。分析形势是为了表明开展活动或工作的背景，显示开展活动或工作的意义，表明开展活动或工作的必要性和重要性。对形势的分析要有针对性，要结合将要开展的活动和工作来进行，不能空泛而论；提出存在的问题，并对这些问题存在的原因、影响予以简要分析，是为了显示解决这些问题的紧迫性和重要性。还要注意，问题的提出和分析，应与将要开展的活动或工作联系起来，实际上，这些问题都是要在活动或工作中解决的问题。其次，提出开展活动或工作要达到的目标和要完成的任务。这一部分的内容很重要，是统领动员报告以后各部分内容的纲，一般用精确的语言概括提出即可。再次，提出为达到目标和完成任务所要采取的各项具体措施。所提出的任务和措施，一定要从客观实际出发，切实可行。另外，还要对与会人员和参加活动和工作的人员提出要求和希望。要求应具体明确，与热切期望相贯通，以便调动人们的积极性。

四、讲话稿写作的注意事项

（一）实事求是，材料真实

会议报告要面对与会人员当众宣读，取得与会人员的认可。因而，报告人要认真细致地做好准备工作，仔细核实各方面的材料，特别注意材料的真实性。会议报告如回顾和评价以往的工作，所涉及的统计数字一定要全面、准确，对取得的成绩要充分肯定，谈足谈够，但不能夸大，不能回避存在的问题。只有通过真实确凿的客观材料，冷静、客观、全面、准确地认识和评价以往的工作，才能更好地做好今后的工作。

（二）要注意从事实材料中分析和归纳经验教训

会议报告的内容,不只是回顾过去,更重要的是面向未来。在过去一段时间内,是如何开展工作的,采取了哪些措施与方法,取得了哪些成果,为什么会取得这样的成果,需要人们清醒的、理性的认识,而从事实材料中分析、归纳出成功经验或失误教训,就是人们的理性认识。更重要的是,这对安排部署今后工作,制定方针、政策,号召动员人们同心同德、实现预期奋斗目标,有着极其重要的意义和作用。

（三）会议致词篇幅要简短,号召力要强

开、闭幕词是会议议程中的开始、结尾部分,不是会议的重点。开、闭幕词的性质和作用,决定它们不宜长篇大论。另外,开、闭幕词都包含有鼓舞士气、增强信心的内容,表达上应庄重与生动相结合,增强它们的鼓动性和号召力。

【例文】

董建华在香港特别行政区成立
暨特区政府宣誓就职仪式上的讲话

（一九九七年七月一日）

中华人民共和国香港特别行政区第一任行政长官　董建华

江泽民主席

李鹏总理

同胞们

朋友们:

这是一个崇高而庄严的时刻:1997年7月1日。香港,经历了一百五十六年的漫漫长路,终于重新跨进祖国温暖的家门。我们在这里用自己的语言向全世界宣告：香港进入历史的新纪元。

中华民族近代历史的荣辱兴衰，值得我们铭记：一个国家和民族最可贵的是，能够掌握自己的命运。一个半世纪以来，中国有无数的仁人志士，为了国家富强，为了疆土完整，前仆后继，奋发图强。正是由于他们作出了巨大牺牲和努力，国家出现了百年未曾有过的繁荣和良好机遇，国际上确立了我们的尊严，香港得以顺利回归。

今天，我们幸运地站立在先贤梦寐以求的理想高地。身为中华民族一份子，一个生活在香港的中国人，我谨代表所有香港同胞，向所有为此作出贡献的中华儿女，献上深深的敬意和感激。

中国对香港恢复行使主权，实行"一个国家、两种制度"，是超凡政治智慧的创举。香港在世界各国的目光注视下，接受了一项开创历史先河的殊荣。我们深信不疑，一定能够克服历史新事业带来的一切挑战，香港的将来会更加美好。我们的信念如此坚定，不仅是因为这个构想出自一位爱国者和政治家的睿智和远见；不仅是因为这是一个伟大国家的庄严承诺；也不仅是由于香港同胞秉承了中华民族的智慧、勤劳和特有的适应能力。最重要的是："一国两制"的事业，完全掌握在我们中国人自己手里。

国家以严肃的法律形式，授予了香港举世无双的高度自治权。我们非常珍惜这权力，我们会负责任地运用这权力。香港新时代的巨轮，此刻在祖国尊重香港人、相信香港人、爱护香港人的旭日辉映下，满怀信心，升锚启航，向着振兴中华，祖国统一的宏伟目标乘风奋进。

香港人在历史上第一次以明确的身份主宰自己的命运。香港特别行政区政府将竭尽全力，保持香港一贯的生活方式，维持香港的自由经济体系，坚守法治精神，发展民主，建立富于爱心的社会，确保国际大都会的活力。

本人受国家和人民重托，出任中华人民共和国香港特别行政区首任行政长官。在这个历史时刻，我感到无尚光荣，更感到责任重大。我亲身体会过创业成功的艰辛和欢愉；我清楚地知道香港人的需要和期望。同时，我更深信同心协力的重要。我将以忠诚的心志，坚决执行法律赋予香港高度自治的神圣责任，带领650万富于创业精神的香港市民，坚定地按照"一个国家、两种制度"的路向前进。

我坚信，香港回归祖国，实行"一国两制"，前途必定更加辉煌。

《人民日报》[1997.7.1 二版]

思 考 与 练 习

1. 什么是工作讲话稿？
2. 讲话稿有哪些种类？各有什么特点？
3. 讲话稿写作的注意事项是什么？

第八节 演 讲 稿

演讲稿是为进行演讲而准备的文稿。演讲稿的形式和使用始终以为演讲活动服务为目的，其文体特点应体现演讲活动的基本规律。演讲稿不包括演讲提纲等内容不完整的演讲文字准备形式，也不等同于对演讲现场录音或记录进行修改、加工、润色后公开发表的演讲辞。

一、演讲稿的特点和作用

（一）演讲稿的特点

演讲稿的特点是通过演讲者在和听众共处的时间和环境中，借助有声语言和态势语言进行的演讲活动显示出来的，主要表现在以下三个方面：

1. 声媒性。演讲稿的内容要通过声音传达给听众，这就使演讲稿往往具有:注重语音效果和语言的形象化;注重主题的单一性和思想倾向的鲜明性;注重结构安排的简单化和材料使用的实例化;注重内容逻辑编排的清晰性等特点。

2. 临场性。演讲稿的内容最终要由演讲者面对听众,以"讲"、"演"结合的方式传达给听众,因此,演讲者在演讲过程中,往往要根据演讲内容选择适当的表情和动作,也会根据听众情绪和兴趣随时调整演讲内容。

3. 综合性。演讲稿的形成必须考虑演讲活动的实际需要,要考虑演讲的选题和目的,演讲的时境和听众的文化层次及心理状态,演讲时的表情动作,还要考虑语言运作、材料选择、临场效果等诸多因素,这些多方面的思考集中体现了演讲稿形成过程中的综合性特征。

(二)演讲稿的作用

演讲稿是对演讲内容和演讲方式的组织、提示与规范,是演讲活动的依据。演讲稿的主要作用是提高演讲质量,保证演讲活动顺利进行,具体表现为:

1. 能使演讲更加精彩。通过演讲稿的准备、写作,它在主题方面的提炼更加深入、集中,在材料的选择上更加生动、典型,结构的安排更加合理、有序,语言也可以准确、简练、生动,那么就为演讲作好了充分准备,使演讲效果有声有势,起到更好的作用。

2. 可以起到提示演讲内容的作用。有了稿子,可以提示演讲内容,特别是对于初学者,更是如此。

3. 能帮助演讲者掌握演讲的时速。演讲者可根据内容计算演讲时间,调整演讲速度。

二、演讲稿的种类

演讲稿的种类,可以运用不同的标准,从不同角度进行划分。例如,根据内容的不同,可以把演讲稿分为政治演讲稿、学术演讲稿、教学演讲稿、社会生活问题演讲稿、吊贺演讲稿、论辩演讲稿、竞选演讲稿等。本书从有利于写作的角度考虑,按表达方式的不同,将演讲稿分为以下几种类型:

（一）叙事型

这种演讲稿以叙述人物事件为主,多以演讲者的见闻、体验为依据,常选取若干富有代表性的生活片断,向听众陈述自己的经历、事迹或转述自己看到、听到的他人事迹或事件,并以此为基础发表个人感受和评价,从而突出主题,打到听众。此类演讲稿,以叙述为主,兼用议论。

（二）议论型

这种演讲稿以说服听众为目的,摆事实、讲道理,既有事实依据,又有逻辑支撑,强调以理服人。需要说明的是此类型演讲稿的逻辑力量,不依重复杂的、抽象的推理过程,而产生于它的结构方法,主要有排列法、总分法、递进法等。排列法是把要讲的几个问题排列起来,或相互联系地阐述讲演的主题,或各自成为一个独立的部分,从各个侧面证明演讲主题的一种方法。运用这种方法,便于眉目清楚地将内容较为复杂的问题阐述清楚。总分法是总提观点和主张,然后再分层论述的一种方法。运用这种方法,便于使演讲词做到思想脉络清楚,使听众既容易理解,又容易记忆。递进法是使各层意思之间形成层层深入的关系的一种方法。运用这种方法,便于由表及里,既符合事物发展规律,又符合听众的认识规律,易将演讲主题阐述清楚。

（三）抒情型

这种演讲稿具有充沛的激情和较强的感染力。为取得良好的抒情效果,应坚持情生于事,情动于衷,强调抒发真情实感及主客观的统一。切忌凭空抒情、无病呻吟。

（四）综合型

实际上,演讲稿的表达方式往往是综合运用的,叙事、抒情、议论、说明,甚至描写都可以在一篇演讲稿中同时存在,关键在于要各扬其长,各避其短,以保证演讲效果、达到演讲目的为原则。

三、演讲稿的内容与格式

(一)演讲稿的内容

1. 选题要用针对性和自我性

针对性是指演讲稿的选题要针对人民群众关心的问题和社会现实中的具有典型意义的问题;自我性是指在演讲题材的选择上,要明显体现出演讲者的社会经历、文化层次、人生观、价值观等个性特点。要想使演讲的选题针对性与自我性相互统一,演讲者必须具备敏锐的洞察力,深入实际,调查研究,抓住人民群众渴望了解和急需解决的问题,以自己熟悉的题材,切身的体会,独到的见解进行演讲,才能有的放矢,达到主观与客观,个性与共性的和谐统一,取得良好的效果。

2. 主题要用鲜明的时代性

演讲能否成功取决于演讲的主题是否具有时代精神,演讲者能否鲜明地表现这一主题。这就要求演讲者能与人民同呼吸,与祖国共命运,想人民之所想,爱人民之所爱,恨人民之所恨,立场坚定、旗帜鲜明地做人民的代言人,拨动时代的琴弦,引起人民群众的共鸣。

主题的选择要坚持三个标准:一是要选择现实中急需回答的主题;二是要选择与听众有接受性的主题;三是要选择自己有真知灼见的主题。

3. 要让材料成为主题的支柱

一篇演讲稿内容要出色,必须重视材料的选择。要选择能有力地反映主题的材料,要对占有的材料进行筛选,把能够支持主题、表现主题、说明主题的材料选出来,使主题和材料获得统一。要选择有典型意义的材料,选择那些最有特征、最有代表性、最能揭示事物本质的材料,以保证主题的必然性。要选择有针对性的材料,针对听众特点,选择符合听众心理和要求的材料,保证主题的传达效果。还要选择真实、准确、新鲜的材料,保证主题的说服力。

(二)演讲稿的格式

演讲稿一般由题目、称谓、开头、主体、结尾几部分构成。

1. 题目。题目是演讲稿主要内容的高度浓缩和概括,要拟得简练、醒目、有吸引力。

2. 称谓。称谓是对听众的礼貌用语,要亲切、准确,能起到拉近距离、沟通感情的作用。

3. 开头。好的演讲稿,一开始就要引人入胜。给听众留下良好的第一印象,且应有利于演讲内容的展开。演讲稿的开头方法很多,常见的有扣题法,即由演讲的题目讲起,介绍演讲的原因,吸引听众注意,听众觉得自然、顺畅。有开门见山提出论点的方法。有从具体事例入手引出演讲题的方法。有造成悬念,引人入胜的方法。还有用一个幽默、诙谐的小故事、寓言、笑话等开头;用传闻轶事、个人经历,偶然事件作开头;用出乎意外的提问、设问、比喻等开头,不一而足。

4. 主体。这是演讲稿的主要展开部分,它针对演讲题的具体情况加以展开。在这一部分,应该从多方面去阐明或证明演讲的主题,如果是叙述型的演讲,就应该把人物的事迹或事件的详细过程叙述清楚,如果是议论型的演讲,就应该对论点进行充分的论证。同一般文章一样,演讲稿的主体部分也要从突出主题、安排好详略、层次与段落的划分等方面来考虑。首先主题必须集中,一篇演讲稿只应有一个主题,主体部分必须是围绕主题来铺陈展开,这样听众才能得到一个明了而深刻的印象。其次,要考虑到演讲口头表达的需要,结构上不要过于死板,要有一定的灵活性,要有张有弛,有起有伏,给听众以生动、新鲜的感觉,不能平铺直叙,如流水帐一般,这样容易使听众产生单调乏味的感觉,难以取得好的演讲效果。

5. 结尾。主要是对全文做一收束。好的演讲稿的结尾,或者让听众感受到它有一股强大的震撼力,或者把听众的情绪推向最高点,或者言有尽而意无穷,给听众留下无限的回味。如果结尾有始无终,虎头蛇尾,平淡无奇,那么整个演讲必将功亏一篑,影响整篇演讲的效果。一般结尾的方法有以下几种:

(1)把所演讲的要点作一小结,既向听众暗示演讲即将结束,又帮助听众回顾前边所讲内容,起到画龙点睛之效。

(2)抒发强烈的感情,引发听众热烈的情绪,使他们信心满怀,下定决心要把演讲的观点化为实际的行动。

(3)一个含蓄的、意味深长的结尾,有未了之意的神秘感和深邃感,使听众在反复玩味中受到深刻的感染和教育。

但应注意的是,演讲稿的结尾是画龙点睛之处,要干净利落,切忌拖泥带水、节外生枝。

四、演讲稿写作的注意事项

(一)演讲稿要以听众为中心

演讲稿的写作要坚持从听众实际需要出发,要了解听众是些什么人、什么年龄层次、文化程度、职业情况,还要弄清听众的心理愿望和要求,特别是要知道他们最关心、最迫切需要解决的问题是什么。只有掌握了这些,演讲辞才会有针对性,才可能引起听众的共鸣。只有听众产生了强烈的共鸣,演讲才能成功。

(二)演讲稿的内容要新鲜

演讲稿的选题要新鲜,要选择当下现实生活中急需回答的问题。主题要新鲜,首先,必须讲出自己的真知灼见,阐明自己的独到见解,不人云亦云。其次,要善于从新的角度去发现、分析问题,挖掘人们身边存在的新鲜问题。材料要新鲜,材料鲜活,能更活地吸引听众,更好地将理论和现实联系起来,保证演讲效果。

（三）演讲稿的结构要清晰完整

演讲稿的结构要求是把演讲的内容组织得既清晰又完整。所谓清晰,是要求演讲稿逻辑层次、条理展开清楚明晰。如果演讲稿的逻辑层次一环扣一环,条理展开一层深一层,那么演讲的逻辑力量就强,说服力也就强,演讲就能紧紧地抓住听众,演讲者所要阐释的哲理就易于为听众所接受。所谓完整,是要求演讲稿有头有尾,并有贯穿全篇的线索,一气呵成。

（四）演讲稿要使事、理、情有机统一成一体

演讲作为一种宣传、教育手段,既要以理服人,又要以情感人。但道理是抽象的,感情是主观的,直接说理和抒情过多,并不容易使人理解和接受。所以演讲者要善于借助具体生动的事例或其他感性材料来表现感情,说明道理。

（五）演讲稿的语言要流畅、生动、深刻

流畅,是指语言琅琅上口,一泻如水。只有思维准确,思路清晰,思绪顺畅,才能做到语言流畅。只有文句通顺,语言明白如话,才能做到语言流畅。咬文嚼字,半文半白,堆砌辞藻,洋里洋气的语言是流畅不起来的。

生动,指的是语言活泼,诙谐,有趣味性。在严肃、深刻的演讲辞中,穿插一些幽默、风趣的语言,可以增强演讲辞本身的魅力。演讲的语言应力求形象,要选用那些能引起联想,富有感情色彩的词语。选用恰当的修辞手法也可以加强语言的表现力。演讲是一种口头表达方式,演讲辞要注意语言的口语化,多用短句,这样演讲起来就有节奏感。

深刻,是指语言有哲理性。演讲一要人爱听,二要人记住。演讲辞要说出人们想说而说不出,或还没有想到的道理。一篇好的演讲辞应能给听众留下一二句富有哲理性的警句,让人铭

记不忘。

【例文】

再朝前走一步

　　每个人学走路都要经历这样的过程：做父母的总是有意识地让孩子逐步地离自己远一些，使孩子跌跌撞撞地再朝前走一步，才能扑到父母的怀里。当孩子摔倒时，父母总是把他们扶起来，鼓励他再朝前走一步。就这样，孩子终于学会了走路。

　　学走路是这样，对人生的思考，对生活的追求，又何尝不是这样呢？生活中像这样一步之差的现象比比皆是：有时候，成功已经唾手可得，而勇气却从我们身上悄悄地溜走；有时候，目标就在眼前，而信心却在我们脑海里化为乌有。我有个同学，他连续三年参加高考，都因为离分数线还差一点，而名落孙山，他泄气，退却了。然而我认为，如果他再努力一把的话，那么结果就可能大不相同。我还有个邻居，他曾经陷入罪恶的泥坑，但在党的政策感召下，踏上了新岸。可惜的是，由于社会的某些偏见，使他又屈服了。他没有能朝前再走一步，而将自己的灵魂又交给了魔鬼。我多么想向这样的青年大声呼喊："再朝前走一步么，光明就在前头！"但是谈何容易啊！因为与其说他们不懂再朝前走一步就是胜利这样一个浅显的道理，还不如说，要为一个正确的人生目的再朝前走一步，是需要多么大的勇气、信心和毅力啊！而能不能做到这一点，正是检验我们是不是生活强者的重要标志。

　　中国女排的姑娘们，在人声鼎沸的东京代代木体育馆里，夺魁战关键的第五局已经打到14：15这样的比分，日本队领先。这时女排姑娘们已经筋疲力竭了。陈招娣曾经救起了多少险球，为了祖国的荣誉，她咬紧牙关，再垫起一个险球；孙晋芳已经传出了多少好球，为了"尝尝世界冠军的味道"，她不顾腰伤，又传出一个好球；朗平在七场比赛中已经抢臂扣杀了几百次，为了"三大球"首先冲向世界，再一记重扣，终于连夺三分。在雄壮的国歌声中，她们登上了高高的冠军领奖台。朋友，成功和胜利，属于这种已经尽了最大的努力而再努力一把的人！属于已经登上绝顶、一览众山小而再上九天揽月的人！属于这种在人生的道路上已经走得很辛苦、很艰难的时候，敢于再朝前走一步的人！对比一下，那种只走了几步就以为走得很远，只做了一点有益于人民的事就躺在功劳簿上睡大觉的人，对他们来说，又有什么成功和胜利可言呢！不要幻想成功之神会被你微不足道的努力所感动，主动跑过来和你拥抱亲吻；也不要幻想胜利之果会装在篮子里，端到你的餐桌前尽你开怀享用，还是站起来，再朝前走！

只要你再朝前走一步，那么你就不但能领略到成功的欢欣和胜利的喜悦，而且你还能具备继续前走的勇气、信心和毅力。个人是这样，一个民族、一个国家也同样是这样。不是吗，曾几何时，祖国刚从十年恶梦中摆脱起来，面对濒临崩溃的经济，面对"两个凡是"对人们的禁锢，不是有人叹息，有人彷徨吗？不是有人说：中国的元气很难恢复了吗？然而，邓小平同志和其他老一辈的无产阶级革命家以大无畏的革命精神提出："解放思想，实事求是，团结一致向前看。"党中央毅然开始了党的中心工作的转移，率领着全国工人、农民、知识分子迈出了坚实的一步，卓有成效的一步，举世惊叹的一步！五年过去了，国民经济严重失调的比例不是趋向合理了吗？长年徘徊的农业生产不是走上持续发展的道路了吗？人民的政治生活不是出现了心情舒畅、空前活泼的生动局面了吗？我们伟大的人民再朝前走一步，那将会怎么样呢？难道不就是国民经济的振兴，伟大祖国的昌盛，中华民族的腾飞吗？

朋友，你已经走了一步么，那么再朝前走一步；踏上新岸的"野马"们，你们已经向昨天告别了吗，那么朝前明天，再朝前走一步；

人到中年的陆文婷们，你们感到担子很重、很疲惫了吗？那么挺起胸膛，再朝前走一步！立志改革的厂长们，你们觉得中国的改革很难吗，那么迎着困难，再朝前走一步！求知、求实、求新、向上的青年朋友们，我们更应该再朝前走一步！中国的命运就在我们肩上，让我们肩并肩，手挽手，向着中国的未来，一步一步朝前走吧！

思考与练习

1. 你是如何理解演讲稿的涵义和特点的？
2. 演讲稿对于演讲活动有什么作用？
3. 演讲稿对主题和材料各有什么要求？
4. 演讲稿写作在语言方面应注意些什么？
5. 在班里举行一次备稿演讲比赛。

本 章 小 结

　　通用文书一章概述了通用文书的含义、特点、作用，着重介绍了通用文书各常见种类的概念和分类、特别和作用、内容和形式等方面的内容，并针对学生学习特点，提出了通用文书各常见种类的写作注意事项。目的是让学生对通用文书相关概念及写作方法与要求有一个基本认识，提高学生写作练习过程中的目的性、规范性，以便循序渐进、举一反三。学习本章应重点了解通用文书各常见种类内容与形式的特点。

第四章　公关礼仪文书

第一节　公关礼仪文书概述

中华民族素有"礼仪之邦"的美誉。从古至今,整个民族都在恪守着先人留给我们的礼仪之道。尤其时下,现代文明高度发展,各国都在讲礼仪,中华民族更不该落于人后。

一、公关礼仪文书的含义和特点

（一）公关礼仪文书的含义

公关礼仪文书是指国家机关、企事业单位、社会团体或个人之间用于祝贺、欢迎（送）、慰问、（聘）邀请等礼仪活动的文书。

（二）公关礼仪文书的特点

1. 针对性强

公关礼仪文书往往是根据不同对象（读者或听众）的实际情况和事由的具体内容而写成的。这类文书针对性越强,表达效果越好。

2. 感情真挚

无论是单位之间,还是个人之间,在交往过程中,都要表达真挚的情感。公关礼仪文书所传达的是作者真挚的情感,以保证让读者（或听众）真切地感受到你的真诚,听到你的肺腑之言,进而受到感染,以顺利达到发文的目的。

3. 语言简明

无论哪种公关礼仪文书,其行文目的都比较单一,往往是表达自己的真挚感情,传递特定的信息,促进双方的友好关系。因此,在写作上无需长篇大论,语言要简洁明了。

二、公关礼仪文书写作注意事项

（一）了解对象的基本情况

公关礼仪文书的针对性很强,若有可能,在写作前应尽量做到对读者或听众的情况有所了解。

（二）事项说明要简洁、明确

对事项的说明要简洁、明白、准确,特别是聘邀类文书,一般不要使用模糊语句,要写明具体时间,若是一段时间,要表明起止日期。

（三）措辞要亲切、庄重

无论庆贺,还是慰问,在措辞上都应讲究。热情亲切的祝贺、安慰会让人感受到你的真诚,郑重其事的聘邀会让人重视并支持你的工作。

（四）写作格式要规范

公关礼仪类文书的写作格式往往包括标题、称谓、正文和落款四部分,不同文种在具体写法上稍有差异。写作时,要从总体上把握这类文书的基本结构。

思 考 与 练 习

1. 什么是公关礼仪文书?
2. 试说明公关礼仪文书的主要种类和功用。
3. 公关礼仪文书有哪些特点?
4. 写作公关礼仪文书应注意哪些事项?

第二节 庆贺类文书

庆贺类文书是指单位或个人之间用于祝贺喜庆事件的文书,

包括贺信、贺电、贺词等文种。

一、贺信的写法

贺信是机关、团体、企事业单位乃至个人向取得重大胜利、有突出成绩或喜庆之事的有关单位及人员表示祝贺或庆贺的一种礼仪文书。

现在，贺信已成为表彰、赞扬、庆贺对方在某个方面所做贡献的形式，有的还用来表示慰问和赞扬。在当前的经济建设中，如某个单位或个人作出了巨大贡献，某单位召开了重要会议，某项工程竣工，某科研项目研究成功，某项重大任务提前完成，某重要人物的寿辰等，都可以使用贺信的形式表示祝贺。重要的贺信往往对广大群众有很大的激励和教育作用。

贺信一般由标题、称谓、正文和落款四部分组成。

（一）标题

标题可分为两种：一种是简单地写"贺信"、"慰问信"、"贺电"、"祝酒词"等；另一种是具体写明谁给谁、出于何种事由表示慰问或祝贺，如"××公司开业典礼祝酒词"。

（二）称谓

即被祝贺的对象，写于第二行顶格位置。如果是单位，要写全称；如果是个人，要写明姓名、职务及尊称语。对一般人士，多用"同志们"、"朋友们"、"女士们、先生们"来称呼。

（三）正文

首先，表明祝贺之意。正文的开始应交代清楚祝贺双方的身份，以及祝贺的理由。

其次，根据祝贺的事由对被祝贺者给予赞誉性评价，肯定对方的成绩，阐述对方工作的积极意义，同时，根据双方关系，或者提出勉励要求，或者表示向对方虚心学习等。如果是会议，要指出它的重要性；如果是同级单位，除表示祝贺外，还应表示自己的决心和态度；如果是给个人的贺信，应着重写明有供群众学习的地方。

最后,另起一行空两格写结束语,表示美好的祝愿,如"祝××福如东海,寿比南山","预祝大会圆满成功","谨致以亲切的慰问"等。

（四）落款

在正文右下方写明单位的全称或个人的姓名,以及年、月、日。

二、贺电的写法

贺电是电报的一种,是以祝贺为内容的电报。贺电有公务贺电和私人贺电两种。无论是公务贺电,还是私人贺电,一般都是一种距离较远的礼节性祝语,其要求也和普通电报一样,用语要准确精练,切忌啰嗦。它一般包括以下几部分:

（一）标题

贺电的标题有三种写法:

1. 直接写"贺电"。

2. 发电单位、事由和文种。如《×××庆祝×××成立××周年贺电》。

3. 双标题,即以发电单位、受电人和文种作为主标题,另外再用副标题说明内容,如:

中共中央、国务院、中央军委向从事试验的全体同志致电（主标）

热烈祝贺发射运载火箭巨大胜利（副标）

（二）受电人

如果贺电是发给单位的,应在标题之下顶格列明收电单位;如果贺电是发给个人的,应写明收电人姓名,并在姓名之后加"先生"或其职务名称等称呼。

（三）正文

贺电如是发给单位或某一地区庆祝活动的,宜在表示祝贺的同时,对其成绩给予充分的肯定,以激励其发扬光大。在纯礼仪性的贺电中,可以少用评价性的语言,特别是对于个人,把内容着重于祝贺上就行了。

贺电结尾要表示热烈的祝贺和希望用语。

（四）落款

写明致电人和发电日期。

三、贺词的写法

贺词是在喜庆仪式上表示祝贺的讲话稿。其格式写法与贺信基本一致，不过，写作时要注意语言尽可能口语化。

【例文一】

贺　信

××公司：

　　贵公司落成开业，是商界也是企业界的一件大喜事。在此谨向你们致以热烈的祝贺！

　　贵公司拥有一支由软件专家组成的庞大队伍，技术力量相当雄厚，必定能够开发出具有竞争力的软件系统。对于满足用户需求，活跃我国的电脑市场，定会起到重要作用。

　　祝贵公司开业大吉，宏图大展！

××公司全体员工同贺

××××年×月×日

【例文二】

贺　信

钱学森同志：

　　今天从报纸上新闻报道中得知你荣获"国家杰出贡献科学

家"荣誉称号和一级英雄模范奖章消息,我非常高兴,向你表示祝贺。

党和国家为了表彰你在科学事业上的伟大功绩,给予崇高的荣誉,你是受之无愧的。这不仅是你个人的荣誉,也是全体科技工作者的荣誉,因为,你是中青年科学工作者的前辈和老师,给他们树立了榜样。我为中国有你这样的科学家而自豪。

祝你健康长寿!

邓颖超

1991 年 10 月 19 日

【例文三】

贺　词

××纺织厂:

首先,请允许我代表××进出口公司全体员工,并以我个人的名义,向贵厂成立 10 周年表示热烈的祝贺!

贵厂技术力量雄厚,已建成年产×米的××生产线,现生产 30 多种适销对路的产品。贵厂成绩卓越,经济高速发展,与建厂初期相比,200×年工业总产值增长 3 倍,销售收入增长 4.5 倍;"××"牌砂洗真丝获××××年全国消费者信得过产品金奖,"××"牌麦尔登呢获×年国家银质奖,"××"牌精纺华达呢获××××年国家金质奖。贵厂建厂 10 年,取得了巨大的成就,为繁荣我国经济作出了贡献,可喜可贺!

最后,祝愿贵厂更加兴旺发达!

××进出口公司总经理×××

率全体员工同贺

××××年×月×日

思考与练习

1. 什么是庆贺类礼仪文书?
2. 庆贺类文书的用途是什么? 主要有哪几种?
3. 庆贺类文书的结构是怎样的?
4. ××市汇通商厦经长期周密筹备,决定于××××年10月1日正式开业,地处同一城市的华盛购物中心得此消息后,拟发贺信表示祝贺。请你代表华盛购物中心给汇通商厦写一封贺信。

第三节 致词类文书

致词类礼仪文书,是指国家机关、企事业单位、社会团体为了表示欢迎、欢送或答谢,在比较隆重的聚会或宴会上的讲话(文稿)。

致词类礼仪文书包括:欢迎词、欢送词、答谢词、祝酒词等。

致辞类文书的结构一般包括:标题、称谓、正文和落款等几项内容。其标题、称谓、落款与祝贺类文书的写法相似,以下主要讲此类文书正文的写法。

一、欢迎词的写法

欢迎词,是指客人光临时,主人为表示热情的欢迎,在座谈会、宴会、酒会等场合发表的热情友好的讲话(文稿)。

写作时,将重点放在对宾客的热烈欢迎之情上,体现出迎客的诚意。一般开头对宾客的光临表示热烈的欢迎,接着,主要根据双方的关系,回顾相互交往的历程,阐明宾客来访的意义,展望美好的未来,最后,应再次表示欢迎,并预祝来客做客愉快。

二、欢送词的写法

欢送词是指向客人告别的正式场合中主人发表的表示送别客人的讲话(文稿)。

欢送词正文写作时,要对客人在一定时期、一定阶段所取得的成绩予以肯定,并给予适当的评价。要对客人表示希望和勉励,并要充分显示出惜别的真情。语言要朴实、亲切。

三、答谢词的写法

答谢词是指在特定的公关礼仪场合,主人致欢迎词或欢送词后,客人所发表的对主人的热情接待和多方关照表示谢意的讲话(文稿)。

其正文开头,应先向主人致以感谢之意。在主体部分,对主人所作的一切安排给予高度评价,对主人的盛情款待表示衷心的感谢,对访问取得的收获给予充分的肯定。然后,谈自己的感想和心情,如颂扬主人的成就和贡献等。结尾时,应再次表示感谢,并对双方关系的进一步发展表示诚挚的祝愿。

四、祝酒词的写法

祝酒词是党政机关、社会团体、企事业单位在会议期间由主持人或领导人向大会所作的祝贺性讲话。

随着各种酒会、宴会、招待会的日益增多,祝酒词使用越来越广泛。好的祝酒词能给人以启发和教益,起到活跃气氛、增进感情的目的。但要根据酒会的具体情况,针对不同的对象祝词。

正文一般先表明欢迎、祝贺之意,再结合实际,根据自己与宾客的关系及聚会的目的,有针对性地表达真实的情感。最后提议为某一活动的圆满成功及大家的健康等干杯。

【例文一】

欢 迎 词

尊敬的女士们、先生们:

值此××厂30周年厂庆之际,请允许我代表××厂,并以我个人的名义,向远道而来的贵宾们表示热烈的欢迎!

朋友们不顾路途遥远专程前来贺喜并洽谈贸易合作事宜,为我厂30周年厂庆更添了一份热烈和祥和,我由衷地感到高兴,并对朋友们为增进双方友好关系作出努力的行动,表示诚挚的谢意!

今天在座的各位来宾中,有许多是我们的老朋友,我们之间有着良好的合作关系。我厂建厂30年能取得今天的成绩,离不开老朋友们的真诚合作和大力支持。对此,我们表示由衷的钦佩和感谢。同时,我们也为能有幸结识来自全国各地的新朋友感到十分高兴。在此,我谨再次向新朋友们表示热情欢迎,并希望能与新朋友们密切协作,发展相互间的友好合作关系。

"有朋自远方来,不亦乐乎"。在此新朋老友相会之际,我提议:

为今后我们之间的进一步合作,

为我们之间日益增进的友谊,

为朋友们的健康幸福,

干杯!

×××

××××年×月×日

【例文二】

欢 送 词

亲爱的××博士,尊敬的女士们、先生们:

××博士结束了在我校3年的执教生活,很快就要回国了。今天,我们备此薄餐,为××博士送行。

3年来,××博士以出众的才智和辛苦的工作,赢得了全校师生的信赖与尊敬。他所作的几次学术报告,开阔了我们的视野,极大地推动了我校的教学改革。对此,请允许我代表全体师生对

××博士表示衷心的感谢！

在3年的教学工作和日常交往中，××博士与英语专业的师生诚挚交流，以友相待，结下了深厚的友谊，我们为此感到骄傲和自豪。

中国有句古话："海内存知己，天涯若比邻"，千山万水无阻于我们友谊的发展，隔不断彼此之间的联系。我们期望××博士在适当的时候再回来做客、讲学。

在××博士将踏上回程的时候，请带上我们全体师生的友谊，也请给我们留下宝贵的意见和建议。

×××

××××年×月×日

【例文三】

答 谢 词

尊敬的×××先生，

尊敬的××集团公司的朋友们：

首先，请允许我代表××代表团全体成员对×××先生及××集团公司对我们的盛情接待表示衷心的感谢！

我们一行五人代表××公司首次来贵地访问，此次来访时间虽短，但收获颇大。仅三天时间，我们对贵地的电子业有了比较全面的了解，与贵公司建立了友好的技术合作关系，并成功地洽谈了××电子技术合作事宜。这一切，都得益于主人的真诚合作和大力支持。对此，我们表示衷心的感谢！

电子业是新兴的产业，蒸蒸日上，有着广阔的发展前景。贵公司拥有一支由网络专家组成的庞大的队伍，技术力量相当雄厚，在网络工作站技术市场上一枝独秀。我们有幸与贵公司建立友好的技术合作关系，为我地电子业的发展提供了新的契机，必将推动我地的电子业迈上一个新台阶。

最后，我代表××公司再次向××集团公司表示感谢，并祝贵公司迅猛发展，再创奇迹。更希望彼此继续加强合作，共创美好明天！

最后，我提议：

为我们之间正式建立友好合作关系，

为今后我们之间的密切合作，

干杯！

×××

××××年×月×日

【例文四】

祝 酒 词

亲爱的女士们、先生们：

晚上好！"中国国际××展览会"今天开幕了。今晚我们有机会同各界朋友欢聚，感到非常高兴。我谨代表中国国际贸易促进委员会××市分会，对各位朋友光临我们的招待会，表示热烈欢迎！

"中国国际××展览会"自上午开幕以来，已引起我市和外地科技人员的浓厚兴趣。这次展览会在××市举行，为来自全国各地的科技人员提供了经济技术交流的好机会。我相信，展览会在推动这一领域的技术进步以及经济贸易的发展方面将起到积极作用。

今晚，全国朋友欢聚一堂，我希望中外同行广交朋友，寻求合作，共同度过一个愉快的夜晚。

最后，请大家举杯，为"中国国际××展览会"的圆满成功，为朋友们的健康，

干杯！

×××

××××年×月×日

思考与练习

1. 什么是致词类礼仪文书?
2. 致词类文书有哪些特点?
3. 致词类文书各文种的写作要点是什么?
4. 请写一份欢迎新生入校的欢迎词。
5. 分析评点一篇祝酒词:

祝　酒　词

各位朋友,各位来宾,先生们,女士们:

大家晚上好! 我们A公司和尊敬的B公司为了共同发展,就××工程的合作进行了反复磋商、谈判,今天总算达成了一致。刚才,我和B公司的赵董事长正式在合同上签了字。"路漫漫其修远兮,吾将上下而求索",今天,我们的求索终于有了令人高兴的结果,这是值得庆贺的喜事。回顾漫长的谈判历程,应该说双方都表现出了极大的诚意,特别是我们A公司为了顾全大局,着眼长远,不惜作出了重大的牺牲和让步。我们认为通过合作,能够交上B公司这样尊贵的朋友,我们的牺牲是值得的。今天的签约只是双方合作的起点,我希望在今后的合作中,双方能相互信任,相互尊重,相互体谅,把我们共同的事业不断推向前进。"酒逢知己千杯少",借此机会,请允许我提议,为双方的愉快合作,为各位朋友的信任和友谊,为大家的身体健康,特别为赵董事长的身体健康,干杯!

第四节　慰 问 类 文 书

慰问类文书是某一组织或个人有针对性地向对方表示慰问、

感谢或表扬之意的礼仪文书。它包括慰问信、感谢信和表扬信等文种。

一、慰问信的写法

慰问信是某一组织或个人向某一团体或个人表示关心和问候的信件。慰问信通常有三种情况：表彰慰问、遇灾慰问和节日慰问。

慰问信一般由标题、收信人、正文和落款四部分组成。

（一）标题

标题可以写"慰问信"或"致（给）×××的慰问信"，也可写发信人、事由和文种名三部分。

（二）收信人

可以是单位名称，也可以是个人姓名。

（三）正文

首先，写慰问的背景、原因及问候语。要写得简洁扼要，诚恳亲切。其次，根据发信目的和收信者情况写慰问具体内容。有的着重慰问对方工作中的辛劳；有的重点表述深切的同情和慰勉；有的着重褒扬对方的重大贡献。最后，写慰问与祝愿用语。

（四）落款

写明发信单位或个人姓名及发信日期。

二、感谢信的写法

在社会生活中，单位或个人之间常常互相帮助、互相支援，其后，受援的一方为了答谢和表彰，往往采用感谢信的形式，以谢对方相助、探访、悼唁、赠物等意。对影响较大、事迹突出的，还可以送交报刊社或电台播发。

感谢信的格式一般由标题、称谓、正文和落款四部分构成。

（一）标题

感谢信标题往往写"感谢信"或"致×××的感谢信"。

（二）称谓

（三）正文

一般写两方面内容：一是简述事迹，说明效果。应交代清楚人物、事件、时间、地点、原因和结果，并扼要叙述在关键时刻对方帮助所产生的客观影响和社会效果。二是颂扬品德，表示决心。既表感激之情，也谈今后如何用实际行动向对方学习。最后写上诸如"此致——敬礼"或"致以——最诚挚的敬意"等表示敬意的话。

（四）落款

三、表扬信的写法

表扬信是用来表彰先进思想、先进事迹以及好人好事的一种书信。个人和组织均可使用。

表扬信的正文部分要写清表扬的原因、事实及良好建议等内容。要真实反映当事人的高贵品质，用事实说话，并恰当地对当事人及事件进行评价。

【例文一】

给春节期间坚守工作岗位的
职工及其家属的慰问信

全体职工及其家属同志们：

值此新春佳节之际，向你们致以节日的问候和崇高的敬礼！春节是中华民族的传统节日，历来受到人们的高度重视。在此期间，千家万户欢聚一堂辞旧迎新，亲朋好友举杯开怀，叙情联谊，大家都陶醉在节日的欢乐气氛之中。可是你们——坚守工作岗位的职工同志，为了抢时间，争速度，为我国一项重点建设工程赶制成套优质设备，主动提出春节期间不休息，仍然紧张战斗在生产第一线；还有你们——我厂职工家属同志们，放弃节日欢聚，不仅没有怨言，有人还把饺子送到车间，并帮助工厂做些力所能及的劳动……所有这些，都充分显示了中国工人阶级的伟大胸怀和崇高的精神境界！你们这种大公无私的精神，值得称赞，值得学习，值得嘉奖！

　　同志们，春节期间你们虽然没有休息，没能同家人很好地团聚，但你们的春节却是过得最有意义的。厂领导感谢你们，全国人民感谢你们！让我们再次向你们表示亲切的慰问和衷心感谢！敬礼

　　春节好！

中共×××厂委员会

××××年×月×日

【例文二】

感　谢　信

××部队全体指战员：

　　我县今年遇到了特大洪水灾害。在万分紧急的情况下，你部全体干部、战士发扬了无私无畏的战斗精神，同我县人民并肩战斗，赢得了抗洪斗争的胜利。你们这种助人为乐的精神是值得我们学习的。为此，特向你们表示衷心的感谢！

　　我们决心在党中央的领导下，努力搞好生产建设，以实际行动报答你们的关怀，为早日实现小康目标而努力！

　　此致

敬礼

××县人民政府

××××年×月×日

表 扬 信

尊敬的××工业大学领导：

　　2003年5月3日下午，由于孩子在家玩火，造成一场大火灾，当时我们在外地。贵校学生王××发现火情后，不顾自己身体有病，奋不顾身进行救火。由于火势很猛，王××进门后，房门被紧紧地吸住，外面的人进不去，大家都很着急。王××在呼吸困难的情况下，临危不惧，打破窗户玻璃，屋里的压力减小，门被打开了。在救火过程中，王××发现抽屉里有一盒手枪子弹，在十分危险的情况下，毫不犹豫地把子弹盒子扔到了窗外，避免了一场严重事故的发生。在王××的带领下，大火终于被扑灭了，但王××却被大火烧伤了。该同学的英勇表现使在场所有的人都为之感动。

　　正值全国开展学雷锋运动之时，贵校王××同学不顾个人安危，挺身而出，抢救他人财产的这一高尚行为，为我们树立了良好的学习榜样。我们除向王××同学学习外，特写信向贵校建议，请贵校领导把王××的英勇事迹广为宣传，予以表彰，使广大学生以王××同学为榜样，将学雷锋运动推向高潮。

李××

2003年5月7日

思 考 与 练 习

1. 什么是慰问类礼仪文书？
2. 慰问类文书主要有哪几种？各在什么情况下使用？
3. 写作慰问类文书应注意哪些问题？

4. 请代表你所在的班级向受洪水灾害的灾区人民写一封慰问信。

5. 试指出下面一篇感谢信存在的问题，并加以修改。

感 谢 信

××教授：

感谢您在百忙之中抽出时间为我们作报告。您的报告，深入浅出，联系实际，有一定水平，大家都比较满意。希望以后还能得到您的支持。

此致

敬礼

××××单位

××××年×月×日

第五节 聘邀类文书

聘邀类文书可分为聘请和邀请两类。

聘请类文书是指某单位为了完成某项任务而对某单位或个人发出聘用性的文书。

邀请类文书是为了邀请某单位或个人参加某项比较重大、有意义的活动，或是较隆重的典礼、会议而发出的书信，称为请柬或邀请信。

一、聘书的写法

聘书，也叫聘请书，是聘请有关人员担任某种职务或参与、从事某项活动或工作时发出的专用信件。

随着社会的发展，聘任制越来越普遍，一般来讲，它既包括对本单位人员的任聘，也包括聘请外单位人员任职或从事某项工作。

聘书的结构包括标题、称谓、正文和落款几部分。

（一）标题

聘书标题一般写"聘书"或"聘请书"。或者在有封面的折页纸的上面，用较大字体书写；或者在单页的聘书的上方第一行居中用较大字体书写。

（二）称谓

称谓就是被聘者的姓名加尊称。如"××先生"、"××女士"等。有时将它写在正文之上的顶格处，有时就连写在正文中，对此没有严格要求，可以灵活把握。

（三）正文

正文写明聘请的详细情况，比如被聘请担任何种职务，从事什么工作，聘请期多长，聘任期间报酬如何等等，使被聘者心中有数，不致盲目应聘。结尾处可以写敬语"此致"、"此聘"等，也可以省去此项。

（四）落款

在正文右下方先写明聘书发放单位的全称并加盖公章。最后，注明聘书的具体发放日期。

二、请柬的写法

请柬又叫请帖，是邀请客人参加某种活动的一种礼仪性专用文书。

请柬的使用范围非常广泛，小到个人生日晚会，大到一个国家的国庆大典，许许多多的活动和事项都可以通过请柬来邀请客人参加。它是正规的书面式邀请，或直接当面呈递，或托人致送，或邮寄。

请柬一般由标题、称谓、正文和落款四部分组成。

（一）标题

请柬有单页和折页之分，其标题写法也有区别。如果是单页请柬，就在第一行正中写"请柬"或"请帖"两字；如果是折页的合片请柬,就在第一页正面的居中位置写上"请柬"或"请帖"两个比较大的字。

（二）称谓

写明被邀请者（单位或个人）的名称。称谓既可以写在标题之下、正文之上的顶格处,也可以写在装请柬的信封上。

（三）正文

正文一般写明邀请事由及具体时间、地点。如果地点比较偏僻,应在请柬上注明行车路线图,或其他的指明方法。结尾往往写上"敬请届时光临指导"或分行写出"此致——敬礼"等敬语。

（四）落款

在正文右下方写明邀请者的名称和发请柬的日期。如果是个人发出的邀请,落款处写上个人的名字;如果是单位发出的邀请,除了写上单位的名称外,有时还需加盖公章。

三、邀请书的写法

邀请书,也叫邀请信,是集体向个人或个人向个人为某项活动而发出的邀请对方参与的礼仪性文书。它一般是对一些有权威性贡献的专家、名流发出的,对一般的参加者往往不用此文书。

邀请书的结构包括标题、称谓、正文和落款几部分。

（一）标题

标题一般写文种名"邀请书"或"邀请信"。

（二）称谓

在标题下顶格写明被邀请者的姓名、称呼或职务。

（三）正文

一般要写清楚举行什么活动、参加人和在什么时间、什么地点,若需要被邀请者发言或讲演时,要写清楚被邀请者应做哪些准备,讲什么题目等。结尾一般表示敬意和祝颂,并提出恳请对方能拨冗赴邀等等。

（四）落款

先写署名，再写邀请书发出的日期。如果是个人发出的邀请书，写明邀请者的姓名；如果是单位发邀请书，则要写上单位名称，并加盖公章。

【例文一】

聘　　书

×××教授：

为加速我市对外经济开发速度，研究外向型经济发展战略，特聘请您为特邀研究员，指导我市的外向型经济发展战略的研究。其课题费用为××万元，由您组建研究班子，一年内完成第一阶段内容。

特此聘请

××市经济研究中心（公章）

××××年×月×日

【例文二】

请　　柬

××先生：

今年是我校建校 90 周年。兹定于×月×日上午 8 时在我校大礼堂举行校庆典礼，敬请您莅临指导。

××大学 90 周年校庆筹备组

200×年×月×日

开 业 请 柬

恭　　请

×××先生：

　　本饭店筹备就绪,定于××××年×月×日上午10：00正式开张营业,敬请光临并为之剪彩,本店同仁将感到不胜荣幸。

××饭店总经理×××

××××年×月×日

邀　请　书

×××先生：

　　为了活跃学术空气,促进地方作家研究,××市政协文史资料委员会和市文学艺术界联合会,定于200×年×月×日至×日,在××市举行清代××籍著名作家××学术讨论会。您对××素有研究,造诣颇深,我们恳请您莅临指导。如蒙应允,请于×月×日前来参加为盼。

　　报到地点：××路×号××饭店。

　　附：讨论会论文××篇。

　　此致

敬礼

××学术讨论会筹备组(章)××××年5月10日

邀 请 书

×××书记：

　　兹定于200×年9月12日9时在××市××路×号举行××大厦开工奠基典礼仪式，我们恳请您参加，为××大厦奠基剪彩，并发表即席演讲。敬请届时光临为荷。

　　此致

敬礼

××大厦筹建委员会（章）

200×年9月1日

思 考 与 练 习

1. 什么是聘邀类礼仪文书？

2. 聘邀类文书的用途是什么？

3. 试结合实例说明各种公关礼仪文书的联系和区别。

4. 请结合实际制作一份邀请某位老师来参加某班班级活动的请柬。

本 章 小 结

　　公关礼仪文书是指国家机关、企事业单位、社会团体或个人之间用于祝贺、欢迎（送）、慰问、（聘）邀请等礼仪活动的文书。按功用分，它可以分为庆贺类、致辞类、慰问类和聘邀类等许多种类型，具有针对性强、感情真挚、语言简明的特点，其写作格式往往包括标题、称谓、正文和落款四部分，但不同文种在具体写法上稍有差异，在学习时应加以注意。

第五章 商经类文书

第一节 商经类文书概述

商经类文书是应用文大家族中的重要分支,它是在经济活动领域记载与反映经济活动的一类文章的总称。随着我国社会主义市场经济体制的确立,商经类文书写作呈现出蓬勃的生机。目前它已经成为经济管理工作的重要内容和手段。

一、商经类文书的特点

(一)客观性

商经类文书的写作必须建立在客观事实的基础之上,内容上不容许凭空虚构,更不允许主观臆断,客观性是商经类文书的生命。为充分发挥商经类文书的经济管理作用,就必须准确地采集并反映各方面的情况。如内容上,要忠实于客观事物的本来面目;观点上,要能揭示客观事物的本质规律。

(二)效益性

商经类文书是为适应经济管理实践的科学性和效益性而产生的,因此其写作活动有鲜明的针对性和突出的目的性,即其写作的全部意义在于用现代经济管理理论、技术和方法,指导、规范经济管理活动,根据市场风云变幻,不断调整经营策略,增强企业的经济效益,促进企业不断发展。比如,招标书的写作,目的就是通过投标者的竞争,力求以最少的投资取得最佳的经济效益。商经文书写作还要顾及社会效益。诸如广告、商品说明书直接影响到企业在公众中的形象。而良好的社会效益又会赢来更多的经济效益。

（三）前瞻性

从写作原则来看，商经类文书的写作必须坚持立足现实，着眼未来。在撰写的过程中，要求作者在对材料进行分析、研究时既要能够总结、发现过去工作中的经验或问题，又能对将来可能出现的情况作出正确的分析和估计，对未来作出科学的预测，提出切实有效的建议或措施。

（四）专业性

经济活动是一门科学，有其自身的特点和规律。商经类文书作为商经活动的反映和组成部分，其写作要求有一定的专业性。这种专业性主要表现在：一是文章内容的针对性和限制性；二是文章体式的规范性和特定性；三是专业术语、统计数据使用的频繁性和广泛性。

二、商经类文书的种类

（一）经济契约文书

用于确定经济活动当事人双方的关系，明确彼此的权利与义务。如：合同、条据、招标与投标书等。

（二）商情调研文书

用于对市场信息、市场动态的调查和研究，为决策者提供决策依据。如：市场预测报告、经济活动分析报告等。

（三）营销贸易文书

用于商业伙伴的业务往来及为市场销售服务，力求取得丰厚的销售利润。如：商务函件、商品说明书、广告文案等。

三、商经类文书写作注意事项

商经类文书的撰写，与其他文书的写作要求一样，除应做到中心突出、材料充实、结构严谨、语言准确之外，还应做到以下几点：

（一）认真学习经济政策和法律，掌握相应的专业知识

撰写商经类文书必须熟悉党和国家的经济政策和有关法律知

识。任何经济活动都离不开国家的经济政策的指导,离不开法律的规范和约束。因此,撰写人员必须加强自身的政治、法律知识和专业常识的学习,并把它运用到自己的写作实践中去,用理论、政策来指导写作活动,用专业知识来武装头脑,把握经济规律,从而更好地为企业经济管理服务。

(二)熟练掌握商经类文书的规范格式和语言特点

商经类文书种类繁多,但大都有较稳固的格式,这些格式是在长期实践中形成的。每一种文种语言也有一定的要求,写作时必须熟悉表述经济活动过程的各种表达方法,根据表达目的及文种特点,写出符合其格式特点和语言要求的合格的商经类文书。

(三)深入调查研究,掌握真实准确的材料

商经类文书明确的效益性特点,要求撰写人在写作过程中必须以力求反映客观的市场信息作为自己的写作目标,即所使用的材料,应是阐明观点、揭示经济规律的事实依据。因此,要十分注重调查研究工作,树立唯有深入调查搜集材料,反复核实,才能得出某个结论的写作观。

思 考 与 练 习

1. 你是否接触过商经类文书?写作时是否遇到过困难?
2. 商经类文书有哪些类别?

第二节 条 据

条据是在日常生活、学习、工作中,办理某些事情或发生财务往来时一方写给另一方的简单的情况说明或凭据。条据是一种最常见、最简便的应用文体。根据条据使用性质的不同,通常把条据分为两大类:一类是说明性条据,如请假条、留言条、便条等;一类是凭证性条据,如领条、借条、收条、发条、欠条等。条据内容简短,写法简便,但也应掌握其基本写法,否则也会引起不必要的麻烦。

一、条据的性质和作用

(一)性质

1. 契约性

契约性是凭证性条据的基本特性。凭证性条据一旦写出,就成为当事人双方曾经发生过钱财、物品往来的有效证据,当事人必须按照自己的承诺,及时兑现,不可随意拖延,更不可矢口否认。

2. 简便性

条据写作内容单一、篇幅短小,写作要领极易掌握,因此成为日常生活中最基本、最常见的应用文体。再加上条据种类较为多样,使用起来十分方便。

(二)作用

1. 凭证作用

条据,特别是经济性质的条据,一经签订,就成为签订各方必须按具体约定内容履行财、物往来的凭证,同时也就具有了一定的约束力。因此,为使条据的凭证作用更好地发挥,必须把握内容是否准确,权利与义务规定得是否严密、完备等。这关系到当事人的切身利益,影响到发生纠纷时是非曲直的判断和鉴别。所以,写条据时,必须认真慎重,熟悉各类条据的格式及写法,不可掉以轻心。

2. 联系作用

作为联系手段的一种,说明性条据为人们在日常生活、工作、学习中加强联系、交流信息带来了很大的方便。这种短小的书面留言,态度客气,形式庄重,措辞或严谨或活泼,既准确地说明了自己的用意,又因有正规的书面形式而让对方乐于接受。

二、说明性条据的写作

说明性条据,即通过条据传达某种意图、看法或需要,以使对方知晓或行动。从写作内容来看,我们把说明性条据分为便条、请假条两种基本类型。

（一）便条

1. 便条的性质和种类

便条，即简便的字条，用以向他人说明各种事项，不用邮寄，不用信封，通过直交、带交、预留等方式给收条对象。在人们的日常交往活动中，遇有无法当面说、不便当面说的事项时，留便条就常常成为一种极为方便的处理方式。便条分类很多，常见的多是按内容、目的分类：留言条、约会条、意见条、托事条等。留言条，旨在联络思想与感情；约会条，类似非正式的请柬，约定会面的形式与日期等；托事条，目的在于托人解决、办理某个事项；意见条，用于向有关单位或个人表达自己的需要或看法。

2. 便条的写作格式

便条的写作格式同一般书信大致一样，通常由标题、称呼、正文、落款四部分组成。

（1）标题。便条的标题是可有可无的。一般人们只在写留言条时，使用标题，即在正文上方中间写上"便条"或"留言条"等字样。

（2）称谓。称谓要求在标题下顶格写上收条人的称呼或姓名。称谓的书写可根据双方之间的亲疏关系来灵活处理，或客套恭敬讲究典雅，或采用昵称自然亲切，或带上头衔庄重正式。如："××老弟（兄）"、"××先生"、"岳父大人"、"妞妞"、"李经理"等。

（3）正文。正文从下一行空两格处写起。将需要告知对方的内容直接写出来，要求表述简洁明了。内容写完后，还可写上祝颂语，格式与书信祝颂语类似，如"谢谢"、"特此拜托"、"此致敬礼"等礼貌性话语。也可根据具体情况略去祝颂语。

（4）具名和日期。具名和日期写在正文的右下方。具名也可根据亲疏关系随意处理，如只写姓，或只写名，或写爱称、小名等，只要对方知道留言者为谁即可。日期部分，因是便条也可简写，可根据需要对"年月日"、"星期×"、"即日"、"×点×分"等几种时间写法适当选择。

（二）请假条

1. 请假条的性质

请假条是因为有事、有病或其他原因无法上班或参加某项活动，而向有关单位或负责人出具的请求休假的字条。必要时，请假条还需付上有关证明，如医生开具的病休证明、住院凭证，或电报、电传、信件等，以便审核。请假条一般由本人书写，特殊情况也可由他人代写。

2. 请假条的写法

（1）称呼。请假条中的称呼比便条要正规，必须写尊称，这是由请假活动本身的正式性所决定的。如"张书记"、"马老师"、"李主任"、"王政委"等。

（2）正文。正文内容主要包括请假事由、休假起止时间两项。首先，请假事由在于提供合理的准假依据，因此要写得清楚充分，有较强的说服力。如果一概笼统地称为"有事"，则原因很不明确，既有不尊重准假者的嫌疑，又使本人的请假态度显得很不诚恳。其次，标明准确的休假时间，是一天还是两天、三天，如果超出三天以上，还应写明休假的起止时间，以便考勤和销假。正文结束往往写上"请予批准"、"请准假"等用语。而祝颂语"此致敬礼"等则常省略不用。

（3）具名和日期。正文右下方写上请假人姓名全称，切不可以写简称。另起一行姓名下方写上书写假条的年月日。

【例文一】（便条）

李伯伯：

我爸爸请您明天上午9时去学校小会议室参加教学改革讨论

会,上级领导将前来出席,并要听您关于改革作文教学的汇报,请您带上有关材料,准时参加会议。

张　中

即日晚 8 时

【例文二】（便条）

刚自无锡还,谨奉上水蜜桃两盒,聊以分甘,祈笑纳。此请。

××兄暑安

弟××顿首×月×日

【例文三】（意见条）

行政处:

　　我们办公大楼的水管坏了两天,影响到同志们的生活用水,盼尽快请人维修。

张小红

×月×日

【例文四】（便条）

市委办公厅行政处:

　　你们需要的现代办公用品已运到,特托人带来便条告知,请在明天上午 8 时来我公司一门市部购买。

　　此致

敬礼

××市现代办公用品公司

×月×日

【例文五】（请假条）

周老师：

　　因患急性肠胃炎，腹痛高烧不止，急需去医院就诊，不能到校上课，请准假一天。

学生：王　丽

即日

三、凭证性条据的写作

（一）凭证性条据的性质

　　凭证性条据又称单据，它是单位之间、个人之间，或单位与个人之间发生财物往来时，必须出具的一种字据凭证。

（二）凭证性条据的种类

　　常见的凭证性条据包括借条、欠条、收条、发条、领条等。

1. 借条

　　借条又称借据，是个人或单位借用个人或公家的现金、物品时所写的以备日后偿还的凭证，一旦钱物归还，必须销毁或收回借条。

2. 欠条

　　欠条是个人或单位在欠款、欠物时写给有关单位或个人的凭证。

3. 收条

　　收条又称收据，是收到别人或单位送到的钱物时写给对方的一种字据，以此作为钱财、物品去向的凭证。

4. 发条

　　发条是个人或单位在出售产品、货物时，由于没有健全的财务手续，而给顾客的作为提货和报销的凭据。发条相当于常见的发票，一般情况下，应使用税务部门印制的发票，以免违反税务制度。

5. 领条

领条是领取钱物的单位或个人在领到钱物后,向发放钱物的个人或单位所写的字据,以作为钱物去向的凭证。

(三)凭证性条据的写法

凭证性条据通常由标题、正文、落款三部分组成。

1. 标题

即条据的名称,位置在条子的上方中间,一般直接写明"领条"、"借条"、"收据"等字样,或写"今借"、"今收到"、"今欠"、"今领到"等作为标题,醒目地说明是什么性质的条据,既扼要地提示了内容,又便于归类保管。

2. 正文

凭证性条据的写法,从表现形式上看,可分为表格式和条文式两种。表格式可见本节附后的例文,在此不作为重点介绍。条文式条据格式比较统一,不管属于何种类型的条据,只要根据不同内容变换字句就行。正文内容通常包括写明立字据的事由或事实,具体钱财、物品的名称、数量,以及还款(物)日期、还款(物)方式、利息支付等事项。无需写称呼,紧靠标题的下方空两格直接书写正文。开头通常有较为固定的惯用语,一般由"今借到……"、"今领到……"、"今收到……"等引起说明的四要素,即写给谁,什么事,谁写的,什么时间写的,要求清楚具体。如涉及钱物,要认真写明数字或数量,数字前面不留空白,而且一般不用小写只用大写,如壹、贰、叁、肆、伍、陆、柒、捌、玖、拾、佰、仟、万等。在具体的钱数后面,即大写数字的末尾还要加上个"整"字。数字如有写错的情况,改正后必须加盖印章,甚至重写一张。正文结束时,还应写上"此据"两字收结,以示条据结束。

3. 具名和日期

条据的右下方要签上立字据人的姓名。在签名时,应在姓名前写上"借款人"、"欠款人"、"收款人"、"领取人"或"经手人"等名称。如是单位,除写明单位名称外,还应写明经办人姓名,并加盖公章。一些重要的私人字据,亦应加盖私章。姓名之下写明具体的年月日。

四、凭证式条据的写作要求

(一)空白不要留得过大

条据的内容部分与签章署名之间的空白留得过大,容易被持据人增添、补写其他内容,或将原内容裁去,在空白处重新添加内容。

(二)大写、小写要分清楚

写条据时,如果只有小写,没有大写;或者小数点位置不准确,数字前头有空格;或大写、小写不相符,都容易被持据人添加数字或修改,甚至由此而引发民事纠纷。

(三)内容表述要清楚

条据里涉及的财物名称、数额和时间以及措辞一定要写得清楚、明确、具体。有的条据不写明日期,一旦发生了纠纷,事实真相很难查清;有的条据将"买"写成"卖","收"写成"付","借给"写成"借"等,极易颠倒是非。单据写好后,不宜改动,最好另写一张,确实需改动则应在涂改处加盖责任人的印章。为使单据字迹清晰、易于保存,一般不能用铅笔、圆珠笔或其他易褪色的笔,而采用黑或蓝黑墨水的钢笔书写,以免字迹因受潮或水浸变得模糊。

(四)姓名应齐全

作为一种凭证的条据,为确保双方财物往来真实可信,还应在条据上具上完整姓名,有姓无名或有名无姓,都会给人留下行骗的口实和赖账的把柄。

五、还款时应索回条据

还款还物时应索回条据。对方若称一时丢失,应该让其另写一张收据留存,这样才不至于给日后留下后患。

【例文一】（借条）

借　据

今因装修房屋尚缺资金,特向×××借人民币伍仟元整,借期壹年,至一九九×年十二月三十一日前归还,利息不计。此据。

借款人：李四（签章）

一九九×年×月×日

【例文二】（欠条）

欠　条

原借张三同志人民币伍佰元整,已还叁佰元整,尚欠两佰元,壹个月后还清。此据。

欠款人：黄××（签章）

××××年×月×日

【例文三】（收条）

今　收　到

××公司宣传科学习文件《党员必读》伍拾本。

此据。

经手人：××批发部张三

××××年×月×日

【例文四】 （领条）

今 领 到

厂部福利科发给三车间的保温桶壹个,保温杯伍拾个,手套伍拾双。

此据。

领取人：张 三

××××年×月×日

【例文五】 （发条）

发 条

今为×××果园卖出"红富士"苹果叁仟千克,每千克价格为捌角,共计人民币贰仟肆佰元整。

此据。

经手人：张小山

××××年×月×日

【例文六】 （领单）

编号：001　　品名：体温表

时　间	数　量	车　间	领取签收
3月1日	壹个	一车间	王文中
3月2日	贰个	二车间	李保文
3月2日	叁个	三车间	张丙乾

编号：002		品名：安全帽	
时　间	数　量	车　间	领取签收
3月1日	壹个	一车间	王文中
3月2日	贰个	二车间	李保文
3月2日	叁个	三车间	张丙乾

思考与练习

1. 思考题

(1) 条据的常见类别有哪些?

(2) 凭证性条据的写作应注意哪些事项?

(3) 说明性条据中便条的写法与请假条的写法有什么不同?

2. 指出下列条据中的错误,并作出修改。

(1) 请假条

刘主任:

　　您车间×××,因感冒发烧(39.5度),我今天陪他去医院看病,特向您请假一天,请批准。

×××的妻子

12月1日

　　(2) 便条

××兄:

　　本月20日是家母50岁生日,我们邀请了部分好友聚一聚,那天,无论如何,请你赏光。时间是下午6点

　　此致

台安!

弟:××

即日

（3）欠条

原借杜小强同志人民币 300 元，已还 150 元，尚欠 150 元，两个月内还清。

刘

1999 年 4 月

（4）请假条

老李：我因病故请假 3 天。

此致敬礼

王小刚 4 月 5 日

3. 根据下列材料写几张条据。

（1）王某在某食品公司购买羊肉欠钱 300 元，已还 200 元，其他欠款决定于××××年×月×日付清。

（2）李某借好友张某伍仟元人民币，为搬家装修房屋使用。借期五个月，一次还清。

（3）姚某与于某是一对久未谋面的好友，于某请人代转一份自己给姚某问候的便条。

（4）某县委、县政府研究，决定发给某乡救灾物资：雨衣 1 500 件，帐篷 150 顶，方便面 400 箱，手电筒（两节的）1 500 只，上海白象牌新干电池 1 500 对，熟铁锅 500 只。需凭此条来县救灾办公室领取。

第三节　商务函件

商务函件，是工商企业在商贸活动中，通过邮政的渠道，交流商务信息、以贸易往来为主要内容的各种商业书信的统称。广义上的商务函件，还包括电报、电传、商业明信片以及各种商务报告书等，狭义的商务函件则仅指商业书信，本章使用的就是狭义的概念。商务函件是工商企业有效传递各类商业信息的友好使者，是提高企业及产品知名度、促进产销两旺的有效手段。

当今企业之间的经济交往与合作越来越广泛频繁，企业间通过商务函件来建立业务联系、保持友好合作关系、交流经济信息、增进友谊显得越来越重要。信函文件虽然在传递速度上不如电讯及网络信息，但在商务活动中，商务函件也有自己的优势：如商务函件以其庄重性和严肃性在商务活动中具有约束力，一旦双方发生纠纷，可以作为文字凭据；另外，商务函件的保密性能使其比电报、电话、传真及网络信件更具有可信度和可靠度。所以在商务活动中，商务信函具有电子通讯不可替代的作用，是企业吸引合作伙伴、树立企业形象、加强企业间合作与交流的重要方式。

一、商务函件的特点和作用

（一）商务函件的特点

1. 写作目的的针对性

商务函件的写作目的在于进行商业贸易往来，它的表达范围局限于某种商业活动，内容针对性强，事项单一具体，如进行某种商品的咨询、洽谈、联系或者提出某种要求，基本上是一信一事，不枝不蔓，语言简明，一般不涉及其他私人事务。在邮寄上，可根据明确的收件人地址、单位名称和邮政编码，灵活确定商务信息和广告内容的适用范围，分门别类地去制作、发布商业信函。

2. 格式的规范性

商务函件篇幅较短，结构较为单纯，但格式也十分讲究规范。信头、标题、开头、主体、结束语几部分有较强的规律性和明确的写作要求，写作时务必按常规格式行文。

3. 语言的简明性

商务函件以说明为主，或介绍业务情况，或通报商品品种与价格,或提出购买意向,或商洽货款,或通知提货日期与地点等等,语言无需过分客套、寒暄,注重简明、直接。同时,一些商务函件还常用"义惟求多,字惟求少"的文言词语来表达意愿,讲究语言的典雅精致,具有较强的交际性、礼貌性特点。

4. 使用的简便性

商业信函之所以能成为当今经济市场的热点广告媒体,是因为它的使用较为经济简便。首先,成批交寄的商业信函在资费上可享受优惠,与其他信息发布形式相比费用较低廉;其次,在装寄文字的同时,还可附寄图片、合同、订单、账单、卡片等,图文并茂、内容详尽、阅览十分方便。

(二) 商务函件的作用

1. 沟通信息、加强联系的作用

随着我国社会主义市场经济体制的建立,商品流通领域的活动日趋广泛、活跃和频繁。商务函件就是商贸活动中沟通信息,加强联系的纽带。通过信函,工商企业之间加强了各种信息的交流和传递,横向联系的面扩大,合作伙伴增多,有利于企业拓展市场、谋求进一步发展。

2. 商贸往来、洽谈业务的作用

商务函件还是进行商贸往来、洽谈业务的重要工具。日常商贸活动中的诸多环节如订货、销售、发货、催货、结账、询价、争议、索赔等,这些具体事务都可通过商务函件来办理。

3. 宣传、树立企业形象的作用

在激烈的市场竞争中,良好的组织形象是工商企业的一笔重要的无形资产。在与各工商企业间进行联系交流的过程中,商务函件往往折射出一个企业的观念、实力、资信、服务、经营效果与经营管理水平,间接地反映出管理人员的业务素质和道德水准。因此,为了全面地体现工商企业的良好形象,在制作商务函件时,一定要注意内容的科学、格式的规范和语言的得体适度。

二、商务函件的分类

商务函件用途广泛,类型多样。以商务函件的内容与商贸活动的业务环节为标准,可以将其分为联系函、贸易函、账务函、争议函、广告函等五类。

(一)联系函

工商企业的发展依赖于市场的不断拓展。物色和结交新的贸易伙伴,并与之建立广泛的业务联系,是商贸系统的一项重要工作。联系函的作用在于:直接向外地有关企业发函,了解对方经营内容和当地市场动态,物色寻求合作伙伴;或向对方作自我介绍,包括自我业务状况、经营范围、资信保证等,以取得对方信任。

(二)贸易函

商业函件是贸易往来的重要手段。在种种贸易活动中,贸易双方对交易商品的各方面问题,如品质、规格、价格、包装、运费等进行了解,反复磋商,在意见达成一致的基础上报价、询价,确认成交,签订合同订货、购货、出货、付款、索款等,这一切复杂的贸易过程中,往往都需由发函来进行双向联系。这种贸易函在所有商务函件中比重最大。常见的有询价函、报价函、还价函、接受报价函、订购函、包装磋商函、装运通知函、催款函、索赔函、理赔函等。

(三)账务函

这种账务函的主要作用就是用来解决商业贸易活动中的账务问题,它是贸易双方发生贸易行为的有效凭证。在商业贸易活动中,由于各种各样的原因,账务问题时有发生:或到了既定时间而未支付款项,或已经支付款项而未到货,更有长期的贸易往来需定期反馈账务收支问题。账务函可以解除双方的财务疑虑,做到开支清楚,收入分明。

（四）争议函

在贸易活动中，有时不免发生贸易双方的各种争执和分歧，引起双方反复多次的交涉，或为表白自己的立场和要求，或为指责对方的错误和过分要求，都需要写作这种解决争议问题的商务函件。

（五）广告函

广告函即广告书信。常见的广告函除有关的文字说明外，还可配送主要的货样彩页。与广播电视及报刊广告相比，它具有发布面广、针对性强、手续简便、价格便宜、方便迅速等特点。目前，广告函件已成为国际经济舞台较常见的广告形式之一，在欧美等西方国家较为流行。

三、商务函件的结构和内容

商务函件不是行政公文，不一定完全遵守固定的格式，但基本格式大体相同。根据写作对象的不同，通常将商务函件分为中文商务函件和英文商务函件。下面只以中文商务函件为例作内容和结构的介绍。

商务函件的结构包括：信头、标题、称谓、正文、落款、日期、附件等几个部分。

（一）信头

信头往往不必个人每次手写。商务函件大多采用特制的公函信笺，其上方三分之一处是已印好了特定的信头内容，通常用一条横线与正文隔开。商务函件是公司的脸面，它对于公司树立良好的形象有着极为重要的意义。因此，多数工商企业往往非常注重信头的设计。典型商务信函的信头通常有：发件企业名称、地址、邮政编码、函件编号、发件日期、发文者职务及姓名等。有些企业还将企业发展简史、分支机构、经营范围及主要领导人职务姓名印在信头部分。在具体的编排中，可根据发件单位自身的编排习惯及收件单位（主要指涉外函件）的商业习惯确定具体的编排格式。

<table>
<tr><td colspan="2" align="center">××公司</td></tr>
<tr><td>电挂：××</td><td>地址：×县×路×号</td></tr>
<tr><td>电传：××</td><td>电话：×××××××</td></tr>
<tr><td></td><td>编号：××</td></tr>
</table>

　　　　　　　：

　　事由：＿＿＿＿＿＿＿＿＿＿＿＿＿＿＿＿

　　＿＿＿＿＿＿＿＿＿＿＿＿＿＿＿＿＿＿＿＿

　　＿＿＿＿＿＿＿＿＿＿＿＿＿＿＿＿＿＿＿＿

　　　　此致

　　附件：＿＿＿＿＿＿

　　　　　　　　　　　　200×年×月×日

（二）标题

商务函件一般应有标题,这样可使对方迅速了解函件的主旨,并得到及时的处理。商务函件的标题主要有三种形式：

1. 简明式标题

直接标出函件性质及文种。如《订货函》、《催款函》、《装运通知函》。

2. 公文式标题

即采用公文的"三要素"式形式来制作标题。如《××公司关于××国××公司欲购我国纺织品的答复函》。

3. 文章式标题

如《2000 年以后××市场趋势及我们的市场策略》。

写作商务函件时可根据需要选择不同形式的标题,但无论何种标题,都必须体现全文的中心内容,点明主旨。

（三）称谓

即收函的公司、行号或收函人姓名,它一般由收函人和敬词组成。写作时要弄清收函人的身份。如果收函人是一个集体,一般要写清对方单位的全称加敬语,如"××公司销售处公启"、"×××商场公启"、"××银行上海分行";收函人是个人,往往直接写明收信人职位、姓名加上敬语,如"××董事长阁下敬启"、"××经理台鉴"、"执事先生台览"。

(四)正文

正文是商务函件的主体,通常由开头、主体和结束语三部分组成。

1. 开头

如果是初次给对方去函,首先应简明扼要地写明发送本商务函件的原因、根据、目的,如"我们从贵国驻我国大使馆商务参赞处得悉贵公司的业务范围及地址,现特来函表示与贵公司建立贸易合作关系的良好愿望";如果是给对方复函,应先引叙来文,点一下对方来函的时间、内容,如"敬谢贵公司×月×日来函"以此作为自己复函的依据。这一部分要求言简意赅,直截了当。

2. 主体

这是商务函件的核心内容,是对发函事项或复函内容的具体阐述部分,要具体提出自己对某项业务的意见与要求。在写作内容的把握与侧重点上,应根据商务函件的不同类型作相应的调整。

联系函。应说明此番联系的目的与要求,并作简要的自我介绍,如本企业的业务范围与经营特点等,接着表达出需要对方回复的事项,如"我公司是此地最大的轻工业品出口商之一,多年来与这里的各类经销商建立了良好的合作关系,若能从贵公司得到最优惠的报盘,我们确信能大量销售贵公司的货物。我们愿意在平等互利、互通有无的原则下与贵公司建立长久友好的合作关系。若能告知我们贵公司有关出口商品的必要详情将不胜感激。"

贸易函。贸易函的内容非常丰富，范围涉及广泛的贸易活动，如进货或销货的货名、品质、规格、数量、价格、包装、仓储、保险、装载、发货、运输、验收、付款方式等，可根据需要选择相关的项目，并提出自己的有关要求。

账务函。主要写清合同证号、账款的项目、币种、数额、清结时限和支付方式等。

争议函。写作的重点应是对双方争议焦点的分析，如问题产生的原因或过程，自己的理由、责任、态度、要求，以及对方应承担的责任、履行的方式等。

广告函。旨在介绍自己的企业或产品，如企业实力、产品特点、规格、型号、价格、服务承诺等。

3. 结束语

商务函件的结束语写在主体之后，常用一些惯用的、表礼节的颂祝词语作为正文的收束。如"此致敬礼"、"专颂时祉"、"恭颂安康"等。写作时，或根据收函者身份的不同选择适当的结束语。

（五）落款和日期

正文之后为落款部分。落款要区分发函者的身份，如果发函者为一个单位，要署明发函单位的全称，然后加盖印章以示对函件生效的重视和负责，必要时，还须署上单位负责人的姓名和职务。如果是以个人名义制发函件，写明个人的姓名和职务即可。

落款下面写出制函日期，且年月日具备。涉外商务函件的日期一般应写于信头处。

（六）附件

附件是对正文必要的补充、说明或解释。并非每一封商务函件都需有附件。常见的商务函件的附件有商品目录、价格表、订货单、发货单等。在落款之下，应注明附件的名称和件数。

四、商务函件的写作要求

（一）真实确凿

真实确凿是指商务函件提供的信息应实事求是，不能随意虚构、想像、移花接木，更不能欺诈、欺骗对方。只有如此，才能形成良好的商业信誉，建立起真诚、信赖、长久的商业伙伴关系，互惠互利。否则，将有损自己的声誉，丧失商业伙伴，造成难以弥补的信用损失。

（二）严谨慎重

商务函件的行文内容有很强的实务性，其行文直接接触商品、货币以及贸易上的各种问题，这些内容，往往左右生意的成败，影响商业活动的经济效益。因此，在写作时，不论函件内容的繁简、篇幅长短，都应有严谨的写作态度，慎重着笔，措辞严密、规范、准确。

（三）礼貌典雅

商务函件的目的不仅是为了交流信息，还在于赢得对方的好感，从而使商务活动顺利开展，增加商业机会。因此，在写作时应尊重对方，学会从双方的立场来看问题，并考虑对方合理的想法、感情、需要和态度，语气应当真诚、友好、温和、礼貌、热情。不应以自我为中心，居高临下、冷若冰霜、傲慢无礼；当然，也应避免自我贬损，卑躬屈膝，热情过火，虚情假意。商务函件语言的独特性还在于常可运用谦恭、婉转的惯用语、文言语，从而形成典雅客套的语体风格，令人回味无穷。

（四）规范正式

商务函件的写作还应体式规范。虽然商务函件没有法定格式，但却有一个约定俗成的习惯格式。这种习惯格式不仅有利于重点突出、层次清楚地表达商务函件的内容，而且还蕴含着一些礼节性的意义。因此，商务函件的书写一定要遵守规范的格式，以免造成误会，影响贸易活动的正常进行。

【例文一】

联 系 函

××公司

　　我们从我驻巴基斯坦使馆商务参赞处得悉贵公司的名称和地址,现借此机会与你方通信,意在建立友好业务关系。

　　我们是一家国有公司,专门经营台布出口业务。我们能接受顾客的来样定货,可接受具体需要产品的花样图案,规格及包装装潢的要求。

　　为使你方对我各类台布有大致的了解,我们另航寄最新的目录供参考。如果你方对产品有兴趣,请尽快通知我方。一旦收到你方具体询盘,即寄送报价单和样本。

　　盼早复。

××公司
200×年×月×日

【例文二】

订 购 函

×××公司销售部:

　　贵方3月15日报价函收悉,谢谢。本公司现在已决定向贵方订购,订单如附件。

　　本公司已请此地香港银行依贵方意思开出美金50 000元信用证,其有效日期到1995年8月31日。本信用证由伦敦银行确认,他们将接受以贵方汇票总额,见票后30日付款。贵方汇票应付文件如下:

> 提单(两份)
>
> 商业发票(叁份)
>
> 保险单(壹份)

我方承运代理商将作标志并作装船通知。货品一旦装船完毕,敬请来电告知。

×××敬上

200×年×月×日

【例文三】

理 赔 函

××发展有限公司:

贵方××××年×月×日函及相关报告收悉。信中提到的××产品存在质量问题并与样品不符,经调查发现由于包装失误码装了次品。这是我方的疏忽,对此我们深表歉意。因此,我方愿意接受贵方要求,对不符合质量的货物按降低原成交价格36%的扣价处理。

我方保证以后不再出现类似错误。

特此复函

×××厂

××××年×月×日

思考与练习

1. 思考题

(1) 商务函件的特点及种类有哪些?

(2) 商务函件的写作有哪些内容?

(3) 商务函件的写作有哪些要求?

2. 试解释下列商务函件中常用语的含义,并尝试运用于写作实践。

(1) 用于称呼部分。

阁下　执事　台鉴　台览　钧鉴

(2) 用于正文。

谨悉　承蒙　业经　面洽　显系　届时　鉴于　就绪　竭诚

(3) 用于结束语。

恳请　函达　见复　查照

(4) 祝颂词。

即颂　谨祝　春(夏、秋、冬)安　商安　台安

3. 试比较下面两篇催款函在语言表达风格上有哪些不同。

(1)

尊敬的×××先生:

　　贵方于200×年×月×日订购××节能灯管60箱,货款金额合计1.5万元,发票号为×××××。贵方业务繁忙,疏忽大意在所难免,故致函提醒,敬请执行结算。我公司账号×××××××。逾期按照银行规定加收2‰的罚金。如有特殊情况,请与我公司财务科××联系,电话:××××××　邮编:×××××××
地址:××××××

　　谢谢。

××光源事业部

××××年×月×日

(2)

　　"关于台端名下之楼宇贷款(编号略)积欠分期供款五期本息合共港币壹万玖仟柒佰圆整。本行由今年二月起曾多次函电促请尽快清付,惟一直未蒙合作,谨再函达,至祈于本函发出之日起七天内清缴积欠期款及过期利息,否则,本行惟有循法律途径行使银

主之权利,将物业拍卖。敬希察注为荷。

××银行有限公司

放款部　××谨启

200×年×月×日

4. 试分析下面商务函件存在的不足,并作出修改。

A厂财务科:

你们几次写来讨钱的函,我们早就收到。老实说,近一年来,厂里的货卖不掉,工人奖金也发不出,所以,没有钱还债。你们一定要还,要么把我厂里的存货折款抵押给你们,否则还不出。请你们帮帮忙,给以谅解。

B厂财务科

200×年×月×日

××公司:

我们得知,你们为发展转口贸易,准备购买我厂生产的×药品,直销香港。我们很高兴你们如此有眼力,愿意大力支持,通力合作。我们现报供×药品10 000箱,每箱2美元CIF香港净价,价格已经很是低廉,请不要还价;交货期定于××××年×月×日,分两批各5 000箱,付款条件是不可撤销即期信用证。请倾力配合。

谢谢　　　　　　　　　　　　××进出口公司

××××年×月×日

5. 请根据下面提供的材料写一份装运通知函。

××××年×月×日,××公司将××厂订购的60箱××节能灯管交付托运,预计3日内到货。60箱××节能灯管的包装箱上都有※标志。随函还附寄如下装运单据,以便××厂提货:××号货运提单一份、××号装箱单一份;××号检验单元一份、××号发票一张。

×××公司运管部

××××年×月×日

第四节 合 同

一、合同的特征和作用

（一）含义

合同是两个或两个以上的当事人之间为实现一定的目的，明确彼此间权利和义务关系的书面协议。

合同是现代民法最重要的法律概念之一，有广义和狭义之分。广义的合同是指一切以明确权利和义务为内容的协议，它不仅包括民法中的合同，还包括行政法规中的行政合同、劳动法中的劳动合同等。狭义的合同是将合同仅仅看成民事合同，即民事主体设立、变更、终止民事权利和义务关系的合同。《中华人民共和国合同法》（以下简称《合同法》）第二条规定：合同是平等主体的自然人、法人、其他组织之间设立、变更、终止民事权利和义务关系的协议。这一合同概念是狭义的合同概念，本章所讲合同是狭义的合同。

（二）合同的特征

签订合同是一种民事法律行为，根据《合同法》规定和合同的实际运用情况，合同的主要特征有：

1. 合同的当事人是自然人、法人、其他组织，其法律地位是平等的

《合同法》规定，合同当事人可以是公民（自然人），也可以是法人或者其他组织。所谓法人，是指按照法定程序成立的，有自己的名称、组织机构和场所，有独立的财产或独立预算，能以自己的名义行使权利和承担义务的社会组织，如企业单位、事业单位、社会团体和国家机关等。其他组织指非法人组织，如法人的分支机构，不具有法人资格的私营企业等。自然人、法人、其他组织都是合同当事人，他们之间签订的合同都受到国家法律的保护。同时，在合同关系中，当事人无论是法人还是公民，无论其地位高低，抑或是

上下级关系的机关,其法律地位是平等的。合同的这一法律特征,反映了合同主体在法律上的平等原则。

2. 合同是当事人一致意思的体现,其权利和义务是相互的

合同是两个或两个以上当事人协商达成一致的产物,是当事人之间"合意"的结果。也就是说,合同关系必须是双方(或多方)当事人的法律行为,而不能是单方面的法律行为,各方当事人通过充分协商,明确了相互的权利和义务,各自的内在意思和外在表示都一致后,才能产生相互间的合同关系,任何一方当事人取得权利,都是以承担相应的义务为条件的。

3. 合同一经依法订立,就具有法律约束力

订立合同是一种民事法律行为。法律行为是人们表示自己意思的、有法律后果的行为,由此产生的权利和义务关系是法律关系。依法订立合同,在本质上属于合法行为,合同当事人的权利受到法律保护,当事人的义务受法律监督,不履行或不完全履行合同要承担法律责任。《合同法》第八条规定:"依法成立的合同,对当事人具有法律约束力。当事人应按照约定履行自己的义务,不得擅自变更或者解除合同。"此外,任何第三者都不得对依法成立的合同关系进行非法干预和侵害。

(三) 合同的作用

在社会主义市场经济体制下,商品生产和商品交换飞速发展,随着现代企业制度的逐步建立,经济协作和专业化联系发展速度加快,横向经济联系不断加强。实行合同制,用以调节部门之间、企业之间和各地区之间的关系,促进国民经济持续、快速、健康发展。事实证明,合同在我国经济交往和社会建设中发挥着巨大的作用,具体来说,表现在以下几个方面:

1. 合同是实现国民经济目标的法律保证

在我国社会主义市场经济体制下,合同是使国家经济建设任务具体化和贯彻落实的重要保证。市场为合同提供了广阔的天

地,经济组织往往根据国家宏观调控计划的要求和市场的需要去签订合同,确定产品的品种、规格、质量、数量和交换期限,使生产计划具体落实。全面、严格地履行合同,也意味着按质、按量、按期地实现计划。同时,由于合同是生产、经营能力和市场需求相结合的反映,因此,建立在合同基础上的企业生产、经营计划也是切实可行的。合同与市场的密切结合,保证了计划的完善和实现,有利于实现国民经济总目标,同时也促使无序的市场经济向健康有序的方向发展。

2. 合同是改善企业经营管理的有效手段

通过签订合同,把当事人双方(或多方)的权利和义务确定下来,不履行合同规定的义务,就要受到经济制裁。这就促使合同当事人双方(或多方)必须切实地按照合同中规定的义务,合力地利用人力、物力、财力,有效地组织生产经营活动,降低原材料消耗,增强企业竞争能力,求得最大的经济效益。

3. 合同是实现专业化协作的纽带,是促进经济联合的有效工具

生产的专业化是现代生产的要求,企业间的生产与协作,则是由社会主义的生产性质和目的所决定的。随着现代科技的发展和现代化生产水平的提高,专业化分工越来越细,这就要求国民经济的各部门、各生产单位进行日益密切的协作,而合同往往是连接产、供、销、运各个环节的纽带。通过合同,各个不同的经济组织就成为互相依存、互相制约的有机整体,从而促进国民经济稳步、协调地发展。

二、订立合同的程序和原则

(一)订立合同的程序

任何合同的订立都必须经过一定的程序。虽然各种合同订立的程序不完全相同,但其中的两个环节是一般合同都必须经过的,这两个环节在法学上叫作要约和承诺。

1. 要约

要约，是当事人一方向对方提出签订合同的建议和要求。订立合同的提议人叫要约人，要约的对象叫作受要约人。

要约往往是订立合同的第一步。在一般情况下，要约要向特定的当事人提出，或者向其代理人提出。在某些情况下，要约也可以向不特定的人提出，如招标公告、公开拍卖等。要约的主要内容有：第一，明确表示订立合同的愿望；第二，明确提出拟订合同的主要条款；第三，提出对方是否同意要约的表示期限。它要求内容具体确定，表明经受要约人承诺，要约人即受该意思约束。

要约是一种法律行为，一般来说，要约人发出要约后，在约定的期限内受自己的要约约束，不得把同一要约向第三人提出，与第三人订立合同。否则，由此给对方造成损失的，要约人要承担相应的责任。需要说明的是，要约人受要约约束是有条件的，即必须在对方受约承诺之后，必须是在约定的期限之内。如果要约尚未送达受要约人之前，或受要约人未作出答复之前，要约人可以撤销自己的要约；如果超出要约规定的期限，或虽未规定期限，但显然已超过合理的时间范围，受要约人仍不承诺的，要约视为无效；如果撤回要约的通知先于要约到达，或与要约同时到达，要约亦视为无效。

2. 承诺

承诺，是指受要约人完全接受要约条件的意思表示。承诺必须具备两个条件：一是无条件地完全接受要约中的各项条款；二是在约定的有效期限内答复。如果受要约人对要约的内容进行实质性变更（即变更合同标的、数量、质量、价款或者报酬、履行期限、履行地点和方式、违约责任等），为新要约。受要约人超出承诺期限发出承诺的，除要约人及时通知受要约人该承诺有效外，为新要约。承诺的方式，应与要约采取的方式相同。应注意，除法律有特别规定或与当事人的约定外，沉默不能作为承诺的方式。

承诺也是一种法律行为,双方当事人都有订立和履行合同的义务。承诺一般不能撤回,只有撤回承诺的通知先于承诺到达时,撤回有效,而在撤回承诺的通知与承诺同时或稍后送达时,撤回无效。承诺是合同成立的重要标志,对于承诺时间,特别是以书信或电报方式表示承诺的认定,就显得非常重要。承诺时间,原则上以要约人收到承诺的时间为准。期限届满,所作的承诺为迟到的承诺,而迟到的承诺对要约人来说是没有约束力的。不过,如果承诺是在承诺期限内作出,只是由于传递方面的原因而迟到的,要约人在接到承诺后应立即声明,否则,不得认为承诺迟到。

(二) 订立合同的原则

签订合同是一种法律行为,当事人要慎重行事。《合同法》总则第一章对合同法的基本原则(也是当事人在合同活动中应遵守的基本准则)作了明确规定,主要有以下几条:

1. 平等、自愿

自愿原则是合同法的重要基本原则,合同当事人通过协商,自愿决定和调整相互权利义务关系。自愿原则体现了民事活动的基本特征,是民事法律关系区别于行政法律关系、刑事法律关系特有的原则。民事活动除法律强制性的规定外,由当事人自愿约定。自愿原则也是发展社会主义市场经济的客观要求,随着社会主义市场经济的发展,合同自愿原则就越来越显得重要。

自愿原则体现在两个方面:一方面是合同当事人之间的关系,《合同法》规定,"合同当事人的法律地位平等,一方不得把自己的意志强加给另一方。"再一个重要方面是关于合同当事人与其他人之间的关系,《合同法》规定,"当事人依法享有自愿订立合同的权利,任何单位和个人不得非法干预。"

平等是自愿的前提。自愿原则是贯彻合同活动全过程的,包括:第一,订不订合同自愿,当事人依自己意愿自主决定是否订立合同。第二,与谁订合同自愿,在订立合同时,有权选择对方当事人。第三,合同内容由当事人在不违法的情况下自愿约定。第四,在合同履行过程中,当事人可以协议补充、变更有关内容。第五,当事人也可以协议解除合同。第六,可以约定违约责任,发生争议时,当事人可以自愿选择解决争议的方式。

2. 公平、诚实信用

《合同法》规定,"当事人应当遵循公平原则确定各方的权利和义务";"当事人行使权利、履行义务应当遵循诚实信用原则"。

公平、诚实信用原则,要求当事人在订立、履行合同,以及合同终止后的全过程中,都要心怀善意,要诚实,讲信用,相互协作,不得滥用权利。具体包括:第一,在订立合同时,应当遵循公平原则确定双方的权利和义务,不得欺诈,不得假借订立合同恶意进行磋商或其他违背诚实信用的行为。第二,在履行合同义务时,当事人应根据合同的性质、目的和交易习惯履行通知、协助、提供必要的条件、防止损失扩大、保密等义务。第三,合同终止后,当事人应根据交易习惯履行通知、协助、保密等义务,称为后契约义务。第四,根据公平原则确定违约责任。

3. 守法,不得损害社会公共利益

合同活动要守法,合同涉及的内容、签订的程序等,都不能与国家的法律、政策及有关规定相抵触,否则,所订立的合同就是无效合同,而无效合同是没有法律约束力的。《合同法》规定,"当事人订立、履行合同,应当遵守法律、行政法规,尊重社会公德,不得扰乱社会经济秩序,损害社会公共利益"。

一般来讲,合同的订立及履行,属于合同当事人之间的民事权利义务关系,主要涉及当事人的利益,因此,国家一般不予干预,由当事人自主约定,采取自愿的原则。但是,合同决不仅仅只是当事人之间的问题,有时可能涉及社会公共利益,涉及维护经济秩序,因此,自愿原则也不是绝对的,是在不违背法律、行政法规强制性

规定的前提下的自愿。

如何理解和把握遵守法律原则和自愿原则的关系呢？法律、行政法规有关合同条文的规定,有不同的情况:一种是强制性的规定,这是当事人必须遵守的。例如,不得恶意串通,损害国家、集体或者第三人利益等,这主要是为了保护社会公共利益和维护经济秩序。另一种情况是属于倡导性的,由当事人选择。例如,合同法规定,合同的内容由当事人约定,合同生效后当事人就质量、价款或者报酬、履行地点等内容没有约定或者约定不明确的,首先是由当事人协议补充。所以说,遵守法律和自愿原则并不矛盾,自愿是以遵守法律、不损害社会公共利益为前提的;同时,只有遵守法律、法规,才能更好地体现和保护当事人在合同活动中地自愿原则。

三、合同的种类

随着商品经济的发展和改革开放的不断深入,经济合同的内容和形式日益增多,因而,我国现行的合同种类也很多。按不同标准划分,合同可以分为不同的种类。

按写作形式分,有表格式合同、条文式合同。

按履行期限分,有长期合同、中期合同、短期合同。

按是否交付标的物分,有承诺合同、实践合同。

按内容性质分,主要有 15 类,这也是合同法分则对合同的分类,下面逐一介绍。

（一）买卖合同

即当事人一方(出卖人)转移标的物的所有权于另一方(买受人),买受人按规定支付给出卖人约定的价款的合同。

（二）供用电、水、气、热力合同

即用电、水、气、热力方与供应电、水、气、热力方就供电、水、气、热力的方式、质量、时间、地址、性质、计量方式、价格、费用结算、设施的维修责任等内容,明确相互权利和义务关系而订立的合同。

（三）赠与合同

即赠与人将自己的财产无偿给予受赠人，受赠人表示接受赠与的合同。

（四）借款合同

即借款人向贷款人借款，双方就借款种类、币种、用途、数额、利率、期限和还款方式等内容达成一致意见而订立的合同。

（五）租赁合同

即出租人将租赁物交付承租人使用，双方就租赁物的名称、数量、用途、租赁期限、租金及其支付期限和方式、租赁物维修等内容订立的合同。

（六）融资租赁合同

即出租人根据承租人对出卖人、租赁物的选择，向出卖人购买租赁物，提供给承租人使用，承租人支付租金的合同。其内容包括租赁物名称、数量、规格、技术性能、检验方法、租赁期限、租金构成及其支付期限和方式、租赁期届满租赁物的归属等。

（七）承揽合同

即承揽人按照定做人的要求完成工作，双方就承揽的标的、数量、质量、报酬、承揽方式、材料的提供、履行期限、验收标准和方法等内容订立的合同。

承揽包括加工、定作、修理复制、测试、检验等工作。

（八）建筑工程合同

即承包人进行工程建设，发包人支付价款的合同。建设工程合同包括工程勘察、设计、施工合同。

勘察、设计合同的内容包括提交有关基础资料和文件（包括概预算）的期限、质量要求、费用以及其他协作等条款。

施工合同的内容包括工程范围、建设工期、中间交工工程的开工和竣工时间、工程质量、工程造价、技术资料交付时间、材料和设备供应责任、拨款和结算、竣工验收、质量保修范围和质量保证期、双方相互协作等条款。

（九）运输合同

即承运人将旅客或者货物从起运地点运输到约定地点，旅客、托运人或者收货人支付票款或者运输费用的合同。

运输合同包括客运合同、货运合同和多式联运合同。

（十）技术合同

即当事人就技术开发、转让、咨询或者服务的内容、范围和要求，履行的计划、进度、期限、地点、地域和方式，技术情报和资料的保密，风险责任的承担，技术成果的归属和收益的分成办法，验收标准和方法，价款、报酬或者使用费及其支付方式等内容订立的合同。

技术合同包括技术开发合同、技术转让合同、技术咨询合同和技术服务合同。

（十一）保管合同

即寄存人将保管物交付保管人保管，双方就保管物的名称、种类、数量、品质、保管期限、保管要求、保管费用及其支付方式等内容订立的合同。

（十二）仓储合同

即保管人储存存货人交付的仓储物，双方就仓储物的品种、数量、质量、包装、件数和标记，仓储物的损耗标准，储存场所，储存期间，仓储费及其支付方式等内容订立的合同。

（十三）委托合同

即委托人和受托人就委托事务的内容、范围、费用以及受托人责、权等内容订立的合同。

（十四）行纪合同

即行纪人以自己的名义为委托人从事贸易活动，委托人支付报酬的合同。

（十五）居间合同

即居间人向委托人报告订立合同的机会或者提供订立合同的媒介服务，委托人支付报酬的合同。

四、合同的基本内容和格式写法

（一）合同的基本内容

合同的基本内容也就是合同的主要条款。它是明确当事人双方权利和义务，使合同关系得以成立的关键，是合同的核心部分。根据我国《合同法》第十二条规定，各种合同应具备下列基本内容。

1. 当事人的名称或者姓名和住所

合同当事人为法人或其他组织时，主要写明其名称；合同当事人为自然人时，应主要写明其姓名和住所。

2. 标的

标的是指合同当事人双方权利和义务共同指向的对象。它可以是某些实物，也可以是某项劳务，还可以是某种非物质财富的权利，如货物、货币、工程项目等。

标的是订立合同的目的和前提，没有标的或标的不明确的合同是无法履行的，标的不合法的合同则是无效合同。因此，合同的标的要写明名称，使标的特定化，标的必须明确、具体、合法。

3. 数量

数量是指标的物在量的方面的限度，是标的以数字和计量单位来反映的尺度，如产品数量多少，完成工作量多少等。在写标的数量时，应使用国家法定计量单位和方法。对有些商品，还要规定合理磅差、正负尾数、超欠幅度、自然损耗等。没有数量，权利和义务的大小很难区分。

4. 质量

质量是指标的物的内在素质和外观形态的优劣程度。它是确定标的特征的重要条件，是标的的具体化。它包括标的的品种、规格、型号、等级、标准、技术要求、物理和化学成分、款式、感觉要素、性能等。质量的衡量标准,应根据标的的不同,区别对待。

合同中的质量条款,应按国家标准或主管部门的有关规定签订,若没有国家、行业标准,则应由合同当事人商定并封存样品。此外,质量条款中应写明标的质量的验收方法、试验方法、动植物检疫方法等。

5. 价款或者报酬

价款或者报酬是指取得标的的一方付给对方的代价。在以实物为标的的合同中,这种代价称为价款;在以劳务为标的的合同中,这种代价称为酬金。价款或报酬的标准应当依照国家有关规定确定,若国家未作规定,由当事人双方按平等互利的原则协商确定。为实现价款或报酬的交付,合同中应具备有关银行结算和支付方法的条款。

6. 履行的期限、地点和方式

履行的期限,是指当事人各方依照合同规定全面完成自己合同义务的时间。在买卖合同中,它往往指的是交付标的物的时间;在运输、仓储、承揽、建筑工程合同中,它一般指的是从开始提供劳务或进行工作,到最后交付的整个时间。

履行的地点,是指当事人依照合同规定完成自己合同义务的场所。它是指交货、提货、付款、服务、建设等地点。履行地点直接关系到履行的费用和合同当事人各方的利益,因此,要由当事人各方协商而定,写作要具体明确。

履行的方式,是指当事人完成合同义务的方法。如有的合同以转移一定的财产的方式履行,有的合同则以提供劳务来履行。在买卖合同中,是一次性履行,还是分批履行;是出卖人送货或代办托运,还是买受人自己提货等,这些内容都要写清楚。同时,还要写清费用的结算方式(现金或转账;先交标的后付款或先付款后交标的,或先付一部分款,待交标的后再结算价款或报酬)。

7. 违约责任

违约责任是合同当事人因过错不履行或不完全履行合同时应承担的责任。《合同法》第一百零七条规定:"当事人一方不履行合同义务或者履行合同义务不符合约定的,应当承担继续履行、采取补救措施或者赔偿损失等违约责任。"违约责任的具体内容,可由当事人根据具体情况商定,凡有关合同条例或细则对违约金有规定的,合同当事人必须依照执行。在写违约责任时,要具体写明不履行或不完全履行合同时应承担的经济责任和法律责任,如应支付的违约金、赔偿金的数额,是按总金额的比例还是按未履行部分金额的比例支付等。

8. 解决争议的方法

解决争议的方法是指当事人在履行合同过程中发生争议,为解决矛盾纠纷所采取的方法。其具体内容由当事人约定,如由当事人协商解决或由人民法院解决等。因种种原因,合同履行过程中出现矛盾在所难免,确定这项条款可以为尽快解决矛盾提供直接依据,提高办事效率。

(二)合同的格式及写法

现实生活中,合同内容丰富多样,合同形式也多种多样。随着社会经济的发展,交易的复杂化,各类合同示范文本也应运而生。从书写格式上看,合同有条文式和表格式两种形式。条文式合同又称条款式合同,是将合同的内容分成若干条款,用文字逐条、系统地加以说明,这种形式结构完整,适用于内容比较复杂的合同。表格式合同,主要是采用表格的形式来表现合同的内容,这种形式简洁、明了,适用于内容比较简单的合同。当然,写作中可以根据具体需要,将表格和条文结合起来使用。

合同写作无论采用哪种形式,其基本结构是较为稳定的,一般由首部、正文(或表格)、尾部和附件四部分构成。

1. 首部

首部包括标题、编号和当事人的名称等几项内容。

（1）标题。合同标题是合同的性质、内容、种类的具体体现。标题一般都是在合同的首页第一行居中用大号字标明合同名称，如"买卖合同"、"借款合同"等。

（2）编号。写合同编号的目的，是便于登记和管理。一般在标题下一行靠右标合同编号，如"编号：0035"或"NO. 0035"等。具体使用中，也可以根据情况不写编号。

（3）当事人名称在标题或编号之下分两行并列写出当事人双方的名称，一般要写明当事人的全称（法人、其他组织的全称或自然人的姓名）和简称。式样如：

　　　　　××××××（以下简称甲方）

立合同人

　　　　　××××××（以下简称乙方）

写作时，一般以取得标的的一方为甲方，交付标的的一方为乙方。下文中以简称代替全称时，应注意其对应关系，切不可混淆使用。

2. 正文（或表格）

在这部分中，表格式合同就是一个表格，将合同内容用表格体现出来。写作时，应注意制作表格的科学性、合理性；填写合同内容要清楚准确。

条文式合同的正文一般包括序言和主体两大部分。

（1）序言。即合同的开头语，主要交代订立合同的目的、依据、意义等，并说明合同的订立是经过当事人充分协商一致的结果。如"为了搞活经济，保障城市居民水果供给，经甲、乙双方协商，订立本合同，以资共同恪守。"

（2）主体。主体部分是合同的具体内容所在。一份合同的具体内容，一般包括三个方面：一是通用条款。即前文所述的《合同法》中明确规定的标的、数量、质量、价款或者报酬、履行的期限、地点和方式、违约责任、解决争议的方法等条款。各种合同虽然千差万别,但都必须具备这些共同的条款。二是专用条款。即除通用条款外,根据合同性质必须具备的条款。各种合同一般都有各自的专用条款,如买卖合同中的"包装要求",借款合同中的"借款用途"、"保证条款"等。三是特约条款。在订立合同时,当事人一方为了保障合同的顺利履行,避免、减少纠纷,可以要求在合同中规定某项条款,经双方协商同意规定的这些条款也成为合同的主要条款。当事人自行选择除法律、法规或条例规定之外的条款,是当事人的权利。但是,当事人不得滥用这些权利,不得在合同中约定与法律、法规相抵触或有损社会公益,以及侵犯他人利益的条款。

主体部分在形式上一般采用条款式,每一条款要表达一个相对完整的意思。写作时,既要注意条款内容的逻辑顺序,也应考虑分别将合同当事人的责任义务集中在一起,这样,便于当事人记忆,以保证合同顺利履行。此外,在本部分的最后几个条款,往往写明解决纠纷的方式、合同的有效期限、合同的份数及保存方式和其他未尽事宜。

3. 尾部

尾部一般包括当事人签章、鉴证机关签章、签约日期等几项内容。

(1)当事人签章。包括立约单位名称、法定代表人及代表姓名,并加盖公章和私章。有时,还有写明立合同单位地址、电话、开户银行、银行账号、电报挂号、邮政编码等。写作时,其位置一般在正文右下方。

(2)鉴证机关签章。经过有关机关鉴证或公证的合同,要由该机关签字盖章。有的合同没有经过鉴证或公证,写作时,这项内容可以省略。

（3）签约日期。一般在合同最后写明签订合同的具体日期，也可以把日期写在标题右下方。

4. 附件

附件是对合同条款的有关说明性材料及相关证明材料。如施工合同中所附的工程设计图纸；技术性较强的商品买卖合同中所附的说明标的全部情况的附表或附图等。合同附件是合同的共同组成部分，同样具有法律效力。写作时，一般在正文主体部分后注明附件的名称和份数，将附件附在合同的后面。需要说明的是，如果在合同正文中能把有关内容说清楚的，可以不要附件。

五、合同的写作注意事项

签订合同，除应遵循上述原则外，还要注意以下三点要求：

（一）签订合同前要掌握合作者的基本情况

在订立合同前，要对合作者的基本情况进行深入了解，特别是了解其性质、规模、资信情况、履约能力等，为日后合作打好基础。如果只相信对方的广告宣传而与之签订合同，难免给以后合同履行留下隐患。当然，经济往来中，绝大多数合同当事人以诚信为本与对方合作，但也有背离诚信者。实际工作中，就有一些合同当事人因没有很好地了解对方情况，结果使自己蒙受巨大经济损失。

（二）内容表达具体、准确

拟写合同文稿时，内容表达要具体、准确，用词造句要明白、严密，合乎逻辑、语法，不能含糊或生歧义。如今，有部分合同就是由于文字表达不当，如标的不确切，质量含糊不清，履行时间、地点不具体等，引起纠纷，浪费当事人的精力，影响双方的工作和利益。

（三）结构完整，格式规范

我国自 1990 年 10 月 1 日起已在全国逐步推行合同示范文本

制度,包括国家工商行政管理机关制定的统一文本格式和有关专业主管部门制定的文本格式两种。在使用时,如果已有示范文本,要按照规范的文本格式来写,如果有些合同没有统一规定,要参照示范文本来写,不能标新立异,自行其是。

　　另外,合同的总价款要用汉字书写。如果合同文稿拟定后确需作微小改动,应在修改处加盖当事人双方的印章,以示负责。

【例文一】

工矿产品购销合同

供方:上海××动力科技有限公司　　　合同编号:20030303

需方:××省××研究院

签订地点:郑州市

签订时间:2003 年 3 月 17 日

一、产品名称、商标、型号、厂家、数量、金额、供货时间。

产品名称	规格型号	计量单位	数量	单价（元）	总金额（元）	交货时间
TG2000-A115 排气分析仪	TG2000-A115 测量 CO、CH、CO_2、O_2、NO_x	台	壹	30 500	30 500	2003 年 4 月 5 日前
滤清器	AF1000	个	伍拾	10	500	

合计人民币金额(大写)叁万壹仟元整

　　二、质量要求技术标准、供方对质量负责的条件和期限:仪器应符合 JT/T386—1999 及企业标准等有关要求。自产品交货之日起,免费质量"三包"期一年,终身维修。

　　三、交(提)货地点、方式:货物运到郑州。

四、运输方式及到达站港和费用负担：中铁快运，费用供方负担。

五、包装标准、包装物的供应与回收：带防震包装箱，包装不回收。

六、随机备品、配件工具数量及供应办法：按产品装箱单。随机供应配件。

七、结算方式及期限：合同生效起，货到需方首付伍仟元即送国家授权的计量部门检定，检定合格即付贰万元，余款在货到后 9 个月内付清。

八、违约责任：双方任何一方违约，均应向对方支付货款20％的违约金，不足部分，按不足部分货款20％交违约金。

九、解决合同纠纷的方式：首先双方协商。若协商不能解决，提请仲裁。

供　　　方

单位名称(章)：上海××动力科技有限公司(章)

单 位 地 址：上海市××路290号

法定代表人：王××

委托代理人：黄××

电　　　话：021－6521××××

传　　　真：021－6509××××

开 户 银 行：上海银行××支行

账　　　号：××××××

邮 政 编 码：2000××

需　　　方

单位名称(章)：××省××研究院(章)

单 位 地 址：郑州市××路69号

法定代表人：张××

委托代理人：李××

电　　　话：0371－595××××

传　　　真：0371—595××××

开户银行：工商银行××支行

账　　　号：××××××

邮政编码：4500××

【例文二】

汽车租赁合同

甲方(车主)：郑州市××汽车租赁有限公司

乙方(承租人)：××公司

为了确保甲、乙双方各自的权利和利益不受侵害及义务的正常履行,依据《中华人民共和国合同法》,经甲、乙双方协商,订立本合同,供双方信守。

一、甲方将桑塔纳 2000 车(牌号豫 A×××××,发动机号×××××,车架号×××××)壹辆出租给乙方使用。

二、租期自 2004 年 3 月 10 日 8 时至 2004 年 3 月 25 日 8 时。

三、每天按 24 小时计算,限驶 250 公里,每天租金 200 元。超出规定里程,每公里加收壹元;超出约定时间,每小时加收 30 元,超 5 小时按 1 天计算,不设半天。

四、乙方在签订合同当日向甲方交总租金的 30％预付款,余款在交还车时一次结清。

五、甲方的义务：

1. 甲方必须向乙方提供手续齐全、能安全行驶的车辆。

2. 对租赁车的车况,甲方应如实详细告诉乙方。

3. 合同订立后,甲方即时向乙方提供租赁车辆,不得因故拖延或改变车型。

六、乙方的义务：

1. 驾驶租赁车的驾驶员需持有有效的中华人民共和国正式驾驶证，驾驶证上准驾车类别与租用车辆相符。

2. 合同期满，乙方须按合同规定的还车时间、地点归还车辆，并且保持车辆整洁、设备证件齐全完好，无刮碰和损坏现象，否则，出租人视情收取车损费。

3. 乙方应每日对机油、刹车油、防冻液、轮胎气压、灯光等作常规检查，如发现问题，须速通知甲方补充。否则，由此造成的后果由乙方负责。

4. 车辆发生事故，乙方应立即通知交通管理部门并同时告知甲方，由甲方指定修理厂修理，没有甲方文字性修车通知，乙方不得私自修理。一旦车辆有故障，禁止继续使用，乙方应全力配合交通管理部门处理车辆事故，甲方原则上不参加交通事故的处理。

5. 乙方在承租期间内发生交通事故造成人员伤亡时，需承担有关的民事刑事、法律责任，还需承担交通管理部门对车主的罚金。

6. 在租期内，乙方若遗失牌照或有关证件，应自行去有关部门申请补办，补办手续费及补办期间的车辆租赁费由乙方承担。

7. 乙方不得擅自拆除车辆上的零件和设备，否则，按所拆零件价2～3倍赔偿，同时需向甲方归还所拆换的原零部件。乙方不得拆动车辆上的里程表，如甲方发现其有拆动现象，将按总租期规定里程使用数的2～3倍罚款。

8. 乙方在租赁期间(合同签字起至还车结账止)闯红灯、违章停车等，事后被交通管理部门追究罚款，甲方有权向乙方追要罚款、滞纳金及由此造成的责任和后果。

9. 乙方在租期内应严格遵守国家各项法律法规，并承担由于违章、违法、肇事等行为所产生的全部责任及经济损失。

10. 乙方对车辆的权力权限于执行本合同的各项条款，不得转租、转借、抵押车辆，不能赋予自己对车辆任何超过本合同的其他权力。

11. 遵守《汽车承租人须知》的义务。

七、保险：

1. 按照中国人民保险公司的规定，对发生事故的投保车辆实行限额赔偿。乙方在租赁期内出现事故时，应承担保险公司赔偿以外的所有费用，并向甲方交车辆损失30％的折旧费。

2. 全车丢失在三个月以上，保险公司对赔偿金额实行30％绝对免赔率，乙方应赔付这部分费用。丢失车后至保险公司赔偿前期间的租费由乙方承担。

3. 索赔时，乙方应向保险公司提交保险单、事故证明、事故调解结案书、损失清单和各种有关费用的单据，如实填写机动车辆险出险报告单。

八、甲、乙双方任何一方违约，要向对方支付未履约部分20％的违约金。

九、本合同由郑州市工商局监督实施。若发生纠纷，由××区人民法院裁决。

十、本合同一式二份，甲、乙双方各执一份，签字生效，交车签字后作废。

附：车辆交接检验对照表

甲　方：郑州市××汽车租赁有限公司

地　址：郑州市××路58号

代表人：张××

电　话：574××××

乙　方：××公司

地　址：郑州市××路46号

代表人：姚××

电　话：595××××

思 考 与 练 习

一、思考题

1. 合同的基本内容(主要条款)是什么？

2. 合同的种类有哪些？

3. 合同的格式有哪些形式？ 常用的合同格式包括哪些项目？

4. 写作合同文书应注意什么问题？

二、修改下面两份合同

(一)

产 销 合 同

　　　　　××县××供销社(甲方)

签订合同单位

　　　　　××工艺社(乙方)

　　甲方为了发展农村副业生产,保证市场供应,经与乙方商定同意以下几点,特签订本合同。

　　货物名称：草帽、草席。

　　规　　格：××××

　　订购数量：草席 200 条,草帽 800 顶。

　　价　　格：草席每条 12 元,草帽每顶 3 元。

　　交货日期：10 月 5 日前。

　　交货地点：供销社仓库。

　　交货办法：由工艺社送到供销社仓库,不计运费,

　　付款办法：交货之时,当面结算,用现金结清。

　　违约责任：如有一方违约,致使另一方造成经济损失时应承担赔偿责任,货物的质量、品种、花色不合要求,乙方应负责退,乙

方延期交货,每日交延期交货部分货款总值2‰的违约金;甲方延期付款,每日交延期付款部分2‰的违约金。

甲方:

单位名称:××县××供销社(公章)

法人代表:王××(章)

开户银行:××××

银行账号:××××

乙方:

单位名称:××工艺社(公章)

法人代表:李××(章)

开 户 行:××××

银行账号:××××

签约日期:2003年6月20日

(二)

工 程 合 同

造纸厂第二车间(甲方)

立合同人

××建筑公司生产科(乙方)

为建造××造纸厂第二车间西厂房,经甲乙双方协商,订立本合同,以资共同恪守。

1. 甲方委托乙方建设西厂房一座。

2. 全部建造费800 000元。

3. 甲方在订立合同后先付一部分建造费,其余在西厂房建成后抓紧归还。

4. 期待乙方筹备就绪后立即开始,力争3月中旬开工,争取11月底交活。

5. 建筑材料由乙方全面负责筹备。

6. 本合同一式二份,双方各执一份。

××造纸厂第二车间(公章)

主任:杨克强(章)

××建筑公司生产料(公章)

科长:王力(章)

××××年2月10日

三、根据下面提供的材料写一份合同

乾源茶叶公司业务员李宏强与朝阳茶场代表王立于2004年3月1日签订了一份茶叶买卖合同。约定内容如下:买卖物为××毛尖茶叶,其中特级品1 000千克,单价200元;一级品为2 000千克,单价68元。茶叶必须塑料袋分装,每250克一袋,每50袋用大塑料袋内装,外用纸箱或麻包袋封装,包装费由仍由茶场负责。2004年6月15日之前由茶场直接运往茶叶公司,运费由茶场负责。检验合格后,茶叶公司于收获10日内通过银行托付货款。合同订立后,如双方不履行,在正常情况下拒不交货或拒付货款都需处以货款20%的罚金;迟交货或迟付款,则每天罚0.03%的滞纳金;数量不足,按不足部分货款20%赔付。质量不合格,则重新商定价格。如遇特殊情况,则提前20天通知对方,并赔偿损失费10%。此合同由××县工商管理部门鉴证。茶场地址为:××县××镇,开户银行:××县农行,账号:008656,电话:3836086。茶叶公司地址为:××市×路×号,开户银行:××市工行,账号:005762,电话:3933487。

第五节 招标与投标书

一、招标书与投标书概说

(一)招标与投标的含义

招标和投标是英语 Invitation to Tender 和 Tender 的意译。

招标是招标人在兴建工程、合作经营某项业务或进行大宗商品交易时,公布标准和条件,招人承包或承买,选择其中价格和条件最优者为中标人,订立合同进行交易的行为。投标是投标人对招标的响应,竞争做承包者的行为。在整个招标与投标过程中涉及的各种文字或表格式的文书,统称为招标与投标文书。

招标和投标是英国在 1782 年最早采用的一种购买形式,后来为许多国家所采用,广泛使用于货物、工程和服务等经济活动之中,成为一种现代贸易活动形式。我国随着改革开放的进行,1982年 10 月国务院颁布了《关于开展和保护社会主义竞争的暂行规定》,其中指出:"对于一切适宜于承包的建设项目和经营项目,可以试行招标、投标的办法。"武汉等地率先在工业企业中实行招标投标的办法,此后很快普及全国各地的建设项目和经营项目,并取得了很好的效果。随着招标投标工作的日益深入,第九届全国人民代表大会常务委员会第十一次会议于 1999 年 8 月 30 日通过了《中华人民共和国招标投标法》(以下简称《招标投标法》),同日以中华人民共和国主席令公布,并自 2000 年 1 月 1 日起施行,这对进一步规范和促进我国的招标投标活动将起到重要作用。

(二)招标投标的程序和文书写作

1. 招标及其文书写作

(1)审批。招标项目按照国家规定要履行审批手续的,需履行审批手续并获批准。

(2)确定招标方式。招标方式有公开招标和邀请招标两种。公开招标是指招标人以招标公告的方式邀请不特定的法人或者其他组织投标。邀请招标是指招标人以投标邀请书的方式邀请特定的法人或其他组织投标。国家或地方的重点项目不宜公开招标的,经有关部门或者地方政府批准,可以进行邀请招标。文书工作有招标公告或邀请书。

(3)确定自行办理招标事宜或者选择代理机构委托办理招标

事宜。确定是自行办理或是委托办理招标事宜,主要看自己是否具有编制招标文件和组织评标的能力。委托代理的文书工作有招标委托书。

(4) 发布招标公告或者发出招标邀请书。招标人采用公开招标方式的,应当发布招标公告。必须依法进行招标项目的招标公告,应当通过国家指定的报刊、信息网络或者其他媒介发布。招标公告应当载明招标人的名称和地址、招标项目的性质、数量、实施地点和时间以及获取招标文件的办法等事项。招标人采用邀请招标方式的,应当向三个以上具备承担招标能力、资信良好的特定法人或其他组织发出招标邀请书。

(5) 编制招标文件。招标文件包括项目的技术要求,对投标人资格审查的标准,投标报价要求和评标标准等所有实质性要求和条件以及拟签订合同的主要条款。招标项目需要划分标段。确定工期的招标人应当合理划分标段、确定工期,并在招标文件中载明。招标文件的编制是招标工作中极其重要的工作,因为文件贯彻招标的政策、规章、程序、是竞争投标的基础和保证,是招标项目的质量技术准则。文件有繁简之分,主要取决于招标项目的规模和性质。规模越大,性质越复杂,文件就越繁多;反之则简易。招标人设有标底(项目的定价),标底必须保密。

(6) 提供招标文件,并对潜在投标人进行资格审查。招标人应向投标人提供招标文件,并可对潜在投标人进行资格审查。根据招标项目的具体情况,可以组织潜在投标人踏勘项目现场。

(7) 澄清或者修改招标文件。招标人对已发出的招标文件如要进行必要的澄清或修改的,应当在招标文件要求的提交截止日前至少15天,以书面形式通知所有招标文件收受人。该通知书为招标文件的组成部分,因此要像编制招标文件一样重视该通知书的写作。

(8) 确定合理投标时间。招标人应当确定投标人编制投标文件所需要的合理时间；依法必须进行招标的项目，自招标文件开始发出之日起至投标人提交投标文件截止之日止，最短不得少于20日。

2. 投标及其文书写作

（1）做出投标决策。要根据市场调查、招标文件和自身具备的条件做出投票与否的决策，以免浪费时间和财力或者错失竞争的机会。

（2）编制投标文件。投标文件应当对招标文件提出的实质性要求做出响应。"实质性要求和条件"是指招标文件中有关招标项目的价格、项目计划、技术规范、合同的主要条款等内容，投标文件必须对这些内容做出响应。

（3）寄送投标文件。在要求提交投标文件的截止时间前，投标人应当将投标文件盖章、密封送至投标地点。招标人收到投标文件后，应当签收保存，不得开启。投标人提交的投标文件如果超过招标人规定的截止时间，招标人应当拒收。

（4）补充、修改或者撤回已经提交的投标文件。投标人在招标文件要求提交投标文件的截止时间前，可以补充、修改或者撤回已提交的投标文件，并书面通知招标人。补充、修改的内容为投标文件的组成部分。

3. 开标、评标、中标及其文书工作

（1）开标。开标是指在开标仪式上当众拆封所有合法有效的投标文件，并宣读投标人名称、投标价格和投标文件的其他主要内容。在开标前招标人不得开启投标文件。开标的时间应当在招标文件确定的提交投标文件截止时间的同一时间公开进行；开标地点应为招标文件中预先确定的地点。开标由招标人主持，邀请所有投标人参加。开标时，由投标人或者其推选的代表检查投标文件的密封情况，也可由招标人委托的公证机构检查并公证，经确认无误后，由工作人员当众拆封。开标的文书工作主要是记录开标过程，并存档备查。

（2）评标。评标是指评标委员会按照招标文件确定的评标标准和方法，对投标文件进行评审和比较，设有标底的，应当参考标底。参加评标委员会的专家应符合法定的条件和遵守规定的纪律。评标应当在严格保密的情况下进行，任何单位和个人不得非法干预、影响评标的过程和结果。评标委员会完成评标后，应当向招标人提出书面的评标报告，并推荐合格的中标候选人。评标委员会经评审，认为所有投标都不符合招标文件要求的，可以否决所有投标。

（3）中标。中标是指招标人根据评标委员会的评标报告和推荐的中标候选人确定中标人。中标人确定后，招标人应当向中标人发出中标通知书，并同时将中标结果通知所有未中标的投标人。中标通知书对招标人和中标人具有法律效力。一经发出，招标人和投标人都应当遵守，不得改变中标结果或放弃中标项目，否则应当依法承担法律责任。招标人和中标人应当自中标通知书发出之日起 30 日内，按照招标文件和中标人的投标文件订立书面合同，并不得再行订立其他背离合同实质性内容的其他协议。

依法必须进行招标的项目，招标人应当自确定中标人之日起 15 日内，向有关行政监督部门提交招标投标情况的书面报告。

（三）招标与投标的作用

招标投标是当今世界广泛流行的一种经营管理方式。随着改革开放的深入和《招标投标法》的实施，招标投标活动的领域日益扩大，在经济发展和建设中的作用日显凸出。

1. 加强部门间的合作

实行招标投标，可以打破地区封锁和部门垄断，促进公平竞争，从而加强地区间、部门间的经济联系和合作。

2. 提高经济效益

对招标者来说，通过投标书"择优而从"，可以节约成本或投资，降低造价，缩短工期或交货期，确保工程或商品项目质量，促使经济效益的提高。

3. 增强企业的素质

对投标者来说,接到中标书就是接到了压力和动力,这就有利于他们提高企业素质。因为参与公平竞争,为其获得新的市场提供了机遇和条件。而要想在竞争中取胜,就必须改善经营管理,不断提高管理水平,进行技术改造和更新,挖掘潜力,这就增强了企业的素质。

(四)招标投标应当遵循的原则

《招标投标法》第 5 条规定:"招标投标活动应当遵循公开、公平、公正和诚实信用的原则。"

1. 公开原则

公开原则要求招标的整个过程是公开的,发布招标公告,招标人的名称、地址,招标项目的性质、数量、实施地点和时间,以及获取招标文件的办法等事项都公开披露,公开开标,公开中标结果。保证使每一个投标人获取同等的信息,知晓招标的一切条件和要求。

2. 公平原则

公平原则要求给予所有投标人平等的机会,保证投标人享有同等的权利并履行相应的义务。招标人不得以不合理的条件限制或排斥任何投标人,不得对投标人实施歧视行为,保证竞争是公平的。

3. 公正原则

公正原则要求严格按照公开的招标条件和标准来对待每一个投标人。特别是评标委员会必须遵循招标文件规定的方法和标准进行评标,要求评标委员会成员应当客观、公正地履行职务,遵守职业道德,对所有提出的评审意见承担个人责任。

4. 诚实信用原则

诚实信用原则要求招标人和投标人都应以诚实守信的态度来行使权利和履行义务,维持双方的利益平衡,尊重他人的利益,保证彼此双方都获得利益。诚实信用的原则还要求当事人不得通过自身的活动而损害第三方和社会的利益。为此《招标投标法》规定了不得串通投标、泄密标底、骗取中标、转包合同等诸多条件，要求招标人和投标人遵守，否则要予以惩罚。

二、招标书与投标书的写法

（一）招标书、招标文件的内容和形式

招标书是指招标公告和招标邀请书。招标公告通常利用大众传媒工具如报刊、信息网络来传播。招标书要求内容集中突出，文字精确简练。招标书是招标文件的组织部分。招标文件是有关招、投标事宜等文书的总称，其繁简依招标项目的情况而定。

1. 招标书的内容

主要是招标人、招标项目的介绍和招标的有关事宜。

（1）招标人的名称和地址。

（2）招标项目的性质、数量、实施地点和时间。招标项目的性质是指招标项目的所属名称，如基础设施、公用事业的项目名称；或者资金来源的名称，如使用国有资金投资的项目，利用国际组织或外国政府贷款、援助资金的项目；或采购招标；或勘察设计等服务性质的招标。招标项目的数量是指招标项目，如设备供应量、土建工程量等的数量。招标项目的实施地点，是指材料设备的供应地点，土建工程的建设地点，或者服务项目的提供地点。招标项目的实施时间，是指交货期、施工期或服务项目的提供时间。

（3）获取招标文件的办法。一般指发售招标文件的地址、收费标准、投标截止及开标时间、地点、招标人或代理机构的开户银行、账号等。

（4）招标人认为需要说明的其他事宜。如要求潜在投标人提供有关资质证明文件和业绩情况等，可在投标书中写明。

2. 招标书的结构形式

（1）标题。标题应当表明招标人（或者代理机构）的名称、招标项目的名称和文种名称（指招标或招标邀请书）。如：

××省××市妇幼保健中心工程招标公告

××国际机电设备招标有限公司政府采购招标公告

有的还在标题下标明标书的编号，如 GZPY－0637－03047，以便查找和归档。凡属国际贷款的招标项目还应当标明贷款编号。

（2）正文。正文可以采用文章式、条文式或条文加表格式写清楚上述招标书的主要内容。内容简单的多采用文章式，繁多的多用条文式或条文加表格式。正文开头一般有一引言，揭示招标的缘由、目的或依据，说明招标项目或产品名称、规模和批量、招标范围，有的还指明资金来源等。如"××市京发招标有限公司受国管局房管司住宅管理处的委托，对月坛南街 8 号院 40♯锅炉房、阜外大街 2 号楼 12♯锅炉房、复兴路 26 号院 49♯锅炉房改造工程锅炉采购进行公开招标"。开篇第一句点明招标缘由，接着写明招标项目名称，便于投标人了解公告概要。

（3）签署。文末签署招标人（或者委托代理机构）的名称、地址、邮编、电挂、电话以及联系人姓名，发布年月日等。

3. 招标文件的内容与形式

招标书旨在向供应商或承包商提供招标的信息，招徕购买招标文件和投标，而招标文件旨在向供应商或承包商提供为编写投标文件所需的资料，并向他们通报招标依据的规则和程序等。

招标文件的内容依照《招标投标法》第 19 条第 1 款的规定，"应当包括招标项目的技术要求、对投标人资格审查的标准、投标报价要求和评标标准等所有实质性要求和条件以及拟签订合同的主要条款"。

鉴于招标文件是向投标人告知招标项目的"所有实质性要求和条件"，而不同的招标项目其要求和条件又各不相同，所以招标文件没有统一的程度化要求。简单的如招标经营企业、招标单项设计等，一份材料即可说明问题；复杂的如工程建设，涉及工程设计、施工、执行的标准、材料的要求等诸多内容，就有许多材料，招标文件售价少则几十元，几百元，多则可达数千元。

（二）投标书的内容和形式

投标要向招标人送达投标文件。投标文件要根据招标文件来编写，简繁与招标文件密切相关。投标文件一般可以投标书的形式来体现，投标书又称为标函。

1. 投标书的内容

主要写明承包招标项目的价格（标价）、保证和条件等。

（1）项目的价格及保证条件。① 标函内容，即承包招标项目的内容，有项目名称、地点、包干形式、数量等；② 标价，完成招标项目的总金额，单位金额，如每建筑平方米的造价，以及完成项目的分解金额；③ 保证完成的工期（交货期），具体时间和总计天数；④ 质量保证，可达到的等级和保证质量的有效措施；⑤ 拟派出的项目负责人与主要技术人员的简历、业绩，拟用于完成招标项目的机械设备等（本条内容限于建设施工的招标项目）；⑥ 其他，如服务条件等。

（2）投标单位的自我介绍。主要包括：① 企业的名称、地址、性质（国有、民营、中外合资等）级别；② 企业的业绩，曾经营或建筑过的重大项目；③ 企业的技术力量，工程技术人员、技工的人数；④ 企业的设备情况。

（3）投标态度，主要是承诺内容。

2. 投标书的结构形式

投标书的主要部分常常采取表格式，所以又称投标单或标单。标单一般是作为招标文件由招标单位拟制的。投标单位只要按表格填写即可。投标书常用结构形式：

（1）标题。由招标项目和文种组成，"××建筑工程投标书，××商品标函"等，也可直接写文种：投标书、标函、投标单。

（2）送往单位。作为函，必须有受文单位，俗称抬头，要顶格写。标函的抬头应是招标单位或招标办公室。

（3）开头语。叙写投标的依据或目的。

（4）主体。除投标表和企业介绍表格列入的内容外，还可写明投标态度，表明对标函不悔改的承诺。

（5）签署。投标单位的名称、负责人、联系人、地址等。

（6）附件。如担保单位的担保书、正文主体的必要表格。

三、招标投标文书写作的注意事项

（一）要慎重严肃

招标、投标文件是受法律保护和约束的，本质上它是为制定交易合同做准备，是要约和承诺的过程。中标后，招标书、招标文件和投标书就是制定合同的依据，一些内容如项目名称、规格、数量、质量、标价、工期、地点等就是合同的主要条款。招标书和投标书的内容，未经双方当事人同意不得更改，否则即是违约。所以写作招标书投标书必须有法的观念和严肃认真的态度，它们直接关系着招标和投标单位的经济利益，不能草率写就，要字斟句酌，慎重为之。

（二）要具体简明

招标投标文书是实践性很强的文书，一定要写得具体规范，用语要明确无歧义，各种数量要准确无误，项目内容要书写周全，不得疏漏。文字表述要简洁明了，便于阅读，不要把无关或关系不大的内容写进去。

【例文一】

××省机电设备招标中心政府采购招标公告

招标编号： GMTC035003ZH021

××省机电设备招标中心受××省政府采购中心委托，对电梯及相关服务进行国内公开竞争性招标。现邀请合格的投标人提交密封投标。

一、招标内容：电梯2台(详细技术要求和服务内容见招标文件相关部分)

二、合格投标人基本条件

1. 具备投标条件的中华人民共和国的法人或其他组织,经国家注册批准的国内或中外合资电梯生产企业。

2. 投标人必须是电梯的制造商或代理商,并能提供安装及相关服务。代理商必须具有厂家代理销售证或取得厂家对该项目提供货物的正式授权。

3. 产品经ISO9001质量体系标准认证,有产品质量及维修服务保证书。

招标文件售价：每套人民币150元。售后不退。

发售招标文件时间：2003年2月21日起每天上午8：30—11：30,下午2：30—5：00(北京时间,节假日除外)。

招标截止时间及开标时间：2003年3月11日9：30

售标、递标及开标地点

售标地点：××省××市××路118号之左901室

递标地点：××省××市××路26号12楼开标大厅

开标地点：××省××市××路26号12楼开标大厅

招标代理机构：

名　　称：××省机电设备招标中心

地　　点：××市××路118号之左

联　系　人：×××

网　　址：××××

联系电话：××××　　　　　传真：×××××

　　　　　　　　　　　　　××省机电设备招标中心

　　　　　　　　　　　　　2003年2月

建筑安装工程投标书(标函)

建设单位(或招标办公室):

在研究了建筑安装工程的招标条件和勘察、设计、施工图纸,以及参观了建筑工地以后,经我们认真研究核算,愿意承担上述全部工程的施工任务。

我们的投标书(标函)内容如下:

内容标函	工程名称		建筑地点			
	建筑面积		建筑层数			
	结构形式		设计单位			
	工程内容					
	包干形式标					
标　价	总造价			每平方米造价		
	其中	直接费		其中	直接费	
		间接费			间接费	
		材料差价			材料差价	
		其他			其他	
工　期	开工日期		竣工时期		合计天数	
	形象进度					
质　量	达到等级		保证质量的措施			
施工方法及选用施工机械						
拟派出的项目负责人和工程师及其简历						

我们的企业概况如下：

企业名称							
地　　址			所有制类别				
审定企业施工级别			平 均 人 数				
企业简历 包括成立 年　　限							
技术 力量	工 程 师 以上人数	助工 人数	技术员 人数	五级以上 人数	平均技术 等级		
施工机械 装备情况							
营业执照	批准机关						
	执照号码						

我们特此同意,在本投标书发出后的××天之内,我们都将受本投标书的约束,我们愿在这一期间(即从＿＿年＿＿月＿＿日起至＿＿年＿＿月＿＿日止)的任何时候接受贵单位的中标通知。一旦我们的投标被接纳,我们将与贵单位共同协调,按招标书所列条款的内容正式签署建筑安装工程施工合同,并切实按照合同的要求进行施工,保证按质、按量、按时完工。

我们承诺,本投标书一经寄出,不得以任何理由更改,中标后不得拒绝签订施工合同和施工;一旦本投标书中标,在签订正式合同之前,本投标书连同贵单位的中标通知,将构成我们与贵单位之间有法律约束力的协议文件。

投标书发出日期: 　年　　月　　月　　时

投标单位:(公章)

企业负责人:(签字盖章)

联系人:(签字盖章)

电话:

地址:

思 考 与 练 习

1. 招投标的程序和步骤是什么?

2. 招标与投标应当遵循的原则是什么?

3. 阅读下列一则国内招标公告,分析其内容与形式是否完整、清楚。

学术报告厅视听系统项目招标公告

一、招标编号:TGPC2002—168。

二、招标项目内容:数字视频投影、会议扩声、舞台会议照明、舞台会标及幕布等设备以及系统集成。

三、发售标书时间及地点:2002 年 1 月 2 日下午 2:00 起每日 9:00—17:00(周六、周日除外)在××市政府采购中心发售标书。

四、开标时间及地点:2003 年 1 月 22 日上午 9:00 在××区××路 67 号 10 楼会议室。

联系电话:

联系人:

××市政府采购中心

2002 年 12 月 31 日

4. 根据下列材料,代该单位拟一份公开招标的招标公告。

××招标采购服务有限公司受××省财政厅委托,2002 年 11 月 20 日发布招标公告,决定对××省建筑工程学校办公楼改造工程进行公开招标。工程地点为××区××路××号。建筑面积××××平方米。工程质量要求按国家现行的施工技术验收规范和质量评定标准,达到合格工程标准。投标人必须满足:

(1) 符合国家建设主管部门批准的房屋建筑工程施工总承包三级以上(含三级)资质施工企业;

(2) 拟派项目经理具备三级以上(含三级)施工民建项目经理资质。

该招标采购服务有限公司地址在××市工人路 48 号。参加投标者务必于 2001 年 11 月 30 日前去招标采购服务有限公司报名登记,领取招标文件及施工图。报名时必须携带企业法人营业执照副本、施工资质证书副本、项目经理资质证书、授权委托书原件及复印件。每份招标文件 200 元。开标日期为 2001 年 12 月 10 日上午 9 时,地点在该招标公司三楼会议室。

5. 拟好第 3 题的招标公告后,再根据这份招标公告写一份投标书。

第六节　经济诉讼文书

一、经济诉讼文书概述

(一) 经济诉讼文书的概念

经济诉讼文书,是指参与法律活动的主体在处理经济活动中因纠纷而引起的诉讼事务时,为实现当事人法律规定的权利或履行法律规定的义务而依法制作的具有法律效力意义的一系列文件的总称。

经济司法文书的制作主体是指法定的机关、法定的组织和法定的公民。法定机关是指具有专门法律职能的执法机关,如人民法院、公证机关、仲裁机关、专利机关等。法定的组织和公民,指在处理各项经济纠纷中法律规定有权参与的组织和公民。

(二) 经济诉讼文书的特点

1. 准确性

准确性是指认定事实的准确性,在写作时应以案件的客观事实为根据,坚持实事求是,反对主观意志歪曲、篡改案件的客观事实。

2. 严肃性

严肃性是指适用法律的严肃性,司法文书是贯彻实施法律的结果,因此从制作到使用都必须依法办事,它不仅要真实地反映适用法律处理案件的实体问题,也反映是否正确执行了程序法,既代表了国家的强制力,又关系到当事人的法律地位和权利。

3. 专业性

专业性是指与其他应用文种相比,具有专业性质的特点,因此作者要具备一定的经济方面和法律方面的有关知识,才能准确把握问题的关键。

4. 规范性

规范性是要求文书格式规范,也要求内容上事项齐全,必须根据法律的有关规定,不能凭主观判断是非曲直,甚至歪曲事实真相。

(三) 经济诉讼文书的种类

经济纠纷诉讼文书主要有起诉状、答辩状、上诉状、申诉状、再审申请书和仲裁答辩书等。

1. 起诉状

起诉状是指原告当事人依法向人民法院提出诉讼请求并说明

起诉理由、争议内容和有关证据,从而引起诉讼程序的一种书状。

通过提交起诉状提起经济诉讼,是当事人运用法律赋予自己的权利的一种行为。起诉状既是人民法院立案和审判的凭据之一,也是判决和裁定的依据之一。

2. 答辩状

答辩状是指被告人或者被上诉人,针对原告人或者上诉人提出的诉讼请求及其理由,向人民法院作出答复或辩驳的一种书状。

被告人或者被上诉人针对起诉状或上诉状的内容提出答辩状,体现了诉讼当事人权利和义务一律平等的原则,也有利于人民法院在全面了解案情的基础上判明是非,作出正确的判决。

3. 上诉状

上诉状是指诉讼当事人对一审法院的判决或裁定不服,依照法律规定的期限和程序,向上一级人民法院提起上诉,请求重新审判的书状。

提出上诉状可以引起第二审程序的发生,有利于保护当事人的合法权益,也有利于加强上级法院对下级法律审判工作的监督。

4. 申诉状

申诉状是指诉讼当事人及其诉讼代理人或其他公民,对已经产生法律效力的法院判决或裁定不服,认为存在错误,向人民法院请求重新审查案件的书状。

申诉状是决定是否开始审判监督程序的主要依据,它的使用有利于法院改进审判工作,也有利于避免发生冤假错案。

二、起诉状的写法

起诉状的结构可以分为标题,首部、主部、尾部等四部分,具体要求如下:

(一)标题

标题就是一份诉状的题目,一般只需写出文种的名称,即"起诉状"。也可以冠以简明的限制词,如"民事起诉状","经济纠纷起诉状"、"合同纠纷起诉状"等。

（二）首部

这部分是诉状的开端。一般按固定格式分项交代当事人的基本情况。当事人双方的称呼，不同类别的诉状各不相同。如起诉状中为原告人和被告人，上诉状中为上诉人和被上诉人等等，不得混淆误用。当事人可以是单位，也可以是个人，填写的要求也不相同。如果是单位，要写出单位名称、单位地址及其法定代表人的姓名、性别、职务；如果是个人，要写出姓名、性别、年龄、民族、籍贯、工作单位、职业、住址。双方有诉讼代理人的，要分别写出代理人的姓名、性别、职务，并向法院提交委托代理书。这部分的格式和写法举例如下：

原告人：×××开发公司，郑州市××路×号

法定代表人：×××，男，公司经理

委托代理人：① ××，女，公司财务科长

② ×××，男，第×法律事务所律师。

被告人：××宾馆，郑州市××路×号

法定代表人：××，女，经理。

（三）主部

主部或称主文，是诉状的主体，一般包括案由、请求、理由等三方面内容。

案由：是主部的导语，要求简要地写出当事人所以具状的原委，一般使用有相对固定格式的语句，例如：

"原告人××为违背经济合同一案，提起诉讼于下"

"上诉人（申诉人）××为××××一案，不服××人民法院（××）字第×号的判决（或裁定），提出上诉（或申诉）。上诉（或申诉）的理由和请求如下"

"答辩人××为××××一案，提出答辩于下"

但在起诉状中，有的省去不写，也有用一个短语概括表示案件

的内容,如:

案由:债务纠纷

请求:诉状中的请求是当事人的目的和意图的集中体现,犹如一般文章的主题,是组织全文的纲。没有请求,诉状的制作就失去必要和依据,法院也无从进行审理。

请求必须写得明确、具体,力戒笼统或含糊不清。在经济纠纷的起诉状中,要写明对被告的要求:解决什么问题、承担何种责任、赔偿多少损失等等,如果涉及钱款,还应写明数额。例如:

诉讼请求:

1. 继续履行原合同,按约定时间交货;

2. 赔偿违约金×××元;

3. 赔偿由于违约而造成的经济损失×××元。

在上诉状或诉状中,要明确提出对法院的请求:变更或撤销原审的判决或裁定,如果原审判决或裁定只是部分失当,应写明变更或撤销哪一部分,不能笼统。

理由:理由是请求事项的支柱,诉讼当事人不论提出什么样的请求,都必须说明理由。阐述理由的一般原则是:① 必须与请求事项保持逻辑上的一致性,不能南辕北辙,更不能自相矛盾;② 必须摆事实、讲道理,两者要有机结合,避免空发议论或"开中药铺"。

不同的诉状说理方法有所不同。一般来说,起诉状侧重于正面立论,先摆事实,叙述案件的全过程,其中突出写产生纠纷的原因、表现以及由此而造成的后果;次讲道理,在分析事实的基础上,引用有关法律和政策,认定性质,指出对方应负的责任,为诉讼请求提供可靠而充分的依据。答辩状和上诉状或申诉状,则侧重于反驳,先摆出原告的请求和理由或原审判决、裁定中的不当之处(可以一次的提出,也可以分条提出),而后从事实的认定和法律的运用两方面进行批驳,加以否定,从而正面提出自己的请求。

"请求"和"理由"是一份诉状的核心内容,两者有密切的联系。表现形式大体有两种:一种分列小标题,比较显豁,如起诉状的"诉讼请求"和"事实与理由",上诉状的"上诉请求"和"上诉理由",申诉状的"申诉请求"和"申诉理由"。另一种不列小标题。在案由之后,另起一段直接行文,答辩状一般用这种形式,上诉状或申诉状也常使用。其行文层次,多数为先事实理由而后请求,请求往往在结语中提出。例如:

"综上所述,原判决在认定事实和适用法律上均有不当之处,因此,特上诉我院,请求撤销原判,以维护上诉人的利益"。

(四)尾部

诉状的结束部分,包括以下五项内容:

(1)致送人民法院的名称(全称);

(2)具状人的姓名和印章(如为机关、团体或企事业单位应全称,还须有法定代表人的姓名和印章);

(3)诉讼代理人的姓名和印章;

(4)具状的时间,写明何年何月何日;

(5)附件,分别写明本状副本的份数,证据的种类、名称、份数,证人的姓名、地址。

以上内容均要按诉状的固定格式分项填写。

起诉状格式见下:

经济纠纷起诉状

原告人:单位全称、地址(如系个人,则写明姓名、性别、年龄、民族、籍贯、职业、住址)

法定代表人:姓名、性别、职务

诉讼代理人:姓名、性别、职务(如系律师,应写明属哪个法律事务所)

被告人：单位全称、地址（如系个人，则写明姓名、性别、年龄、民族、籍贯、职业、住址）

法定代表人：姓名、性别、职务

案由：＿＿＿＿＿＿＿＿＿＿＿＿＿＿＿＿＿＿＿＿＿（也可不写）

诉讼请求：＿＿＿＿＿＿＿＿＿＿＿＿＿＿＿＿＿＿＿＿＿

诉讼理由（或事实和理由）：＿＿＿＿＿＿＿＿＿＿＿＿＿

＿＿＿＿＿＿＿＿＿＿＿＿＿＿＿＿＿＿＿＿＿＿＿＿＿＿

此致

××××人民法院

原告人：××××厂（盖章）

法定代表人：×××（盖章）

××××年×月×日

附件：1. 本状副本×份　　3. 书证×件

2. 物证×件　　4. 证人×××，住址

三、上诉状的写法

上诉状的结构与起诉状的结构基本相同，只是首部的当事人的称谓不同。起诉状中的"原告人"、"被告人"在上诉状中分别为"上诉人"、"被上诉人"，然后用一句过渡话转接正文"上诉人因×××一案，不服×××人民法院××字（××）第×号的判决（或裁定），现提起上诉，上诉人的理由和请求如下："具体格式如下：

经济纠纷上诉状

上　诉　人：＿＿＿＿＿＿＿＿＿＿

法定代表人：＿＿＿＿＿＿＿＿＿＿

诉讼代理人：＿＿＿＿＿＿＿＿＿＿

被上诉人：＿＿＿＿＿＿＿＿＿＿

上诉人因××××一案，不服××人民法院××字（××）第

×号的判决(或裁定),现提起上诉,上诉的理由和请求如下:

_____

_____

　　此致
××××人民法院

　　　　　　　　　上诉人:_____

　　　　　　　　　法定代表人:_____

　　　　　　　　　××××年×月×日

附件:(如起诉状)

四、答辩状的写法

　　答辩状是被告人或被上诉人针对起诉状上诉状的内容而制作并向人民法院提交的为自己辩护的书状,其结构与起诉状大致相同,只是当事人称谓不同,书写时应当注意区别,具体格式如下:

经济纠纷答辩状

答　辩　人:_____

法定代表人:_____

诉讼代理人:_____

被答辩人:(一般不写)

答辩人因××××××一案,提出答辩如下:

_____

_____

　　此致
×××××××人民法院

　　　　　　　　　答辩人:×××(盖章)

　　　　　　　　　法定代表人:××(盖章)

　　　　　　　　　××××年××月×日

五、再审申请书的写法

再审申请书,是民事、经济(含知识产权)和海事、海商案件的当事人,对人民法院已经发生法律效力的民事判决、裁定,认为有错误,或者对已经发生法律效力的调解书,提出证据证明调解违反自愿原则,或者调解协议的内容违反法律规定,向人民法院提出再审申请,请求重新审判的文书。

民事诉讼法第 178 条规定:"当事人对已经发生法律效力的判决、裁定,认为有错误的,可以向原审人民法院或者上一级人民法院申请再审,但不停止判决、裁定的执行。"第 180 条规定:"当事人对已经发生法律效力的调解书,提出证据证明调解违反自愿原则或者调解协议的内容违反法律的,可以申请再审。"这是制作和适用再审申请书的法律依据。

再审申请书的内容和制作方法:

(一)首部

首部当依次写明:

(1)文书名称,即"再申请书";

(2)申请人姓名或者名称及基本情况,有律师代理申诉的,应当在申请人项下,填写代理人项。

(二)正文

正文应当依次写明:

(1)原审人民法院名称,案件编号;

(2)请求事项;

(3)事实与理由。

原审人民法院名称,案件编号;一般可表述为:申请人×××(姓名或单位名称)对×××人民法院××××年×月×日(×××)×字第××号刑事(或行政)判决(或裁定),提出再审申请。

请求事项,应当写明确、具体。事实与理由,应针对原审裁判错误之处叙述事实、阐明理由。

（三）尾部

尾部依次写明：

（1）致送人民法院的名称；

（2）申请人签名或盖章；

（3）申请日期。

向人民法院递交申请书时，应当用"附件"将原判决裁定，以及新的证据列明。具体格式如下：

再审申请书

申请人：×××，地址、性别、年龄、籍贯、联系办法。

诉讼代理人：×××，系××律师事务所律师。

法定代表人：×××，职务

被申请人：×××，地址、性别、年龄、联系办法

诉讼代理人：×××，系×××律师事务所律师

法人代表：×××，职务

申请人×××对×××人民法院×××年×月×日（×××）×字第××号刑事（或行政）判决（或裁定）不服，提出再审申请。

请求事项：1. ×××××××××

2. ×××××××××

申请理由：＿＿＿＿＿＿＿＿＿＿＿＿＿＿＿＿＿＿＿＿

＿＿＿＿＿＿＿＿＿＿＿＿＿＿＿＿＿＿＿＿＿＿＿＿＿＿＿＿

此致

××××人民法院

申请人：×××

申请日期：××××年×月×日

附件：1. 原审判决（裁定）书一式三份

2. 证据

六、申诉状的写法

申诉状的写法与再审申请书的写法基本相同,但应注意当事人的称谓不同,"申请人"应改为"申诉人","被申请人",改为"被申诉人"即可,此不赘述。

七、仲裁答辩书的写法

(一)经济仲裁答辩书的概念

仲裁答辩书是被申请人或被申请复议人为维护自己的权益,就申请人在仲裁申请书中所提出的问题和要求,据理向该仲裁机关作出有针对性的答复和辩解的文书。

(二)经济仲裁答辩书的写作

(1)文书名称。在第一行正中书写"仲裁答辩书",字体可比正文大一点。

(2)答辩人和申请人的单位名称、法人代表姓名和地址。

(3)正文。这是仲裁答辩书的主体部分,包括以下三个方面的内容:

前言。说明答辩事由,即写明对何人提出的仲裁案件进行答辩,阐明答辩的主要观点。

答辩意见。这部分是答辩的主体,要明确回答申请人提出的仲裁要求,表明自己的观点,提出自己的意见。

如有反诉,应具体写明反诉的各项要求,并说明要求所依据的事实、证据和理由,可参照"仲裁申请书"的有关部分写法。

(4)结尾。书写答辩书所呈送的仲裁机关。在正文的右下角写明答辩人的名称并盖章,注明日期。

(5)附件。在全文的左下角写明附件名称、数量、证人姓名、地址、电话及邮码。

(三)经济仲裁答辩书的写作要求

(1)撰写仲裁答辩书之前必须认真研读申请人的仲裁申请书,买卖双方所签订的合同、有关这个案件的来往条文,以了解真相,分清是非责任。

（2）答辩意见要注重辩驳的针对性。答辩书是应申请人的仲裁申请要求而写的，如果申请人所说的一一属实，那被申请人自然无话可说，只能承认事实；如果被申请人认为责任不在自己，则申述时要有针对性，运用有关的规定条文，针对申请人有悖事实的方面一一进行辩驳，做到有的放矢，方能达到预期目的。

（3）语言朴实、确切是仲裁申请书与答辩书的共同要求，但有一点不同，那就是答辩书的语言一般要有论辩色彩，注意确立自己的观点，推翻对方的论点。如果争议问题责任在于双方，写答辩书时要表明自己的诚意，措辞用语要委婉得体。适当让步，以退为进，往往会收到更好的效果。

具体格式如下：

仲 裁 答 辩 书

答辩人：×××,性别,年龄,籍贯,地址,联系办法
法定代表人：×××,职务(是单位需列明此项)
委托代理人：×××,×××律师事务所律师
案由:因申请人×××一案,提出答辩如下：

_____

_____

　　此致
×××经济合同仲裁委员会

　　　　　　　　　答辩人：×××（章）

　　　　　　　　　×××年×月×日

附件：1. 本答辩状一式×份

　　2. 证据：××

起 诉 状

起诉人：××县劳动服务公司建筑工程队。

法定代表人：×××，工程队负责人。

诉讼代理人：×××，工程队负责人。

诉讼代理人：×××，××县第二律师事务所律师。

×××，工地负责人

被告人：上海××厂。

诉讼请求：要求被告迅速清付工程款××万元，并承担延期付款违约金×××元（自 1988 年 11 月 19 日至 1989 年 5 月 29 日，按一百九十天计算）。

事实与理由：

1988 年 6 月 24 日，原告方与被告签订了仪表铜厂搬迁工程的承包合同，工程性质为双包，工程总价为××万元，合同对工期、预付款办法等等都有明确规定。合同签订后，被告方按合同规定，预付了工程款××万元，原告方也尽力保证工程质量，完成了全部工程，到 1988 年 11 月 19 日工程结束，经被告方设计科、技改科等集体验收，符合设计要求，达到质量标准，验收全部合格，被告方表示满意。但自工程竣工验收直至投入生产，被告方却未按约及时付清剩余工程款××万元，虽经我们多次催讨，但被告方违约，未及时付清工程款，使原告方资金周转困难，施工人员的工资、原材料费等未能得到解决，影响了各方面的关系。根据我国经济合同法规定，合同依法签订后，当事人应遵守合同，认真履行，否则，应负违约责任。被诉方未按约履行，造成原告方资金周转困难，影响了正常业务开展。因此，被告方除了迅速清付工程款××万元外，还应偿付延期付款违约金×××

元。请依法裁决。

此致

××市××区人民法院

起诉方：××县劳动服务公司建筑工程队（盖章）

法定代表人：×××（盖章）

诉讼代理人：×××（盖章）

1989 年 6 月 24 日

附：原合同文本和本状副本各×份

【例文二】

答 辩 状

答辩人：××市发电厂

法定代表人：×××，厂长

诉讼代理人：××，男，××法律顾问处律师

答辩人因××镇××村要求赔偿环境污染的损失，提出答辩如下：

起诉状控告我厂锅炉排放大量烟尘，污染了环境，使该村的粮食和蔬菜产量下降，蒙受巨大损失，这是不实之词。事实是我厂早已采取措施，有效地降低了烟尘排放量。根据调查，该村的粮食产量，在某些年度，由于种种原因确有所减少，但总的来看，还是略有上升。至于蔬菜，也只是在个别季节产量下降，但未有普遍减产减收现象，这说明我厂锅炉排放的烟尘不多，对该队农田的危害不大。

起诉人还诉称，该队的鱼塘也受到严重污染，难以整治，要求我厂申请同等面积的土地，另造一个新鱼塘。事实是诉状中所指的鱼塘，只是一条自然水沟，不是人工开掘的鱼塘，岂能要我厂重

起炉灶。

　　基于上述理由,对起诉人提出的赔偿×××万元的要求,我厂难以接受,但考虑到工、农关系和该村受到损失的情况,我厂可以酌情予以补助,请法院予以合理裁决。

　　　此致
　　××××人民法院

答辩人:××市发电厂(盖章)

法定代表人:×××(签章)

××××年×月×日

【例文三】

再审申请书

　　申请人:××大理石机械厂

　　地　址:××省×市×××路×号

　　邮　码:×××××

　　电　话:×××××××

　　法人代表人:詹××,厂长

　　委托代理人:陈××,××市第三律师事务所律师

　　被申请人:××花岗石厂

　　地　址:××省××县茂芝乡坑唇村

　　邮　编:×××××

　　电　话:×××××

　　法人代表人:刘××,厂长

　　案　由:工矿产品购销合同拖欠货款纠纷

　　请求事项

　　一、给付拖欠货款××万元

二、偿付延期付款违约金×万元

申请理由

19××年×月×日,我厂与××花岗石厂签订工矿产品购销合同,规定:我厂于19××年×月×日前供给花岗石厂TQ1800型锯石机4台,每台单价8.2万元,计货款32.8万元;我厂代办拖运和负责安装技术劳动指导,并对机器保修一年。花岗石厂付定金4万元,收货后,19××年底付货款××万元,19××年×月底付款××万元。合同订立后,我厂于19××年×月×日将这4台锯石机发运给花岗石厂。该厂收货后,自行安装,并于同年×月×日试车生产。×月×日给我厂货款××万元,尚欠××万元。我厂多次函电要求该厂付清拖欠货款,该厂却提出了推迟付款的回复,我厂未予同意,仍要求该厂按约履行。××××年×月×日,花岗石厂致函我厂,要求对该锯石机进行全面检查,如达不到使用要求则退货、退款、赔偿经济损失,并拒付你××万元。我厂派人前往该厂协商,该厂仍坚持己见。这是完全没有理由的:

一、合同规定锯石机由我厂负责安装和技术指导,花岗石厂违反合同规定擅自安装、投产,对造成设备不能正常运转的后果应当自负。何况我厂在合同约定保修期内,派人员到该厂对锯石机设备进行了维修,保障了运转正常。

二、我国法规明确规定了收货方对供货方所供产品质量提出异议的法定期限。《工矿产品购销合同条例》第十五条第三项规定:"对某些必须安装运转后才能发现内在质量缺陷的产品,除另有规定或当事人另行商定提出异议的期限外,一般从运转之日起6个月以内提出异议。"该条第五项规定:如果需方未按规定期限提出异议的,视为所交产品符合合同规定,合同规定由我厂对锯石机保修一年,但该厂未在机器运转后的一年内即19××年×月×日前提出任何书面异议,而是在机器运转后两年零1个月才提出,则以该厂产品质量有问题的理由不能成立。

现依据我方与××花岗石厂仲裁协议向贵院申请再审。

此致

××省××县人民法院

××大理石机械厂（公章）

法定代表人：詹××（签字）

19××年×月×日

【例文四】

仲裁答辩书

答辩人：××达利贸易公司

地址：长沙市××路××号

法定代表人：潘××，本公司机电商场经理

委托代理人：刘××，湖南省第×律师事务所律师

案由：因申诉人浙江省×石油设备厂诉我公司拒付加油机货款一案，提出答辩如下：

意见：一、合同未成立，拒付货款有理；二、仓储费只能由设备厂承担。理由如下：

一、申诉方认为该厂向社会发出的加油机广告是一种要约，而我公司的要货电报是一种承诺，至此双方合同即已成立。这种说法不能成立。

首先，看本案的主要事实。19××年×月×日，我公司从×月×日××报广告得知申诉人×县石油设备厂有防爆BG−1型自动控制计量加油机现货供应，并代办运输。我公司于当月15日发电报给该厂，同意报上登载的条件，要求接电后即以快件发运3台加油机到长沙北站。10月18日，设备厂回电："加油机有

现货，快件不能发，只能发慢件，请回电。"在我公司未回电情况下，设备厂以慢件向我公司发来加油机3台，随了即出办理托收。12月20日货才到长沙北站，我公司拒收货物，也拒付货款。

其次，看合同成立的程序。《经济合同法》第九条规定："当事人双方依法就经济合同的主要条款经过协商一致，经济合同就成立。"协商一致"是指当事人双方意思表示一致。在法律上，就把这种意思表示为要约和承诺的程序。签订经济合同必须经过要约和承诺两个阶段。要约是当事人一方以缔结合同为目的而向对方提出的意思表示，提出要约的一方，称为要约人。要约必须包括合同成立所具备的主要条款，一般向特定的对方提出。承诺，是指接受要约的一方，对要约人提出的签订经济合同的内容表示完全同意的一种表示。接受要约的一方叫做承诺人。所谓完全同意，是指承诺人对要约人提出的各项条款有附带任何条件表示赞同。

再次，从本案的事实和合同成立程序结合看，本案涉及的设备厂向社会发出的有加油机供货的广告没有特定的对象，因此只能视为要约人的一种引诱，其本身不具备要约行为。退一步说，核定该厂了出的广告为要约，而我公司复电提出附加"必须发快件"，这也只能是新要约。所以说我公司要货的电报属承诺是没有根据的。没有承诺，当然合同也就不成立了。

二、申诉人又提出在设备厂改变运输要求的新约后，我公司没有根据该厂要求予以答复，对此应视为默认该厂要求，为此拒付货款应承担违约责任。这种说法也不能成立。

如前所述，我公司该厂发出要货是要约行为，而该厂及时回电，提出"快件不能发，只能发慢件"，显而易见，这不是表示完全不同意的意思表示，而是设备厂新的要约。我公司对10月18日设备厂来电不作答复，正说明了我公司对其新的要约没有作出承诺，而绝非我公司默认设备厂的要求,因为默认必须符合法律规定的要件。由于这宗买卖合同未能依法成立,当然我公司就没有权利收货,也没有义务付款。

另外,由于合同并未成立,申诉人要求我公司承担加油机在车站的仓储费,也理所当然是无理要求。

最后,还要说明一点,我公司之所以要求该厂用快件发货,是因为我公司与某单位口头约定供应加油机,时间为 20 天内交货。设备厂如用慢件发货,势必影响我公司的利益,这就是我公司对设备厂新要约不作承诺的主因。

　　此致
长沙市区经济合同仲裁委员会

　　　　　　　　答辩人:××达利贸易公司(公章)
　　　　　　　　法定代表人:潘××(签字)
　　　　　　　　19××年×月×日

思 考 与 练 习

1. 经济诉状的特点是什么?
2. 经济诉状种类主要有哪些?
3. 根据下列材料写一篇经济纠纷诉状。

一双劣质鞋的官司上了法庭

据《消费时报》报道,南京一位姓胡的消费者在商场花 84 元买了一双旅游鞋,穿后发现鞋底脱胶,第二天中午到商场要求处理,售货员答应给修。当晚去商场还未修好,售货员又将修好的第一双鞋再换给他,但穿后仍然脱胶,于是要求退货。几经周折都无结果,最后不得不向法院起诉。

4. 修改下面这份起诉状。要求:

（1）按行文规范写。

（2）内容不完整的要补充完整，观点模糊的要改鲜明。

（3）层次不清、结构混乱的要调整。

（4）语言要合乎要求。

经济纠纷起诉状

原告人：××弹簧总厂

代表人：×××

代理人：×××

被告人：××花木公司

代表人：×××

起诉原因和经过：

1993年初，花木公司生意兴隆，市场花木供不应求，因而花木公司决定找银行贷款20万元，用于扩大经营范围。银行要求花木公司必须有担保人，花木公司便求救我们弹簧厂，我们弹簧厂欣然允诺。于是银行与花木公司签订了由我们弹簧厂作保的借贷合同，共贷款20万元人民币，款期到1994年6月底。

不料借贷合同签订后，花木市场价格一落千丈，花木公司面临破产倒闭的局面，未能及时归还银行的贷款和利息。按合同规定，花木公司不能按时归还贷款和利息，应由弹簧厂负责归还。1994年10月×日，银行按合同规定，从我们弹簧厂账户中扣除20万元。

我们弹簧厂被扣款后，多次向花木公司催要已代付的银行贷款。花木公司以无力偿还为由，百般推延，拖至今日。我们为催讨借款及利息去吉林三次，白城三次，花去旅差食宿费1500元，损失很大。所以我们向人民法院提起诉讼，望法院依法裁决。

本 章 小 结

　　本章内容为商经领域类常用应用文书,既有简便、易学的《条据》、《商务函件》,也有专业性强规范化要求高的《合同》、《招标与投标书》和《经济诉讼文书》。写作《条据》、《商务函件》,要注意语言的简洁明确和得体;写作《合同》、《招标与投标书》、《经济诉讼文书》,初学者最好具备一些相关的经济、法律方面的基本知识,才能更好地理解各种文体格式的特殊规定。同样具备了相关的基本知识,也才能在实践中更准确地运用,更熟练地写作成文。

第六章　毕业论文

第一节　毕业论文概述

一、毕业论文的概念及意义

毕业论文是应届毕业生为完成学业,综合运用所学专业的基本理论、基本知识和基本技能而独立完成的阐述某一专业问题的议论文章。毕业论文带有学业的规定性,凡是高等院校的毕业生都必须完成,否则就不能毕业。

写作毕业论文,对大学生有重要意义:

(1)通过毕业论文写作前的准备,可以系统地总结学生在校学习期间各专业课的学习成果。学生们既可以从应用的角度将各门专业知识、理论综合起来系统地复习、巩固,又可以根据毕业论文课题研究的需要,通过自学等途径开拓专业知识领域,接触到有关专业论题的国内外历史的、现状的以及未来发展趋势等广泛的学术研究领域。

(2)通过毕业论文的写作,可以培养学生综合运用专业知识来解决实际问题的能力,使学生受到从事规范的专业理论科学研究的基本训练。

总之,通过毕业论文的写作,大学生理论联系实际的能力、分析问题和解决问题的能力及从事科研的能力会有一定程度的提高,会为学生毕业后继续学习和进行更高层次的研究打下良好基础。

二、毕业论文的特点

毕业论文属于学术论文,学术论文的特征毕业论文也都具备,具体说,毕业论文有以下几个特点:

(一)学术性

即指毕业论文是对某一学术领域的专题进行专门系统的研究。无论是宏观研究还是微观研究,都应注重有关本源、现状、特点、功能、关系的把握,抓住事物的有机联系和本质特点,抽象出带有强烈理论色彩的、具有普遍指导意义的规律性的东西,从而使其带有浓厚的学术性。另外,还应考虑形式上的架构,因为内容和形式是对立统一的整体,没有系统的结构和语言形式,也是欠缺学术性的表现。

(二)创造性

即指毕业论文强调阐述个人的独到见解,其内容应有所发现、有所发明、有所前进,而不是重复、模仿、抄袭前人的研究成果。具体而言,一是提出前人从未提出过的观点、新理论或发现那些尚未被人认识的客观规律,可以推翻某一旧理论,提出自己的新理论。这一点对应届大学毕业生来说有较大难度,但也并非高不可攀。二是研究的问题前人已进行过大量研究,可以在吸收前人成果的基础上,继续进行探索,以新的资料、新的角度、提出自己的观点。三是在旧说或通说的商榷之中体现出自己的创见。

(三)科学性

毕业论文强调科学性。科学性是指撰写者先要具有严肃认真的科学态度,要用科学的原理和方法去研究、探索,要以探求客观真理,揭示事物规律为目的。它要求作者从客观实际出发,用观察、调查、实验所掌握的大量有说服力的材料作论据,通过对论题作细致、深入的研究和分析、运用逻辑思维加以论证,准确地表达作者的学术观点和主张。科学性决定着论文的成败。从整篇论文来看,论点必须正确、科学、符合客观规律;论据必须真实、典型、充分、有说服力;论证的过程必须严谨、周密、系统,使论点和论据成为一个有机的整体。

（四）专业性

一是指毕业论文在内容上专业性强;二是指多用专门学术术语。"术业有专攻",一篇学术论文要对某一学科领域的某一问题进行研究,往往带有明显的专业指向性,即使是跨学科的研究也是以某几个专业为知识基础的。专业性的内容必然要求较多地运用某一方面的专业术语予以表达。例如:经济学论文,多用经济学术语,法学论文,多用法学术语等。

第二节　毕业论文的写作

撰写毕业论文,一般方法和程序是这样的:选定题目、搜集资料、拟定提纲,撰写初稿、修改初稿、定稿。

一、毕业论文的选题

选题是毕业论文写作重要的第一步。选题就是确立毕业论文的研究方向和目标,也就是确定论文主要解决的问题或者主要研究的问题。有人认为,题目选好了,论文等于做好了一半。这话有些夸张,但也说明了选题的重要性。

目前,毕业论文的选题方式一般有三种:一是从老师命题的题目中选;二是从自己接触、有兴趣的问题中选;三是在老师的引导下选题。第一种选题方式有较大的挑选自由,因为教师根据学生所学专业以及科研工作经验,往往拟就了几十个乃至百余个题目让学生挑选,既可避免"撞车",又可扬长避短,大多数学生都采用这种选题方式。第二种选题方式更有利于发挥学生自己的学识和才智,少数学习成绩优秀并有一定科研能力的学生,经教师同意后,可采用这种选题方式。第三种选题方式对少数学习成绩一般、科研能力不强的学生较为适用。在老师的引导下,学生可以根据自己的实际情况确定一个难度适宜的题目。

以上三种选题方式,不论选择何种方式,都要考虑主观条件和客观条件两个方面的问题。

从客观条件来说,选题时要考虑写作时间、实验设备、资料多少、导师条件等多方面因素。时间少,就不要选择大题目。设备的齐全与否与实验结果的好坏是息息相关的。因此,实验室的条件在很大程度上也决定着理工科学生论文的好坏。此外,资料的多寡、导师水平的高低,对某些课题能否顺利完成往往也有很大的影响。尤其是足够的资料,对论文写作至关重要。没有资料就等于搞无米之炊。马克思写《资本论》之所以跑到伦敦图书馆,就因为那里有足够的资料。

从主观条件来说,选题时还应考虑个人的专业技术、兴趣和爱好。兴趣是最好的老师。充分发挥个人的专业特长,就自己感兴趣的课题进行研究,就有希望写出高质量的毕业论文。选题时同时还应注意的是题目的大小。著名语言学家王力先生曾提出要"小题目作大文章",这是经验之谈。选题太大,一是时间上难以保证;二是难以驾驭,不易写深写透。因此,选题时一定要从实际出发,题目不宜过大过难,要扬长避短,量力而行。这样既能显示自己真实的水平,又能在教学计划规定的时间内按时完成。

毕业论文是大学生毕业时必须独立完成的作业,它有时间的限定性,应当尽可能早做安排,时间充足考虑问题才会周全,研究问题才会深入。因此,本科生最好进入三年级上学期就开始准备,专科生在三年级上学期也该着手准备,这样,较早开始读书、搜集资料,待进入真正写作论文的时期,就会显得比较从容,就可能在限期内写出高质量的毕业论文。

二、搜集资料

写毕业论文有了明确的选题,就需要围绕论题搜集资料,整理选定资料。充分占有材料是撰写毕业论文的基础。搜集材料的途径一般有两条：

一是深入调查研究掌握第一手资料。毕业生可以结合毕业实习，以论文为中心，深入实习单位以及与论题相关的部门进行调查研究。进行调查研究，事先要熟悉党和国家的有关文件精神和专业理论知识，全面了解情况，明确调查的范围、内容、要求、步骤和对象，制定出调查大纲。实地调查的方法主要有开会法、访谈法、抽样法、观察法、统计法等。应根据不同的调查内容和对象灵活运用。调查过程中要注意做好记录。对于一些重要的问题、数据要反复核实。调查结束后，要按调查提纲中的各项要求，对各种数据和文字资料进行统计，修改，一旦发现有漏洞或不合要求的，需及时采取补救措施。

二是阅读书报文献，掌握第二手材料。阅读的内容，包括与论题有关的经典著作、重要文献、理论专著、学术论文、有关文件、动态信息以及各种工具书。掌握第二手资料，对论文的写作也很重要。我们可以从这些资料中得到启发，可以借鉴他人研究问题的方法，还可以引用某些经过考证的事实材料作为实证。但是，在参阅他人的论述时应该以己为主，不要被人家的框框束缚，更不要被别人牵着走，否则就只能重复别人的见解，难有新意。

搜集资料的过程就是知识系统化、思维系统化的过程。在搜集资料时，要善于利用图书馆、网络和各种工具书。要掌握查找书刊目录、著者目录、主题目录以及各种文摘报刊的方法；要学会上网检索资料，要了解各种大型工具书，如《辞海》、《中国大百科全书》、《中国百科年鉴》、《全国报刊索引》等的特点和使用方法。

通过调查研究，阅读书报文献，搜集大量的第一手资料和第二手资料后，还要对这些资料进行科学分析、归类、悉心的研究、区别。需要注意的是，搜集资料和分析研究资料往往是交叉进行的。有时在分析研究资料中发现了新的线索，还需围绕新的线索搜集有关资料。搜集资料、分析研究和鉴别资料要贯穿整个论文写作的全过程中。

三、拟定提纲

提纲是毕业论文的框架和设计蓝图。拟定提纲是毕业论文由准备阶段(选题、搜集资料)进入写作阶段的重要环节。拟定写作提纲,可以明确论文的基本层次和论述要点,确定每一部分在整篇论文中所占的地位,明确论文各部分、各层次的主次关系。毕业论文提纲包括的项目有:

(1) 论文题目。或揭示论点、或规定论述范围。

(2) 基本论点。即全文的中心论点,要用论点句准确、简明地表达出来。

(3) 内容纲要。即全文的基本框架。要先考虑全文的项目,即从几个方面,按什么顺序来阐述基本观点,为全文的逻辑构成打下坚实的基础;然后逐个考虑到每个项目的下位观点,最好能安排到段一级,并写出段中主句(或者段首撮要),排列好各个项目所选用的材料。比如,要写一篇题为《当前我国失业的成因分析》的毕业论文,可以列成下面这样的提纲:

标题:当前我国失业的成因分析。

基本论点:从人口、结构、发展、周期、体制等方面分析成因。进而指出体制因素是导致失业最重要的因素。这表现在两个方面:一是体制转轨使得传统就业体制下形成的大量隐性失业显性化,造成城镇失业人口的剧增;二是现有的社会保障制度失衡形成阻碍失业与下岗职工到非公有经济部门就业的体制性障碍,使得城镇失业不能得到有效地缓解。

本论:从五个方面展开论述(分析成因):

一、人口总量和劳动力供给人口相对过剩

二、经济体制改革过程中大量体制性冗员释放和社会保障制度改革滞后

（一）经济体制改革过程中大量体制性冗员释放

（二）经济体制改革过程中社会保障制度改革滞后

三、经济结构调整产生大量结构性失业、下岗人员

四、农村剩余劳动力转移压力不断加大

五、经济周期性波动所带来的失业

毕业论文提纲，实际上相当于由序码和文字组成的一张逻辑图表。有了这个逻辑图表，论文结构的全局容易把握，层次和重点明确而具体，一目了然。精心拟制的提纲，能保证论文撰写的顺利进行。但提纲也不是僵死的，在撰写过程中，可能会产生新的看法，这就需要对提纲进行调整或修改，以使论文的论述更为完善。

四、撰写初稿

毕业论文提纲拟好以后，就应该迅速进入初稿的写作。撰写初稿应注意以下几个方面的问题。

（一）合理安排结构

学术型的毕业论文要按照学术论文"基本型"，即提出问题、分析问题、解决问题的逻辑顺序来安排层次，是沿着一条主线纵向论述，故叫"纵贯式"结构，通常是绪论——本论——结论三部分，也叫总提、分析、结论三大层次，又称"三段论式"结构。

绪论部分：多采用概述的方式，开门见山，提出中心论点，并证明研究这个课题的价值和意义，交代全文的中心内容及其历史背景。如交代课题历史上何人何时曾作过哪些研究，现在论述需作哪些补充、修正或发展等，并暗示本论的论证方法，从而导入正文。这部分文字要洗练、简明扼要。

本论部分：对论文找出的问题从各个角度、各个方面进行分析、论证与阐释，并从这些问题的联系之中阐明中心论点。本论部分反映作者的研究成果，一定要写得具体、详细。

结论部分：就是围绕本论所作的结语，是对论证问题的总归纳，表明总的看法和意见，或者强调某些要点。这部分文字也要简

明扼要。调研型的毕业论文可以按照"实际情况、原因分析、对策建议"的结构方式撰写。

可行性研究型的毕业论文可以按照"项目内容、论证分析、结论和建议"的结构方式撰写。

(二)精心安排层次

层次是文章内容的先后次序,也就是毕业论文开展的步骤。层次的安排,没有固定的模式。最常见的安排层次的方式有三种:一是层进式,即论文的各层意思之间是层层推进的关系。各个分论点作为中心论点的论据,呈现出一种纵向联系的层次关系。二是总分式,即采用"总提分述"的方式,先总括起来说,然后分开说;或者先分开说,最后再总结。三是并列式,即论文各层次意思之间是并列关系,各分论点的段落相互平衡,从各个不同的角度论证中心论点,各个分论点呈现出一种横向的内在联系。

(三)有效地组织材料

论文中具体材料的详略,也应根据突出基本观点的表达需要,而灵活地予以斟定。一般情况下可以考虑:

主要材料详,次要材料略;

分析问题详,叙述过程略;

阐述自己观点的材料详,引述别人观点的材料略;

读者生疏的材料详,读者熟悉的材料略;

撰写过程中,注意材料详略的安排,不仅能突出论文的观点,还会更有利于读者的理解。

五、修改初稿

毕业论文初稿写完后,要交送指导老师进行指导,根据指导老师的审稿意见仔细修改,并将修改稿交指导老师进行终审认可。

六、定稿

经过指导老师审核通过的毕业论文,要按照规范的文面格式,打印好。

第三节　毕业论文的构成形式与装订

一般来说,各高等院校都统一为毕业生印制了毕业论文封面,发给学生,学生在上面填写题目、系别、专业、班级、姓名、指导教师姓名和完成时间等项目。毕业论文之中文稿必须用白色稿纸单面缮写或打字。报告、论文宜用 A4(210mm×297mm)标准大小的白纸,应便于阅读、复制和拍摄缩微制品。报告、论文在书写、打字或印刷时,要求纸的四周留足空白边缘,以便装订、复制和读者批注。每一面的上方(天头)和左侧(订口)应分别留 25mm 以上,下方(底角)和右侧(切口)应分别留边 20mm 以上。

毕业论文的结构和装订顺序是:封面、标题、目录、摘要、主题词、正文、致谢、注释、参考文献和封底。左侧装订成册。

第四节　毕业论文的答辩

论文答辩,是审查论文、考查作者的一种形式,实质上是对毕业论文学术水平的检验。论文答辩小组主要考察论文中论点的论证是否严密、论据是否充实并对论文中不清楚、不详细、不恰当之处要在答辩会上提出,让作者略做准备后做出回答。因此在答辩前对毕业论文在答辩中涉及的专业范畴以及会遇到的质疑性问题,要做到心中有数,并且以充分的备用资料去答辩。答辩中要对下列问题做重点准备:

(1) 为什么选择这个课题? 研究这个课题有何学术价值和现实意义?

(2) 对这个课题,前人或别人曾做过哪些研究? 其主要成果及观点是什么?

(3) 论文提出和解决了什么问题? 尚须涉及、解决而没有解决的问题？对前人或别人的研究有何新发展？

（4）论文的基本观点及立论的主要根据是什么？

（5）论文参考了哪些文献？

（6）后备的观点和材料以及一些不成熟的研究？

上述这些问题都要很好地思考，经过整理，写成提纲，记在心里。

答辩时应注意的问题：

参加答辩会，要携带论文的底稿和主要资料，以备临时查阅；还要携带笔记本和笔，供记录答辩小组的教师所提出的问题与意见之用。

答辩时注意力要集中，对答辩小组教师的提问，要充满自信地以流畅的语言、肯定的语气来回答。如果对教师所提出的问题没有理解清楚，切不可贸然回答。可以请他再说一遍，或者把自己对问题的理解说出来，请问意思对否，等得到肯定答复时再作回答。对答辩小组教师提出的问题，要审慎地回答。有把握的，可以申明理由进行答辩；没有把握的，不可随意辩解。因为教师对这个问题可能有过多年研究。遇到这种情况，可以实事求是地虚心表示，自己还在研究过程中尚未弄清楚。答辩结束时，要对答辩组老师表示感谢，然后从容退场。

答辩之后，作者要认真考虑答辩小组教师提出的意见，总结论文写作的经验教训，为今后的学术论文等的写作打下良好的基础。

【例文】

经济全球化对发展中国家的影响及其对策选择

作者：戴蒲英

学校：北京大学

年级：97 级

学号：09725182

院系：经济学院

专业：世界经济

指导老师：王跃生（教授、博士生导师）

导　言

20世纪90年代以来，国际经济形势发生了重大变化，呈现了诸多发展趋势，包括：经济全球化、以信息技术为导向的新技术革命、全球经济的市场化以及区域经济一体化等。其中，经济全球化是当代世界经济不可逆转的发展趋势，关系到世界各国政府的决策和普通公民的切身利益，其影响已日益为国际社会所广泛关注。

对于广大发展中国家来说，经济全球化无异于一把"双刃剑"。在为发展中国家带来追赶上发达国家的新机遇，促进其经济发展的同时，也不可避免地对发展中国家的主权和经济安全提出新的挑战，产生了许多负面影响甚至是对发展中国家经济的严重冲击。发展中国家在参与经济全球化的过程中，必须审慎对待，不可盲从。各国要从战略的高度，全面考虑到本国的经济现状，综合平衡各方面的关系，在客观冷静分析的基础上，既看到经济全球化的大好前景，又充分考虑到可能产生的问题，并准备好对策，积极融入全球化进程，勇敢迎接挑战，作出符合各国国情的战略选择，争取实现本国的经济起飞。

一、经济全球化的概念及特征

"经济全球化"这个词最早是由T·莱维于1985年提出的，对于其定义无论国内还是国外学术界现在都还没有一致认可的限定。国际货币基金组织在1997年发表的《世界经济展望》中，曾对经济全球化下过这样的定义："全球化是指跨国商品与服务交易及国际资本流动规模和形式的增加，以及技术的广泛迅速传播使世界各国经济的相互依赖性增强。"美国全球化理论权威、哈佛大学肯尼迪政治学院院长约瑟夫·奈则认为,全球化的第一层含义是经济领域,指商品、服务、资金、信息远距离的流动。还有学者认为经济全球化本质是全球范围内市场经济发展的历史进程,是市场经济的全面推进和空前大发展。

对此,本文从经济全球化的发展历程来考察,认为经济全球化的根本前提是全球统一大市场。在全球市场分开的情况下,国与国之间的经济交往、地区之间的自由化贸易不等于经济全球化或者说只在某些方面具有经济全球化的特征。从世界范围来看,经济全球化产生于20世纪50年代,90年代形成高潮。这有其历史必然性。冷战结束后,占世界市场1/3的前"社会主义阵营"发生了变化,以苏联为榜样的走计划经济道路的发展中国家本来就因此路不通而长期停滞不前,更加贫穷落后,此时便纷纷改弦易辙,转入了市场经济体制。由此,完全意义的全球大市场诞生了,经济全球化开始进入全面发展阶段。

本文提出,经济全球化,是指资本、信息、技术、劳动力、资源在全球范围内进行流动、配置、重组的过程,是生产、投资、金融、贸易使世界各国、各地区经济相互融合、相互依赖、相互竞争和制约的趋势。它是世界经济规律的体现,使企业生产的内部分工不断朝横向和纵向扩展为全球性分工,使生产要素在全球范围内优化组合和资源优化配置,从而促进了各国和全球经济的共同发展,同时也带来了各国和全球共同面临的社会经济问题。经济活动和经济运行的全球化,成了我们所处时代的基本趋势和基本特征之一。经济全球化的具体特征表现为:

第一,市场经济体制的全球化……

第二,贸易的全球化……

第三,生产的全球化……

第四,企业的全球化……

第五,金融全球化和经济信息化……

第六,区域经济一体化不断加强和国际经济组织日益健全……

二、经济全球化对发展中国家的影响

经济全球化对世界经济的影响是深远而复杂的,在提高生产要素的全球配置效率,推动世界经济的总体增长,促进国际贸易、国际投资的进一步大发展的同时,我们也应该看到,经济全球化不可避免地在全球范围内产生了一系列负面影响,带来了诸多亟待解决的问题。

对于广大发展中国家而言,经济全球化是一把"双刃剑",具有二重性:既有正面效应,也有负面效应。一方面,经济全球化为发展中国家参与世界经济、吸收发达国家的资金技术和先进管理经验,充分发挥后发优势并最终赶超发达国家提供了机遇,带来了前所未有的利益;另一方面,经济全球化也可能给发展中国家带来风险甚至灾难,对发展中国家的主权、经济安全、价值观念提出了挑战,稍有不慎,就可能为经济全球化付出沉重代价。本文将从经济全球化对发展中国家的机遇和挑战两个方面进行说明。

经济全球化对发展中国家的机遇

二战以来,发展中国家纷纷实行市场经济体制,逐步融入经济全球化进程,发生了翻天覆地的变化,各项经济指标均有明显改善。发展中国家的人均 GDP、科研开支、吸收的外国投资均得以大幅度增长。20 世纪 80 年代以来,东亚的发展中国家和地区经济增长迅速,与发达国家的经济差距缩小。如韩国的人均 GDP 由 1980 年的 1 750 美元显著增长到 1997 年的 10 550 美元,与发达国家的差距从 5.97∶1 缩小到 2.50∶1(发达国家这两个时期的人均 GDP 分别为 10 450 和 26 380 美元)。这些国家科研开支所占也逐渐上升,目前韩国已接近其国内生产总值的 396,新加坡也有 1.1%(同时期发达国家的平均水平为 2.5%)。另外,发展中国家吸收的外国直接投资也不断增加,1997 年曾高达 1380 亿美元,占到全球总额的 3 006。根据世界银行的《世界经济前景与发展中国家》研究报告表明,1983~1994 年的 10 年间,积极参与经济全球化的东亚发展中国家都获得了年均 2%的经济增长速度,东亚以外的其他快速参与经济全球化的发展中国家也取得年均 1.5%的经济增长率。

发展中国家利用经济开放程度的提高,使贸易投资自由化,获得过去难以得到的先进技术、管理经验、资本、市场、资源和其他有利条件,实现经济"赶超梦想"。特别是经济全球化带来的国际分工大发展、产业大转移、资本大流动和技术大外溢,对于发展中国家弥补国内资本、技术等生产要素缺口,实现产业升级、技术进步、制度创新和整个经济起飞都是非常有利的。因此,经济全球化为发展中国家提供了前所未有的发展机遇,多数发展中国家也因此而在不同程度上成为经济全球化的受益者。这主要反映在以下几个方面:

第一,经济全球化为发展中国家提供了更多吸引外资的条件和机会……

第二,经济全球化为发展中国家的资本外投创造了有利的外部环境和条件,使其对外直接投资规模不断扩大,增长迅速……

第三,经济全球化带动了世界范围内经济与技术开发区以及保税区和自由贸易区等多种形式自由经济区的发展……

第四,经济全球化使世界范围内的产业结构调整进一步深化,步伐加大……

第五,经济全球化促进了发展中国家跨国公司的发展,使其在世界市场的竞争力逐渐增强……

第六,经济全球化拉动了国际贸易的迅速发展……

经济全球化对发展中国家的挑战

然而,世上从来没有"免费的午餐",经济全球化作为一柄"双刃剑",在推动发展中国家经济发展的同时,也带来了许多负面影响。除了少数发展中国家和地区(如东亚部分国家和地区),大多数发展中国家是经济全球化的被动参与者,是不自觉地被卷入的对象,在经济全球化中处于"边缘化"地位,他们面临的更多的是挑战和风险。人们都还记得,在经济全球化和自由化的压力下,泰国过早地、过度地开放金融市场,撤掉了所有自我保护的屏障,结果导致一场严重的金融危机,然后很快发展成亚洲金融危机,还导致了俄罗斯金融危机和巴西金融危机。正如马来西亚一位前副总理所惊叹:"索罗斯使40年如一日,一直致力于将发展本国经济的东南亚国家的经济毁于一旦。"

一些发展中国家的领导人至今仍对经济全球化耿耿于怀。例如,马来西亚总理马哈蒂尔认为,发展中国家在经济全球化进程中将失去独立性,全球化将使发展中国家变得更加贫穷,发达国家变得更加富有,两者之间的财富差距将越来越大。韩国总统金大中曾在2000年5月15日的讲话中指出,全球化的负面影响开始显露出来;对此必须加以警惕并预先采取措施,否则"可能面临极大的危险和灾难"。联合国开发计划署在一份报告中也认为,经济全球化只对少数人有利,使大多数人变得更加贫穷,造成了极端的不平等。而且,极少数国家从经济全球化所获得的利益是以大多数国家的牺牲为代价的。2000年4月,联合国秘书长安南在一年一度的联合国经济及社会理事会会议上指出,在全球化和新技术正给一部分人带来迄今为止无法想像的利益的同时,另一部分人——据估计人数更多——却仍然享受不到这些利益,过着极度贫穷、往往营养不良和疾病缠身的生活。

以上这些资料表明,对于发展中国家来说,经济全球化带来的挑战更是严峻,发展中国家在与发达国家分享经济全球化带来的部分利益的同时,却承受着经济全球化所带来的负面效应甚至对本国经济的严重冲击。经济全球化对发展中国家的挑战主要有:

第一,发展中国家在当前经济全球化进程中处于不利地位……

第二,经济全球化下的金融全球化在推动发展中国家经济增长的同时,带来了不容忽视的金融风险和经济冲击……

第三,在解决全球性问题时,发展中国家也面临着尴尬的局面……

第四,经济全球化导致和加剧了世界经济发展的进一步不平衡……

第五,经济全球化带给发展中国家的最大问题或者说最大威胁,是它们的国家主权受到冲击和削弱,国家经济安全受到挑战……

三、发展中国家的对策选择

在充分认识到经济全球化所带来的机遇和挑战之后,对广大发展中国家来说,更为重要的问题是:面对经济全球化这一不可逆转的历史潮流,各国又该如何做出自己的战略选择。发展中国家长期以来民族工业机器设备、技术工艺落后,生产效率、管理水平低下的现状,面对跨国公司强强联合抢夺全球市场如火如荼的挑战,发展中国家以什么去应对? 面对不断开放的金融市场中如"洪水猛兽"般的国际游资,发展中国家的金融系统该怎样应对? 面对全球经济结构大调整和技术不断升级,发展中国家目前业已形成的"小、散、低、同"的经济结构应该如何改造? 面对知识经济的来临和"新经济"的出现,广大发展中国家又该如何迎头赶上? 面对经济全球化所带来的对"国家主权的侵蚀"和国家经济安全的影响,作为相对弱势群体的发展中国家政府又如何应对? 等等。这些问题的解决与否,直接决定着发展中国家参与经济全球化的成败,最终将影响到各国经济现代化的实现与否。

因此,发展中国家在参与经济全球化的过程中,必须审慎对待,不可盲从。各国要从战略的高度,全面考虑到本国的经济现状,综合平衡各方面的关系,权衡利弊,制定适合本国国情的参与战略和对策选择。

发展中国家参与经济全球化应正确处理好以下五大关系：

（一）竞争与合作的关系……

（二）遵守"游戏规则"与维护国家主权的关系……

（三）长远利益与眼前利益、局部利益和整体利益的关系……

（四）市场开放与保护民族工业的关系……

（五）经济发展与经济安全的关系……

在正确处理好以上关系的同时，发展中国家应从以下几方面来进行战略选择：

第一，迎接经济全球化的挑战，参与到经济全球化当中去……

第二，维护国家经济主权，保证经济安全……

第三，大力推进国内经济结构的战略性调整……

第四，经济区域化和集团化是发展中国家应对经济全球化的有效途径……

结 束 语

对于经济全球化趋势，发展中国家无论谴责或者回避都是没有用的。许多学者强调，发展中国家应采取经济的对策，趋利避害，寻求发展，首先是把自己的事情办好。发展中国家要切实加强自身的发展与进步，不断提升本国的综合实力，包括发展教育，培养人才，提高科技水平，改革观念和体制，积极与国际接轨。针对经济全球化给发展中国家带来的一系列冲击和风险，有学者提出建立新的经济金融秩序与制度，防止或降低世界经济金融不稳定因素造成的冲击，在地区范围内，考虑创建地区性货币基金组织等应对之策。

越来越多的学者指出，国际组织应更多地考虑发展中国家的利益，发达国家有责任帮助发展中国家。而发展中国家也应加强团结合作，维护自身的利益，推动对旧的不平等的国际规则和制度的改革,建立国际经济新秩序。

参考文献:(略)

(选自《毕业论文精选精评·经济学卷》)

思考与练习

1. 毕业论文的准备工作包括哪些环节?

2. 毕业论文在选题时应考虑哪些因素?

3. 常见的搜集资料的方法有哪些?

4. 结合所学专业,选择一个题目,到图书馆或网上搜集相关资料,拟一份论文写作提纲。

5. 自选一篇本专业领域的论文,对其论题、论点、结构等做一简单分析。

本 章 小 结

毕业论文是应届毕业生为完成学业,综合运用所学专业的基础理论、基本知识和基本技能而独立完成的阐述某一专业问题的议论文章。毕业论文属于学术论文的一种。学术论文所特有的学术性、创造性、科学性、专业性等特征毕业论文也同样具备。毕业论文的写作要经过选题、搜集资料、拟定提纲、起草初稿、修改、定稿等环节。每一环节都很重要,都应认真对待。毕业论文完成后,还要经过答辩的程序。论文作者应对答辩做充分的准备。答辩结束后,要充分总结论文写作的经验教训,以便为以后各种论文写作打下良好的基础。

附录 1

国家行政机关公文处理方法

第一章　总　则

第一条　为使国家行政机关（以下简称行政机关）的公文处理工作规范化、制度化、科学化，制定本办法。

第二条　行政机关的公文（包括电报，下同），是行政机关在行政管理过程中形成的具有法定效力和规范体式的文书，是依法行政和进行公务活动的重要工具。

第三条　公文处理指公文的办理、管理、整理（立卷）、归档等一系列相互关联、衔接有序的工作。

第四条　公文处理应当坚持实事求是、精简、高效的原则，做到及时、准确、安全。

第五条　公文处理必须严格执行国家保密法律、法规和其他有关规定，确保国家秘密的安全。

第六条　各级行政机关的负责人应当高度重视公文处理工作，模范遵守本办法并加强对本机关公文处理工作的领导和检查。

第七条　各级行政机关的办公厅（室）是公文处理的管理机构，主管本机关的公文处理工作并指导下级机关的公文处理工作。

第八条　各级行政机关的办公厅（室）应当设立文秘部门或者配备专职人员负责公文处理工作。

第二章　公文种类

第九条　行政机关的公文种类主要有：

（一）命令（令）

适用于依照有关法律公布行政法规和规章；宣布施行重大强

制性行政措施;嘉奖有关单位及人员。

（二）决定

适用于对重要事项或者重大行动做出安排,奖惩有关单位及人员,变更或者撤销下级机关不适当的决定事项。

（三）公告

适用于向国内外宣布重要事项或者法定事项。

（四）通告

适用于公布社会各有关方面应当遵守或者周知的事项。

（五）通知

适用于批转下级机关的公文,转发上级机关和不相隶属机关的公文,传达要求下级机关办理和需要有关单位周知或者执行的事项,任免人员。

（六）通报

适用于表彰先进,批评错误,传达重要精神或者情况。

（七）议案

适用于各级人民政府按照法律程序向同级人民代表大会或人民代表大会常务委员会提请审议事项。

（八）报告

适用于向上级机关汇报工作,反映情况,答复上级机关的询问。

（九）请示

适用于向上级机关请求指示、批准。

（十）批复

适用于答复下级机关的请示事项。

（十一）意见

适用于对重要问题提出见解和处理办法。

（十二）函

适用于不相隶属机关之间商洽工作,询问和答复问题,请求批准和答复审批事项。

（十三）会议纪要

适用于记载、传达会议情况和议定事项。

第三章 公 文 格 式

第十条 公文一般由秘密等级和保密期限、紧急程度、发文机关标识、发文字号、签发人、标题、主送机关、正文、附件说明、成文日期、印章、附注、附件、主题词、抄送机关、印发机关和印发日期等部分组成。

（一）涉及国家秘密的公文应当标明密级和保密期限，其中，"绝密"、"机密"级公文还应当标明份数序号。

（二）紧急公文应当根据紧急程度分别标明"特急"、"急件"。其中电报应当分别标明"特提"、"特急"、"加急"、"平急"。

（三）发文机关标识应当使用发文机关全称或者规范化简称；联合行文，主办机关排列在前。

（四）发文字号应当包括机关代字、年份、序号。联合行文，只标明主办机关发文字号。

（五）上行文应当注明签发人、会签人姓名。其中，"请示"应当在附注处注明联系人的姓名和电话。

（六）公文标题应当准确简要地概括公文的主要内容并标明公文种类，一般应当标明发文机关。公文标题中除法规、规章名称加书名号外，一般不用标点符号。

（七）主送机关指公文的主要受理机关，应当使用全称或者规范化简称、统称。

（八）公文如有附件，应当注明附件顺序和名称。

（九）公文除"会议纪要"和以电报形式发出的以外，应当加盖印章。联合上报的公文，由主办机关加盖印章；联合下发的公文，发文机关都应当加盖印章。

（十）成文日期以负责人签发的日期为准,联合行文以最后签发机关负责人的签发日期为准。电报以发出日期为准。

（十一）公文如有附注（需要说明的其他事项）,应当加括号标注。

（十二）公文应当标注主题词。上行文按照上级机关的要求标注主题词。

（十三）抄送机关指除主送机关外需要执行或知晓公文的其他机关,应当使用全称或者规范化简称、统称。

（十四）文字从左至右横写、横排。在民族自治地方,可以并用汉字和通用的少数民族文字（按其习惯书写、排版）。

第十一条 公文中各组成部分标识规则,参照〈国家行政机关公文格式〉国家标准执行。

第十二条 公文用纸一般采用国际标准 A4 型（210mm×297mm）,左侧装订。张贴的公文用纸大小,根据实际需要确定。

第四章 行 文 规 则

第十三条 行文应当确有必要,注重效用。

第十四条 行文关系根据隶属关系和职权范围确定,一般不得越级请示和报告。

第十五条 政府各部门依据部门职权可以相互行文和向下一级政府的相关业务部门行文;除以函的形式商洽工作、询问和答复问题、审批事项外,一般不得向下一级政府正式行文。

部门内设机构除办公厅（室）外不得对外正式行文。

第十六条 同级政府、同级政府各部门、上级政府部门与下一级政府可以联合行文;政府与同级党委和军队机关可以联合行文;政府部门与相应的党组织和军队机关可以联合行文;政府部门与同级人民团体和具有行政职能的事业单位也可以联合行文。

第十七条 属于部门职权范围内的事务,应当由部门自行行文或联合行文。联合行文应当明确主办部门。须经政府审批的事项,经政府同意也可以由部门行文,文中应当注明经政府同意。

第十八条 属于主管部门职权范围内的具体问题,应当直接报送主管部门处理。

第十九条 部门之间对有关问题未经协商一致,不得各自向下行文。如擅自行文,上级机关应当责令纠正或撤销。

第二十条 向下级机关或者本系统的重要行文,应当同时抄送直接上级机关。

第二十一条 "请示"应当一文一事;一般只写一个主送机关,需要同时送其他机关的,应当用抄送形式,但不得抄送其下级机关。

"报告"不得夹带请示事项。

第二十二条 除上级机关负责人直接交办的事项外,不得以机关名义向上级机关负责人报送"请示"、"意见"和"报告"。

第二十三条 受双重领导的机关向上级机关行文,应当写明主送机关和抄送机关。上级机关向受双重领导的下级机关行文,必要时应当抄送其另一上级机关。

第五章 发文办理

第二十四条 发文办理指以本机关名义制发公文的过程,包括草拟、审核、签发、复核、缮印、用印、登记、分发等程序。

第二十五条 草拟公文应当做到:

(一)符合国家的法律、法规及其他有关规定。如提出新的政策、规定等,要切实可行并加以说明。

(二)情况确实,观点明确,表述准确,结构严谨,条理清楚,直述不曲,字词规范,标点正确,篇幅力求简短。

(三)公文的文种应当根据行文目的、发文机关的职权和与主送机关的行文关系确定。

（四）拟制紧急公文，应当体现紧急的原因，并根据实际需要确定紧急程度。

（五）人名、地名、数字、引文准确。引用公文应当先引标题，后引发文字号。引用外文应当注明中文含义。日期应当写明具体的年、月、日。

（六）结构层次序数，第一层为"一"，第二层为"（一）"，第三层为"1."，第四层为"（1）"。

（七）应当使用国家法定计量单位。

（八）文内使用非规范化简称，应当先用全称并注明简称。使用国际组织外文名称或其缩写形式，应当在第一次出现时注明准确的中文译名。

（九）公文中的数字，除成文日期、部分结构层次序数和在词、词组、惯用语、缩略语、具有修辞色彩语句中作为词素的数字必须使用汉字外，应当使用阿拉伯数字。

第二十六条　拟制公文，对涉及其他部门职权范围内的事项，主办部门应当主动与有关部门协商，取得一致意见后方可行文；如有分歧，主办部门的主要负责人应当出面协调，仍不能取得一致时，主办部门可以列明各方理据，提出建设性意见，并与有关部门会签后报请上级机关协调或裁定。

第二十七条　公文送负责人签发前，应当由办公厅（室）进行审核。审核的重点是：是否确需行文，行文方式是否妥当，是否符合行文规则和拟制公文的有关要求，公文格式是否符合本办法的规定等。

第二十八条　以本机关名义制发的上行文，由主要负责人或者主持工作的负责人签发；以本机关名义制发的下行文或平行文，由主要负责人或者由主要负责人授权的其他负责人签发。

第二十九条　公文正式印制前，文秘部门应当进行复核，重点是：审批、签发手续是否完备，附件材料是否齐全，格式是否统一、规范等。经复核需要对文稿进行实质性修改的，应按程序复审。

第六章　收文办理

第三十条　收文办理指对收到公文的办理过程，包括签收、登记、审核、拟办、批办、承办、催办等程序。

第三十一条　收到下级机关上报的需要办理的公文，文秘部门应当进行审核。审核的重点是：是否应由本机关办理；是否符合行文规则；内容是否符合国家法律、法规及其他有关规定；涉及其他部门或地区职权的事项是否已协商、会签；文种使用、公文格式是否规范。

第三十二条　经审核，对符合本办法规定的公文，文秘部门应当及时提出拟办意见送负责人批示或者交有关部门办理，需要两个以上部门办理的应当明确主办部门。紧急公文，应当明确办理时限。对不符合本办法规定的公文，经办公厅（室）负责人批准后，可以退回呈报单位并说明理由。

第三十三条　承办部门收到交办的公文后应当及时办理，不得延误、推诿。紧急公文应当按时限要求办理，确有困难的，应当及时予以说明。对不属于本单位职权范围或者不宜由本单位办理的，应当及时退回交办的文秘部门并说明理由。

第三十四条　收到上级机关下发或交办的公文，由文秘部门提出拟办意见，送负责人批示后办理。

第三十五条　公文办理中遇有涉及其他部门职权的事项，主办部门应当主动与有关部门协商；如有分歧，主办部门主要负责人要出面协调，如仍不能取得一致，可以报请上级机关协调或裁定。

第三十六条　审批公文时，对有具体请示事项的，主批人应当明确签署意见、姓名和审批日期，其他审批人圈阅视为同意；没有请示事项的，圈阅表示已阅知。

第三十七条　送负责人批示或者交有关部门办理的公文，文秘部门要负责催办，做到紧急公文跟踪催办，重要公文重点催办，一般公文定期催办。

第七章　公文归档

第三十八条　公文办理完毕后，应当根据《中华人民共和国档案法》和其他有关规定，及时整理（立卷）、归档。个人不得保存应当归档的公文。

第三十九条　归档范围内的公文，应当根据其相互联系、特征和保存价值等整理（立卷），要保证归档公文的齐全、完整，能正确反映本机关的主要工作情况，便于保管和利用。

第四十条　联合办理的公文，原件由主办机关整理（立卷）、归档，其他机关保存复制件或其他形式的公文副本。

第四十一条　本机关负责人兼任其他机关职务，在履行所兼职务职责过程中形成的公文，由其兼职机关整理（立卷）、归档。

第四十二条　归档范围内的公文应当确定保管期限，按照有关规定定期向档案部门移交。

第四十三条　拟制、修改和签批公文，书写及所用纸张和字迹材料必须符合存档要求。

第八章　公文管理

第四十四条　公文由文秘部门或专职人员统一收发、审核、用印、归档和销毁。

第四十五条　文秘部门应当建立健全本机关公文处理的有关制度。

第四十六条　上级机关的公文，除绝密级和注明不准翻印的以外,下一级机关经负责人或者办公厅(室)主任批准,可以翻印。翻印时,应当注明翻印的机关、日期、份数和印发范围。

第四十七条　公开发布行政机关公文,必须经发文机关批准。经批准公开发布的公文,同发文机关正式印发的公文具有同等效力。

第四十八条　公文复印件作为正式公文使用时,应当加盖复印机关证明章。

第四十九条　公文被撤销,视作自始不产生效力;公文被废止,视作自废止之日起不产生效力。

第五十条　不具备归档和存查价值的公文,经过鉴别并经办公厅(室)负责人批准,可以销毁。

第五十一条　销毁秘密公文应当到指定场所由二人以上监销,保证不丢失、不漏销。其中,销毁绝密公文(含密码电报)应当进行登记。

第五十二条　机关合并时,全部公文应当随之合并管理。机关撤销时,需要归档的公文整理(立卷)后按有关规定移交档案部门。

工作人员调离工作岗位时,应当将本人暂存、借用的公文按照有关规定移交、清退。

第五十三条　密码电报的使用和管理,按照有关规定执行。

第九章　附　则

第五十四条　行政法规、规章方面的公文,依照有关规定处理。外事方面的公文,按照外交部的有关规定处理。

第五十五条　公文处理中涉及电子文件的有关规定另行制定。统一规定发布之前,各级行政机关可以制定本机关或者本地区、本系统的试行规定。

第五十六条　各级行政机关的办公厅(室)对上级机关和本机

关下发公文的贯彻落实情况应当进行督促检查并建立督查制度。有关规定另行制定。

第五十七条 本办法自2001年1月1日起施行。1993年11月21日国务院办公厅发布,1994年1月1日起施行的《国家行政机关公文处理办法》同时废止。

(选自《国务院公报》2000年第31号)

附录2

中华人民共和国国家标准

标点符号用法

GB/T15834—1995

Use of punctuation marks

---

1 范围

本标准规定了标点符号的名称、形式和用法。本标准对汉语书写规范有重要的辅助作用。

本标准适用于汉语书面语。外语界和科技界也可参考使用。

2 定义

本标准采用下列定义。

句子 sentence

前后都有停顿,并带有一定的句调,表示相对完整意义的语言单位。

陈述句 declarative sentence

用来说明事实的句子。

祈使句 imperative sentence

用来要求听话人做某件事情的句子。

疑问句 interrogative sentence

用来提出问题的句子。

感叹句 exclamatory sentence

用来抒发某种强烈感情的句子。

复句、分句 complex sentence,clause

国家技术监督局 1995-12-13 批准   1996-06-01 实施

意思上有密切联系的小句子组织在一起构成一个大句子。这样的大句子叫复句,复句中的每个小句子叫分句。

词语　expreesion

词和短语(词组)。词,即最小的能独立运用的语言单位。短语,即由两个或两个以上的词按一定的语法规则组成的表达一定意义的语言单位,也叫词组。

3　基本规则

3.1　标点符号是辅助文字记录语言的符号,是书面语的有机组成部分,用来表示停顿、语气以及词语的性质和作用。

3.2　常用的标点符号有 16 种,分点号和标号两大类。

点号的作用在于点断,主要表示说话时的停顿和语气。点号又分为句末点号和句内点号。句末点号用在句末,有句号、问号、叹号 3 种,表示句末的停顿,同时表示句子的语气。句内点号用在句内,有逗号、顿号、分号、冒号 4 种,表示句内的各种不同性质的停顿。

标号的作用在于标明,主要标明语句的性质和作用。常用的标号有 9 种,即:引号、括号、破折号、省略号、着重号、连接号、间隔号、书名号和专名号。

4　用法说明

4.1　句号

4.1.1　句号的形式为“。”。句号还有一种形式,即一个小圆点“.”,一般在科技文献中使用。

4.1.2　陈述句末尾的停顿,用句号。例如:

a) 北京是中华人民共和国的首都。

b) 虚心使人进步,骄傲使人落后。

c) 亚洲地域广阔,跨寒、温、热三带,又因各地地形和距离海洋远近不同,气候复杂多样。

4.1.3　语气舒缓的祈使句末尾,也用句号。例如:

请您稍等一下。

4.2 问号

4.2.1 问号的形式为"?"。

4.2.2 疑问句末尾的停顿,用问号。例如:

a) 你见过金丝猴吗?

b) 他叫什么名字?

c) 去好呢,还是不去好?

4.2.3 反问句的末尾,也用问号。例如:

a) 难道你还不了解我吗?

b) 你怎么能这么说呢?

4.3 叹号

4.3.1 叹号的形式为"!"。

4.3.2 感叹句末尾的停顿,用叹号。例如:

a) 为祖国的繁荣昌盛而奋斗!

b) 我多么想看看他老人家呀!

4.3.3 语气强烈的祈使句末尾,也用叹号。例如:

a) 你给我出去!

b) 停止射击!

4.3.4 语气强烈的反问句末尾,也用叹号。例如:
我哪里比得上他呀!

4.4 逗号

4.4.1 逗号的形式为","。

4.4.2 句子内部主语与谓语之间如需停顿,用逗号。例如:
我们看得见的星星,绝大多数是恒星。

4.4.3 句子内部动词与宾语之间如需停顿,用逗号。例如:
应该看到,科学需要一个人贡献出毕业的精力。

4.4.4 句子内部状语后边如需停顿,用逗号。例如:
对于这个城市,他并不陌生。

4.4.5 复句内各分句之间的停顿,除了有时要用分号外,都要用逗号。例如：

据说苏州园林有一百多处，我到过的不过十多处。

4.5　顿号

4.5.1　顿号的形式为"、"。

4.5.2　句子内部并列词语之间的停顿，用顿号。例如：

a) 亚马逊河、尼罗河、密西西比河和长江是世界四大河流。

b) 正方形是四边相等、四角均为直角的四边形。

4.6　分号

4.6.1　分号的形式为"；"。

4.6.2　复句内部并列分句之间的停顿，用分号。例如：

a) 语言，人们用来抒情达意；文字，人们用来记言记事。

b) 在长江上游，瞿塘峡像一道闸门，峡口险阻；巫峡像一条迂回曲折的画廊，每一曲，每一折，都像一幅绝好的风景画，神奇而秀美；西陵峡水势险恶，处处是急流，处处是险滩。

4.6.3　非并列关系（如转折关系、因果关系等）的多重复句，第一层的前后两部分之间，也用分号。例如：

我国年满十八周岁的公民，不分民族、种族、性别、职业、家庭出身、宗教信仰、教育程度、财产状况、居住期限，都有选举权和被选举权；但是依照法律被剥夺政治权利的人除外。

4.6.4　分行列举的各项之间，也可以用分号。例如：

中华人民共和国的行政区域划分如下：

（一）全国分为省、自治区、直辖市；

（二）省、自治区分为自治州、县、自治县、市；

（三）县、自治县分为乡、民族乡、镇。

4.7　冒号

4.7.1　冒号的形式为"："。

4.7.2　用在称呼语后边，表示提起下文。例如：

同志们，朋友们：

现在开会了。……

4.7.3　用在"说、想、是、证明、宣布、指出、透露、例如、如下"等词语后边,表示提起下文。例如:

他十分惊讶地说:"啊,原来是你!"

4.7.4　用在总说性话语的后边,表示引起下文的分说。例如:

北京紫禁城有四座城门:午门、神武门、东华门和西华门。

4.7.5　用在需要解释的词语后边,表示引出解释或说明。例如:

外文图书展销会

日期:10 月 20 日至 11 月 10 日

时间:上午 8 时至下午 4 时

地点:北京朝阳区工体东路 16 号

主办单位:中国图书进出口总公司

4.7.6　总括性话语的前边,也可以用冒号,以总结上文。例如:

张华考上了北京大学,在化学系学习;李萍进了中等技术学校,读机械制造专业;我在百货公司当售货员:我们都有光明的前途。

4.8　引号

4.8.1　引号的形式为双引号""""和单引号"''"。

4.8.2　行文中直接引用的话,用引号标示。例如:

a) 爱因斯坦说:"想像力比知识更重要,因为知识是有限的,而想像力概括着世界上的一切,推动着进步,并且是知识进化的源泉。"

b)"满招损,谦受益"这句格言,流传到今天至少有两千年了。

c) 现代画家徐悲鸿笔下的马,正如有的评论家所说的那样,"神形兼备,充满生机"。

4.8.3　需要着重论述的对象,用引号标示。例如:

古人对于写文章有个基本要求,叫做"有物有序"。"有物"就是要有内容,"有序"就是要有条理。

4.8.4 具有特殊含义的词语,也用引号标示。例如:

a) 从山脚向上望,只见火把排成许多"之"字形,一直连到天上,跟星光接起来,分不出是火把还是星星。

b) 这样的"聪明人"还是少一点儿好。

4.8.5 引号里面还要有引号时,外面一层用双引号,里面一层用单引号。例如:

他站起来问:"老师,'有条不紊'的'紊'是什么意思?"

4.9 括号

4.9.1 括号常用的形式是圆括号"( )"。此外还有方括号"[ ]"、六角括号"〔 〕"和方头括号"【 】"。

4.9.2 行文中注释性的文字,用括号标明。注释句子里某些词语的,括注紧贴在被注释词语之后;注释整个句子的,括注放在句末标点之后。例如:

a) 中国猿人(全名为"中国猿人北京种",或简称"北京人")在我国的发现,是对古人类学的一个重大贡献。

b) 写研究性文章跟文学创作不同,不能摊开稿纸搞"即兴"(其实文学创作也要有素养才能有"即兴")。

4.10 破折号

4.10.1 破折号的形式为"——"。

4.10.2 行文中解释说明的语句,用破折号标明。例如:

a) 迈进金黄色的大门,穿过宽阔的风门厅和衣帽厅,就到了大会堂建筑的枢纽部分——中央大厅。

b) 为了全国人民——当然也包括自己在内——的幸福,我们每一个人都要兢兢业业,努力工作。

4.10.3 话题突然转变,用破折号标明。例如:

"今天好热啊! ——你什么时候去上海?"张强对刚刚进门的小王说。

4.10.4 声音延长,象声词后用破折号。例如:

"呜———"火车开动了。

4.10.5　事项列举分承,各项之前用破折号。例如:

根据研究对象的不同,环境物理学分为以下五个分支学科:

——环境声学;

——环境光学;

——环境热学;

——环境电磁学;

——环境空气动力学。

4.11　省略号

4.11.1　省略号的形式为"……",六个小圆点,占两个字的位置。如果是整段文章或诗行的省略,可以使用十二个小圆点来表示。

4.11.2　引文的省略,用省略号标明。例如:

她轻轻地哼起了《摇篮曲》:"月儿明,风儿静,树叶儿遮窗棂啊……"

4.11.3　列举的省略,用省略号标明。例如:

在广州的花市上,牡丹、吊钟、水仙、梅花、菊花、山茶、墨兰……春秋冬三季的鲜花都挤在一起啦!

4.11.4　说话断断续续,可以用省略号标示。例如:

"我……对不起……大家,我……没有……完成……任务。"

4.12　着重号

4.12.1　着重号的形式为"．"。

4.12.2　要求读者特别注意的字、词、句,用着重号标明。例如:

事业是干出来的,不是吹出来的。

4.13　连接号

4.13.1　连接号的形式为"—",占一个字的位置。连接号还有另外三种形式,即长横"——"(点两个字的位置)、半字线"-"(占半个字的位置)和浪纹"～"(占一个字的位置)。

4.13.2 两个相关的名词构成一个意义单位,中间用连接号。例如:

a) 我国秦岭—淮河以北地区属于温带季风气候区,夏季高温多雨、冬季寒冷干燥。

b) 复方氯化钠注射液,也称任—洛二氏溶液(Ringer-lockes-olution),用于医疗和哺乳动物生理学实验。

4.13.3 相关的时间、地点或数目之间用连接号,表示起止。例如:

a) 鲁迅(1881—1936)中国现代伟大的文学家、思想家和革命家。原名周树人,字豫才,浙江绍兴人。

b) "北京——广州"直达快车。

c) 梨园乡种植的巨峰葡萄今年已经进入了丰产期,亩产1 000千克~1 500千克。

4.13.4 相关的字母、阿拉伯数字等之间,用连接号,表示产品型号。例如:

在太平洋地区,除了已建成投入使用的 HAW—4 和 TPC—3 海底光缆之外,又有 TPC—4 海底光缆投入运营。

4.13.5 几个相关的项目表示递进式发展,中间用连接号。例如:

人类的发展可以分为古猿—猿人—古人—新人这四个阶段。

4.14 间隔号

4.14.1 间隔号的形式为"·"。

4.14.2 外国人和某些少数民族人名内各部分的分界,用间隔号标示。例如:

列奥纳多·达·芬奇

爱新觉罗·努尔哈赤

4.14.3 书名与篇(章、卷)名之间的分界,用间隔号标示。例如:

（中国大百科全书·物理学）

（三国志·蜀志·诸葛亮传）

4.15　书名号

4.15.1　书名号的形式为双书名号"《　》"和单书名号"〈　〉"。

4.15.2　书名、篇名、报纸名、刊物名等，用书名号标示。例如：

a)《红楼梦》的作者是曹雪芹。

b) 你读过鲁迅的《孔乙己》吗？

c) 他的文章在《人民日报》上发表了。

d) 桌上放着一本《中国语文》。

4.15.3　书名号里边还要用书名号时，外面一层用双书名号，里边一层用单书名号。例如：

《〈中国工人〉发刊词》发表于 1940 年 2 月 7 日。

4.16　专名号

4.16.1　专名号的形式为"＿＿＿"。

4.16.2　人名、地名、朝代名等专名下面，用专名号标示。例如：

<u>司马相如</u>者，<u>汉</u><u>蜀郡</u><u>成都</u>人也，字长卿。

4.16.3　专名号只用在古籍或某些文史著作里面。为了跟专名号配合，这类著作里的书名号可以用浪线"﹏﹏"。例如：

<u>屈原</u>放逐，乃赋﹏离骚﹏，<u>左丘</u>失明，厥有﹏国语﹏。

5　标点符号的位置

5.1　句号、问号、叹号、逗号、顿号、分号和冒号一般占一个字的位置，居左偏下，不出现在一行之首。

5.2　引号、括号、书名号的前一半不出现在一行之末，后一半不出现在一行之首。

5.3　破折号和省略号都占两个字的位置，中间不能断开。连接号和间隔号一般占一个字的位置。这四种符号上下居中。

5.4　着重号、专名号和浪线式书名号标在字的下边，可以随字移行。

6　直行文稿与横行文稿使用标点符号的不同

6.1　句号、问号、叹号、逗号、顿号、分号和冒号放在字下偏右。

6.2　破折号、省略号、连接号和间隔号放在字下居中。

6.3　引号改用双引号"『』"和单引号"「」"。

6.4　着重号标在字的右侧，专名号和浪线式书名号标在字的左侧。

参 考 文 献

1. 邱宣煌:《财经应用文写作》,东北财经大学出版社 2001年版。

2. 闵庚尧:《财经应用写作》,中国财政经济出版社 2000年版。

3. 夏京春、郗仲平:《新编应用写作教程》,首都经济贸易大学出版社 2002 年版。

4. 雷仲康:《财经应用文写作》,华中理工大学出版社 1997年版。

5. 裴显生、王殿松:《应用写作》,高等教育出版社 1999 年版。

6. 张耀辉:《大学应用写作》,上海市教育出版社 1999 年版。

7. 马继权、岳鲁:《新编应用写作》,大连理工大学出版社 2002 年版。

8. 郭小红:《财经文书写作》,珠海出版社 2000 年版。

9. 文天谷:《财经应用文写作教程》,立信会计出版社 2002年版。